如何
面對合約

解約有理
告別無罪

蘭天律師——著

目錄

輯五　昔日戰友竟成今日敵人
——投資合夥及勞務合約

輯六　塵世裡的紛擾
——詐騙及背叛

推薦序

盲點偵測器

林暐哲

我是一個已經年過半百的音樂工作者，一個自認專業的經紀人，在音樂產業裡打滾多年，都老江湖了，怎麼遇到意外，會變得如此脆弱笨拙？到底我出了什麼問題？音樂人自以為的浪漫在律師事務所的會議桌上突然變得不堪一擊，兩三個簡單的問題就讓我面紅耳赤，答非所問。

老實說我平常沒有那麼脆弱，也沒那麼容易被擊倒。只有在蘭天律師面前，我好像踢到一塊鐵板，撞上一道石牆。千萬不要誤會，我不是說蘭天律師跟鐵板或石牆一樣，是事實的本質，是法律條文代表的意義，是你不願意面對的我執比鐵板或石牆還硬。蘭天律師只是以她的敏銳觀察提供盲點偵測，在還沒有走到法律那一步之前，讓你先看清自己，關於你的初心，你的慾望，你想要的，你不要的都得坦白面對，誠實招來。就像你即將閱讀的這本書裡的每一個故事，對當事人來講都是刻骨銘心的教訓。

跟蘭天律師合作是最近的事，跟蘭天律師結緣是十幾年前的事。

第一次見到蘭天律師，是在一個煙霧瀰漫的場合。十多年前的台北，室內還沒有禁菸，一個十幾坪大的房間裡擠了二十多個人。一進門就已經頭昏眼花，不知道那個霧茫茫的密閉空間裡，還有多少人能夠保持清醒，冷靜面對當時屋內瀰漫的那股巨大無比的壓力。

當年娛樂圈深陷在某個外遇醜聞的陰影底下，繪聲繪影的謠言四處流竄著。誰誰誰私生活很亂，誰誰誰其實也胡搞瞎搞，媒體大幅報導出來，社會大眾觀感不佳，整個娛樂圈被烏雲籠罩著。當時萬萬沒想到事情會波及了一個我極為尊重的製作人，媒體不實的報導讓他很困擾，不知道該怎麼澄清。那一天晚上他急忙的把信任的朋友都找去他家，只有人緣極好的他可以在大半夜把各界好友湊在一起，大家集思廣益，研究對策。認識超過十年，從沒看過他這麼焦慮痛苦，一個平時最擅長處理別人危機的製作人，正在面對自己此生以來最大的危機。

大概是他對於自己名譽被週刊詆毀的痛苦感染了好朋友們，那天晚上屋子裡滿滿的同仇敵愾，一個小時的發言幾乎全是情緒的宣洩，我和同行的友人不但說不上話，還被香菸熏的眼淚直流。正在苦惱要怎麼發言的我們，突然聽到一句「我建議明天不要開記者會」。蘭天律師用一貫從容堅定的語氣提出她的見解，力勸被冤枉的製作人隔天不要召開記者會，免得事情鬧大反而失去焦點。

之後的幾個小時大家開始冗長的討論辯證，我對蘭天律師就事論事的風格極為敬佩。她一定不記得那天我在離開的時候，曾經像個小粉絲一樣，走到她面前跟她握手致意，並冒昧的自我介紹。沒想到多年以後，我跟那位製作人一樣，坐在蘭天律師的辦公室裡焦慮痛苦，聽她直言不諱的指出我自己始終看不見的盲點。而這些盲點正是我內心不敢面對或是主觀上刻意避開的痛處，也是我看待事情真相最需要的視角。

很高興蘭天律師願意把她多年來工作上的實例寫成這本書，用說故事的方式把法律觀念巧妙的傳給了讀者，讓法律這個不討喜的傢伙藉著生動的故事活出它真正的價值。書裡不斷的提醒，控訴，恐嚇我們「欸，你們不要小看我喔！」。無論是「醜陋的藝術心靈」，還是「失權的編劇」；是「心碎的經紀人」，還是「模特兒的最後選擇」。每一篇都是創意工作者可能會碰到的真實故事。仔細閱讀這本書，你一定會在裡面找到一個似曾相識的自己，並發現這個可惡的事實：「你不找法律，法律會來找你」。

（本文作者為知名音樂製作人）

推薦序

白紙黑字是重要的功課之一

陳斌全

展讀蘭天律師的新書《如何面對合約——解約有理告別無罪》，恰似多次坐在台下聽她親自講授著作權相關法令，或是同坐會議桌上當面請益時的感受：不急不徐，娓娓道來。書中一則又一則的著作權相關實例分析，竟能帶入人生處世之道的哲思，讓律師總是「咄咄逼人」的刻板印象，在有溫度的故事分享中被顛破。每一則案例分析的背後，所傳達的法律知識，讓人覺得受惠而實用。

認識蘭天律師，是在到國家電影中心任職之後。近年來，國影中心的業務內容，從過去「電影資料館」時期，相對單純的以「典藏」電影文化資產為主要業務的資料館型態，逐漸轉變成為不但要典藏影音資產，還得要推動典藏品的「活化」，能被外界所使用，並且對典藏品有更多的研究和詮釋，以及進行電影教育推廣。此一方向的目地，是為了對影音文化資產重要性的再彰顯，也是為了體現國家影音文化資產為全民所有的公共意義。

每一件影音文化資產背後的文物與著作權利之複雜程度，卻也是空前。國家電影中心在推動相關業務的過程中，屢屢遇見新的案例，蘭天律師擔任國影中心的法律顧問，總是耐心且不厭其煩的協助同仁諮詢相關問題，更不用說，許多在工作上遭遇的情況，只能用「棘手」來形容。許多經典作品，不是早已找不到相關著作權人，便是其權利背後有諸多盤根錯節的問題，使其暫時無法使用的「孤兒影片」。

然而，在本書所述的部分案例，只能讓我感嘆，原來，在各類創作型態與著作權的交會處，國影中心在維護文化資產、公共利益優先的機構定位下所遇見的議題，還算「單純」，當創作涉入純商業範疇，懂得如何保障作者的權益，似乎是各類創作者創意悠遊的腦袋中，若不特別關注，則概難觸及的境界。

在我最熟悉的影像創作領域裡，時常觀察到，因為創作資源得來不易，創作者在作品產出之後，對於其後續的使用，總有諸多疑慮，一方面希望作品能廣為流傳，並且獲取相當的商業收益以支持下一個創作，但又怕辛苦產出的心血結晶被人誤用，導致權益受損；加以負面的故事聽多了，疑惑總是更深。在這樣的心理擺盪之際，難免就讓創作者對於作品推廣的心態趨於保守，最終反而抵觸作品要讓更多人看見，才能彰顯其重要之原則。書中所提的案例，並不全然是影視相關的問題討論，然而，在創作的範圍裡，很多對於創作者自身權利的保障，概念倒是相通。閱讀這些故事，讓人學習到更多的是，法律雖然常是白紙黑字，但如何用開闊的心，去看待自己和他人的創作，並且懂得溝通，是更重要的功課。

向蘭天律師請教問題的過程中，總是見識到其法律人的本色：討論事情堅持有理有據，凡事謹慎。但是，又能感知到她在理解創作之不易，以及其自身對藝文領域的熟稔與興趣，對諸多案例的感性解讀，與尋求方法解決各式疑難雜症的開放態度。在知法之後，讓國家電影中心能夠以專業為本，對典藏品的使用態度有更大膽的作為，透過現代科技對經典影片進行數位化掃描與修復，讓外界得以逐步窺見台灣影像文化資產的瑰寶。另一方面，也透過更健全的法律概念，對我們所守護的影像文化資產，有更周全的照顧。

閱罷此書，只想說：這是一本有意思的書，能讀到的肯定不只是法律，可以用更多不同的面向去解讀。創作者如何堅持藝術創作的海闊天空，以及如何與他人交遊的態度，在法律之前，偶時因為立場抵觸所激發出的思辨，讓人有自省與做為未來行走的啟發，是我所讀到的弦外之意。

（本文作者為國家電影中心執行長，倫敦國王學院電影研究系博士）

推薦序

法律之外的

黃亞歷

幾年前，我因為著手於一部紀錄電影的製作，困惑於著作權的問題。很幸運透過友人的介紹，與蘭天律師結識。回想到最初見到蘭天律師時，令人感到最特殊之處，是她全然不同於一般我們思及法律時，那樣制式與冰冷的刻板形象。

當人們的生活開始碰觸法律時，經常同時面臨著各式難以克服的問題，並因而衍生衝突、誤解、困惑等不安的情緒，甚至嚴重影響到生活。因此，律師經常面對著的是一位位失落或受挫、焦慮與不安的求援者。

蘭天律師常令人感到朋友般的熱情與真誠，對於每位法律求援者，給予善解人意的關注，亦保有理性的審視與客觀的判斷。讓法理成為最溫暖的理解與支持。

在不少情況下，法律常被認為是一種透過某些硬性規範，用來解決具爭議性的事務，並帶有強制力的的工具。我們也常在許多社會案件或政治事件中，看到多重社會權力結構因素下，各種不公不義的社會問題，充斥在我們的生活中。而法律雖然在普遍道德良知的前提下，作為社會規範的重要準則，卻也常成為關鍵的、被操作的工具，與政治和商業掌權者，有著相繫相生的關係。

因此在認識蘭天律師之前，我一直認為法律大多是為有權有錢者服務，之於弱勢的邊緣者，是無緣靠近的。

另外，法律也經常由於描述語彙的嚴肅與拗口，使我們常無法直接地貼近與理解，造成當事人以法律來溝通與保障自身過程中的障礙。若繁複的文字在當事人的眼中無法形成有效邏輯，便無法真正以法律作為溝通的中介。

我自己即是經常一邊看著法律條文，一邊進入眼盲的狀態⋯⋯。

認識蘭天律師這幾年來，一點一滴的法律實際案例，多少讓我這樣的外行，在法律迷霧中，探出一點點頭緒。然而，這些過程最令人感受良多的，似乎不是完全地看懂法律合約，或認識著作權法精義等各式實務的達成。

我從蘭天律師的判斷與思慮中所學習到，更重要的，是對於人的理解，對於價值的細心梳理，甚而是人如何運用法律，來調和人與人之間的關係。

在面對各種難以釐清的法律問題時，她更關注的，並不僅是條令如何去界定，或在法律文字上去達致某些必要的結果。而是先站在當事人的立場，傾聽、感受，並握持著法律根柢的正義與客觀，並抱持著同理心去做詳盡地溝通。

「正義與客觀」，聽起來如此遙遠，也是因為人與人的關係，是如此複雜，因此更需要細緻面對。

法律作為人與人溝通之間的一種重要中介，在這層看似堅硬冷酷的媒介裡，人學習去理解彼此，尊重彼此。而無論是從牽繫著社會宏觀的「大法律」，到尊重創作微觀價值的「小法律」，最珍貴的是，從中看見屬於每個人所堅持的，獨特意義的價值。

法律捍衛著這些基礎的公平正義，運用法律的人以善意和真誠來互動、理解，也許這才能夠回到人對於法律的初心，以及它原始的真義吧。

由衷感激在這樣的年代，我們還能看見這樣一道真誠的熱情——

蘭天律師，長年在這漫長的路途上前行著，還樂此不疲地，教人敬佩！

（本文作者為紀錄片導演，作品有《日曜日式散步者》）

自序

大學時期原冀望就讀文學院，倘佯在文學藝術的天地，不意命運轉個彎，讓我步入法律的領域，面對理性、邏輯、充滿秩序的法律規範，學習追求公平正義，維護人們的權益。日後進入職場，慶幸上天眷顧，為我在冷硬嚴肅的法律世界中，開了一扇美麗的窗，得以接觸藝術文化的絕美作品與熱情純真的創作人，帶給我執業生涯最美好的時光。

投入法律實務初期，原本擔任一般民刑事案件的訴訟律師，因緣際會，在命運的牽引下，跨入文化藝術領域。最初與滾石音樂集團合作，負責處理專輯唱片製作流程所有牽涉智慧財產權的議題，嗣後陸續結識音樂、影像、文學的創作者、藝術家與電影導演，驚豔於他們繽紛奇特作品的同時，也訝異於創作者面對法律紛爭及訴訟，頻頻出現不可思議的想法和反應。他們有時會在我檢閱有爭議的合約條文後，茫然地嘆問：這一條簽約時對方怎麼沒有寫進去？難道我被騙了……；或是無奈地作結論：我知道對方很惡劣，可是我不想跟他撕破臉！甚至溫良恭儉讓地主動讓步說：沒想到我的小說被綁架了，沒關係，我可以等，五年後就自由了。

長年累月與藝術創作者相處，深深察覺他們的人格特質與處理法律爭議的風格迥異於一般商務財產案件的當事人。敏感、多情、脆弱是他們共通的性格特點，閉著眼睛簽署合約書是生活日常，法律糾紛發生後還不相信已然被騙、被背叛、被拋棄，更是司空見慣；指點法律解決方向後，怯於出面處理危機、落實方案也是常態，於是一手好牌打成爛局，最終只能尋找法律人收拾善後，藝術家的浪漫多半轉化為法律人的噩夢！

基於對人性無窮盡的信任，恐懼對立與訴訟帶來的失落，創作者有時寧可選擇逃避與繼續被欺凌，而這是法律人最無法忍受的結果。我經常在無限的憾意與心疼中，提出法律專業意見，撫慰著他們受傷的心靈並肩作戰，引領這一群法律絕緣體嘗試解決權利義務的艱深問題，試圖力挽狂瀾，援救作品的權益，縫補作者破碎的心靈。因為身為律師必須即時幫助當事人回歸現實，心碎了如何修復、約毀了如何賠償、錢虧了如何補足，所有的變化都無法回到當初，只能收拾殘局，祈望在補救殘局中求取情理法的衡平。

事過境遷，我常思索著如何讓這一群藝術天才／法律天兵懂得保護權利，不會再邀請別人來傷害自己。在一場場智慧財產權演講的ＱＡ對話中，一次次文創合約談判課程的師生論辯裡，逐漸領悟到創作人對於故事案例的好奇與接納，透過案件實例傳遞法律知識似乎最能引發他們的關注與同理。於是我改編設計悲苦奇特的案例，以故事的情節吸引這群才華洋溢的創作著，深入淺出解說法律規定與背後的規範價值，果然他們不知不覺中體會法律條文的意義，欣然學習合約權利義務的內涵，漸漸接受法律專業建議，抉擇後如實地執行。

寄望透過改編後多元有趣的案例故事，引導創作者獲得啟發，理解如何保護自己的權益，落實合理的商業合作模式，讓曠世鉅作得見天日，世人共享美好作品的光與熱！

蘭天律師　黃秀蘭

二〇一九年一月二十五日

輯一

藝術與商業的黃金交叉

——文化創意產業合約

伸展台下的嘆息

有位時尚企業界好友，領軍在台北故宮前鋪陳一條美麗的伸展台，秀出今年秋冬流行的裝扮服飾，煙霧瀰漫、樂音嘎響中，三D動畫背景呈現古色古香的國寶典藏歷史文物，有著商朝青銅酒器、西周毛公鼎、秦鐘漢玉、宋瓷明瓶、翠玉白菜、琴棋書畫……，古今對話，風韻流轉，那一夜穿過模特兒搖曳生姿的伸展台，望向遠處閃爍發光的一〇一大樓，彷彿有時空錯置的飄忽感覺，今夕何夕、斯地何地？

媒體熱烈報導，各界佳評頻傳，在那一場盛會結束後我悄然離開，循例沒去打擾忙碌的好友。近日夜裡她來電，聊起近況，分享人性本質的體會，訴說中國天人合一在《易經》思想的呈現，兩人約好翌日相見敘敘。

在她的辦公室，典雅的桌几鮮黃海芋爭豔，她最愛的布偶愜意地據著沙發發呆放空，我們在窗邊的會議桌天南地北聊著，提起前兩天介紹她去看腳傷的中醫師，她聲音中多了幾個驚嘆號，說是中午吃了中藥，晚上傷口的肉就開始長攏過來，又耍寶地吊胃口嘆道：「更神奇的妳知道是什麼嗎？臨走前，醫師一時興起幫我看流年，提醒我這兩年諸事不順，遇見的人、發生的事、接觸的物，都不吉利，還說我是水，現在有大石頭擋著，明年之後，才會漸漸順遂。」

「水在中國代表智慧，老子《道德經》也說『上善若水』，這兩年妳也在大石頭縫中做了很多有趣深刻的事呀！大石頭擋在哪裡呢？」不解地問她，她娓娓道來：「那次空前的時尚秀中，工作團隊成員之一接受媒體採訪時，以主辦人自居，侃侃而談那場盛會舉辦過程的甘苦，簡直掠人之美，強摘他人果實。我們全公司上上下下辛苦交涉協調各機關，籌備整合各單位，吃盡苦頭、受夠委屈，好不容易順利演出，完成盛事，居然他變成主辦單位，把我們全體員工放在哪個位置，情何以堪？氣何以直？理何以伸？」

「那麼妳想如何做，能讓自己氣平心靜？」我聽完整個故事，只問這句話，十幾年的交情，我們之間已超脫律師與當事人之間的關係，毋庸再分析媒體專訪內容或這位團隊成員涉及誣蔑事實妨害名譽的法律規定，直指她的心情與心思。

她引述廣告界重量級朋友的建議，發函嚴正警告，要求澄清道歉。看著她帶氣的神情與堅定的語氣，答應幫她撰擬信函，請她的主管準備媒體專訪的側錄帶，報導當次時尚秀的其他媒體新聞，與各重要協辦單位（包括政府機關、公益團體）的簽署文件。帶著這些資料離開時，心理想著，等信函寫出來再勸她吧，這時候她是聽不下反面意見的，給些時間讓她沉澱吧！

回到辦公室，立刻打開電腦，反覆專注地檢視專訪側錄帶，列出主持人及受訪者的關鍵說詞，再閱讀一份份合約及相關報導，花了兩、三天草擬警告信函，主旨是釐清那場時尚秀的權利歸屬，所有活動的權益包括伸展台設計、秀場主題、模特兒服飾及走位、故宮文物動畫、背版設計均為主辦單位及××時尚集團擁有智慧財產權，警告對方切勿違約侵權，否則將依法追訴。信函擬稿完成後，立刻寄電郵給她，當天晚上她來電，正逢禪修中心共修會，禪坐中無法接聽電話，回到家立即回撥，她很好奇為何近年來我研讀《易經》，又去禪修？淡淡地答：「我想為自己找到安身立命的力量，也幫我的當事人尋求解脫之道」。

她說丈夫看過我寄的警告函後，只說了一句話：「把寶貴的時間拿去做更重要的事吧！」叫她不要寄這封信。

聽得出她的轉念與寬諒的心，於是透過《易經》〈坤〉卦的順勢用柔思想告訴她：「前幾個月在《聯合報》上讀到了西方哲人說的話語，一直有感於心，他說：到了我們這個年紀，只要與我們看重的朋友在一起，說我們心裡真正想說的話，做我們愛做的事就夠了。妳要發函警告的這位朋友已經不是妳看重的人，在時尚潮流中，妳正處在浪頂上，何須再花時間心思搭理這些人；縱使搭理了，以他的年紀資歷，妳要改變他某些行事風格無異緣木求魚，那是他人生的功課，與妳無關。妳要集中心力築夢、圓夢，喚醒台灣每一個女人有著美麗的覺醒，透過時尚讓每一個女人都美麗！」

她平靜地回覆：信不用發了，我知道怎麼做了……。

曉得她聽懂我的話了，翌日進辦公室，將她主管給的資料全部歸檔，那封警告的律師信函就一直留在電腦檔案中了。當她做了決定之後，寄了席慕蓉的詩——〈分享〉，讓她體會：

批評你的人可以使你愈挫愈勇，
傷害你的人可以使你更加堅強！

有些當事人成為朋友之後，是陪著你成長，靈魂不斷衝擊發生交集的！

當文創人遇上財團大亨

上週正連連上法院開庭，忙得不可開交時，好友來電，說是台東都蘭附近的文創園區執行長面臨離職交接，怕有帳目財務交代不清或卸任後法律責任的問題，要我幫忙提供法律諮詢，還附帶說明故事的背景，他侃侃而談：

「這幾年文創產業成為台灣的顯學，各城鎮古蹟紛紛經由政府機關以BOT方式委託修復，外包民間企業經營文創活動，西部幾個重要城市的古蹟成功地修繕委外營運後，中央山脈的另一端——花東縱谷的知名景點開始嘗試接受文創的洗禮，而文創產業畢竟不同於企業營運，需要文化元素的主導與串連，東部在地人文化資源貧乏，積極請來台北文化人規畫美麗的夢想樂園，我當時推薦好朋友領軍東進，怎知道碰上土財主，只知炒地皮，完全不懂得文創產業，真他媽的混帳！這下秀才遇上兵，只好忍痛放棄，可是我那朋友只瞭文化，對法律是文盲，妳一定要幫她，不然我會被她罵死……」敘事夾雜髒話，認識十多年，早已習慣他的風格，只是不解，這麼美的地方，怎麼發生這麼醜陋的事？

都蘭海岸是台灣東海岸最美的一段（除了花蓮清水斷崖），幾年前曾到都蘭住民宿，在海邊聽故事、漂流木公園發呆、週末夜都蘭糖廠玩音樂，與原住民嬉樂聊天。這顆東海岸的珍珠迄今都難以忘懷，好不容易開發成為文創園區，要吸引更多愛好自然與文化的朋友來此享受生活，沒想到計畫生變！

來諮詢的執行長是活躍在北部的文化創意人，從法國藝術學院留學回來，曾擔任中部大學的設計學院院長數年，參與台北幾個大型文創建案，名噪一時，原想透過台東都蘭文創園區的計畫，吸引亞洲各地指標文化團隊前來駐村觀摩創作，並引領北部表演藝術資源與當地原住民的音樂舞蹈才藝結合，興建劇院推展定目創作劇，再運用當地海洋山林特產，建置各項工作坊，促進當地就業與資源利用，文創企畫飽滿又有力度，令人引頸企盼。

所有的創意與計畫都是這位美麗又有抱負的執行長上任後不眠不休地研發，帶著工作團隊激盪出來，厚厚的三大疊計畫書，攤在我事務所的會議桌上，每一份都是台東人的希望、台灣人的驕傲，怎麼好好一個美麗的願景會化為烏有呢？

執行長繼續講故事：「為了推廣這個大計畫，我動用過去二十年來國內外累積的人脈，請來亞洲動漫家及法國舞團在前陣子文創園區試營運時，駐村創作演出，還推出紀錄片競賽，請台北的知名電影導演飛到台東當評審。」她唸了幾個導演的名字，恰巧我都認識，其中有二、三位的電影公司還請我當法律顧問呢！不過有位國際導演正在中國大陸拍武俠片，怎麼請得到他來站台，真是厲害！

她說：「都是多年好友了，情義相挺嘛！只是現在弄到這般田地，真是對不起他們，枉費這幫好友的付出。其實辭職原因很單純，這個文創園區的BOT業主是南部有名的大財團，眼見高雄義大財源滾滾，開始懷疑我的企畫案推展二年多來，已經燒掉將近三億資金，到底能不能回收？前幾個月園區試營運，場面熱鬧、媒體大肆宣傳，結果財團老闆一到現場，看到都是文化藝術表演或文創活動，例如演講、紀錄片賞析、公共裝置、行動藝術等，場面與他想像的九族文化村的歌舞表演或是度假村遊樂區的設施活動相去甚遠，完全不能理解與接受。」

她神色落寞地接著敘述：「第二週就請公司副董很客氣的告訴我，公司資金不足，無法執行原定企畫，我心知肚明，文化人終究很難感動財閥，於是自提辭呈，結束這兩年多來的嘔心瀝血，全力以赴。」施展抱負的熱情頓時被澆熄，氣質高雅的執行長仍不免神色黯然……。

「律師，接下來要怎麼善後呢？」她提出今天來訪最重要的問題。文化人碰到事情的「開始」總是興奮異常，滿腔熱血，勇往直前；而面臨事情的「結束」，尤其是非自主的結束，常常手足無措，不知如何是好！

從執行長拿給我一張薄薄的A四紙張合約，就可以推想當初雙方在法律文件上是多麼輕忽、不專業了！難怪《易經》〈訟〉卦大象傳警惕人們：「天與水違行，訟。君子以作事謀始。」事情的開始雙方沒約定清楚，結束時的善後往往困難重重，事業如此，感情不也一般！

「妳想走或留？」先問清楚當事人的意向，才能往下布局或提供建議，我劈頭先問結論。

一般當事人，我會分析終止合約與否的利弊得失，便於他們綜合判斷再作考量，不過面對文化人，分析得愈完整，他們通常愈困惑，愈是舉棋不定，多年的經驗告訴我，文化人是法律絕緣體，在他們面前，說得多不如提得巧，我習慣先了解文化人心中的目標後，再提供解決方案，千萬不能給多重選項，否則教他們做法律選擇題，比請他們畫一張圖、譜一首曲、編一支舞、寫一篇文章更難。

「理念不合，我當然選擇離開！」執行長意氣昂揚地表達。

文化人就是這麼可愛，上台有熱情、下台有骨氣，說走就走，毫無眷戀，不會死皮賴臉，歹戲拖棚……。

這麼一來事情單純多了，我也不用分析如果要留下來，要根據合約哪一條先寄發存證信函，再依哪一條當作談判籌碼，甚至告到勞工局控訴勞資糾紛，或到主管機關文化局檢舉財團違約。

「公司有做什麼表示嗎？」我再提問。先了解對方的招數，再決定如何幫助當事人因應，而且執行長上任兩年多，應該有很多法律文件須要交接處理。

「他們只給我一張道謝函，交代我簽個名就表示交接完畢。」跟著拿出一張信紙給我看。難怪好友未雨綢繆，千叮嚀萬交代執行長來諮詢，倘使只是瀟灑地簽了這張信函，日後萬一帳目不清、廠商有糾紛、活動出狀況，執行長縱使離職也難脫干係，而且這種臨時終止合約的行徑，可以看出主事者思慮不周、反覆不定，倘若未來心意改變或存心找碴，這張道謝函一點都保護不了她！

於是針對執行長的職掌，一件一件理清，先擬定終止合約同意書，載明雙方合意提前終止，任職期間誠信履約，完成全部委託事項，總務、財務、業務、行政皆交接完畢，日後如有任何爭議均與她無涉，接下來再檢討每一部門未完成的待辦事項。

一路寫下來，執行長才知道原來雙方結束法律關係居然要考慮這麼多項目，還要交代待辦事項的移交清冊，才能卸免所有法律責任。

她感嘆地說：「今天真是扎扎實實上了一堂法律課。」常常大學教授、董事長、工程師、醫生來到我們事務所都只能權充學生，重新學習法律知識，才深切明白法律其實只保護懂法律的人。

「還沒下課哩！執行長請問妳在任職期間，幫這個文創園區規畫的創意構想及企畫案呢？權利歸誰？要不要幫妳爭取？」再度提醒她最珍貴的文創資產。

「啊！這些企畫案我可以拿回來嗎？我拿回去要做什麼？這些都是為了這個文創園區量

身定做的耶。」她一臉迷惘。

面對文化人，法律諮詢過程中，有時不只要提供當事人法律常識，自從接觸兩岸文創產業十年之後，常須提醒當事人關於文創知識產權下的商業價值。

我開始為疑惑的執行長剖析：「雖然我還沒仔細讀完妳的文創園區企畫案，不過根據以往我輔導文創團體的BOT標案經驗，你們製作的企畫案裡面都含有很多著作權的項目，包括語文著作、美術著作、攝影著作、視聽著作、建築著作、圖形著作等等，我檢視過公司跟妳簽訂的聘僱合約，並沒有約定這些著作權的歸屬，因此依著作權法的規定，這些企畫書的著作權仍屬於妳，可以要回來。」她臉上寫滿了驚訝！

我繼續解惑：「日後如果墾丁國家公園，或宜蘭冬山河、花蓮太魯閣各地區，甚至國外要推展文創園區，妳都可以運用這些企畫案的創意構想落實在各個地方，對妳而言，是累積數十年的創意核心價值，當然可以在要回來之後善加運用了。」

常常我提供法律之外的建議，對當事人極具商業價值，可是也不能仿照管理顧問或投資顧問公司另收取高額顧問費，只好當作法律諮詢的「售後服務」了。而當事人聽了之後，往往恍若大夢初醒，看到一線生機（或商機）。

這位優雅美麗的執行長也突然開竅，驚呼：「對呀！上次北京有個旅遊集團就邀請我幫他們規畫類似『七九八藝術區』、『七七文創園』這樣的藝文特區，說不定這些企畫案可以在異地復活呢！可是台東這個園區已經執行企畫案的一部分怎麼辦？一旦我把智慧財產權拿走了，他們以前花的錢不是白費了？那他們一定不同意。」

果真聰明！立即聯想到這個問題，我好整以暇地回答：「妳就以著作權人的身分做非獨家授權啊！如果覺得往日合作愉快，也收了不少酬勞，希望現在好聚好散，那麼可以簽署壹份永久無償授權的同意書，讓園區無限期的使用。」

解決了她的疑慮，再把這項企畫構想的著作權歸屬明定在離職同意書上，就大功告成了。

她一臉輕鬆地離去之前，有感而發地說：「以前聽人家說企業主身邊一定要有會計師、律師提供諮詢，我現在發現我們文化人更需要專業律師的指點與協助，不然一腔熱血，到最後被一腳踢開，欲哭無淚，只能無語問蒼天！」

可不是嗎？文化人在推展文創產業過程中，怎能缺少法律人作伴呢！

這幾年文創產業成為台灣的顯學，文化人炙手可熱，可是不見得文創都能變成產業，如果遇不上對的人，極可能淪為文創慘業！尤其台灣偏遠的山巔海角，文化人樂意奉獻生命熱情，創造文創園區，卻不幸遇上了嗜錢如命的財團大亨，所有的夢想變質，文化人不敵財大氣粗的營利計畫，最後只好黯然離去……，這是台灣文創的宿命，抑或只是過程？

醜陋的藝術心靈
——建案解約糾紛

他們是國內難得一見的絕佳工作拍檔，合開一家表演藝術經紀公關公司，常常舉辦跨國的藝術活動，為藝術家或表演團體提供經紀服務或辦理各項展覽活動，合作五年以來，他們始終意見一致，互相分工支援，可是這一次為了一位藝術家，兩人嚴重失和，在我的事務所會議室，差點鬧翻拂袖而去。

原來二年前國內一家執牛耳的建設公司籌備豪宅建案，計畫重金禮聘國際馳名的藝術家主導公共空間的設計，及每一戶豪宅附贈一幅現代畫，透過畫廊老闆推薦，找上這家藝術經紀公司負責全案，包括尋求藝術家的合作及承攬建案設計工作。

專案金額將近一億元，他們非常謹慎地考慮曾經合作的藝術家，上窮碧落下黃泉之際，兩個合夥人腦海中同時冒出一個視覺設計家的名字——「就是他了」，拍板定案！

雖然過往合作經驗中，這位藝術家偶爾不按牌理出牌，且近年來在國際上頻頻得獎，名聞遐邇，開始脾氣暴烈、態度高傲，屢屢提出無理的要求，經紀公司常需面對不可能的任務，每次有驚無險地巧妙完成，不過以這位藝術家的才華及國際地位，足堪勝任，對於建設公司有十足的說服力。

在藝術家首肯後，經紀公司向建設公司提案立即通過，此際藝術經紀公司卻陷入兩難，考慮要直接由經紀公司與建設公司簽約，獲得較高的利潤，可是需承擔藝術家可能出狀況的違約風險，而面臨鉅額賠償的索求；另一選項是由藝術家直接與建設公司簽約，藝術家再將部分公關行政執行工作轉包予這家藝術經紀公司，風險較低，但獲利也相對減少。

基於過去不確定的合作經驗，他們最終仍決定採取三方分別簽約方式，利潤較低，但較為穩當。

可是真的沒想到如此一來，居然埋下了被背棄的引線。在他們努力聯繫、開會、安排，順利簽約後，三方執行半年後，居然經紀公司最重要的承辦人臨時提出離職的要求，他們在詫異中忍痛批准辭呈，不到兩週，藝術家的工作室異於常態，連連發出對工作品質不滿的電郵，他們盡力安撫並派員解釋，沒想到對方全然不接受，過了一個月甚至要求解約，拒付第二期款五百萬元。

「How Comes?」兩個合夥人收到解約信大惑不解，明察暗訪才知道對方竟將離職的主管高薪挖角，認為今後不再需要藝術經紀公司的協助，過河拆橋，以省下經紀酬勞二千萬元！

他們兩個人苦著臉坐在我面前，會議桌上擺著兩大疊文件及一個大型行動碟，滿滿蒐證的檔案資料，顯然上次在電話中交代他們蒐集的訴訟資料都完整地做好了，我也沒理由再婉拒他們提告的動作，這幾年與表演藝術界和諧相處，對藝術家們憑添許多敬重、疼惜，實在不忍心以最激烈的法律途徑高調提告，逼迫藝術家在法庭一角繳械投降，扼殺藝術心靈，可是這個案子，藝術家不仁不義在前，焉能怪藝術經紀公司不顧情面提告在後?!

「律師，如果真的告了，我們有勝算機會嗎？之前長達三個月我們沒來找妳，就是因為有些朋友告訴我們，當初簽約為了節稅，我們公司用BVI英屬維京群島設立的境外紙上公司作為簽約的一方，不能在台灣打官司，我們想既然告不了，只好忍痛接受解約的要求，可是對方實在很過分，不但第二期款要打折到一半，而且解約書上強迫我們要負擔日後那個建案所有的可能違約賠償，我們不願承擔這種不確定的風險，雙方談判才破局的。」執行長一口氣說出了這幾個月悶在心中的委屈。

「境外公司在台灣還是可以告啊！我們事務所這幾年承辦好幾件BVI公司的求償案都打贏呀！雖然這些境外公司在台灣沒做法人登記，也沒經過認許，但它在訴訟上屬於獨資商號的組織，直接由負責人承擔訴訟上的權利義務，法院是會受理的。」當事人常有錯誤的資訊，不求甚解，反而自失法律立場，在和解談判上節節敗退。聽到我分析的這段實務經驗，他們兩人眼睛一亮，彷彿大海中抓到浮木。

「不過，我不建議你們立刻提告，因為訴訟曠日費時，你們只是小公司，恐怕撐不下去，對方藝術家有建設公司當靠山，資源豐富，小蝦米鬥大鯨魚，你們會付出極大的代價，倒不如先寄發律師函，敘明對方違約及不當挖角、收集商業機密，衍生的種種民、刑事法律責任，看看可否重啟談判的契機，如果能夠順利和解，就皆大歡喜了。」我一貫的辦案原則，先禮後兵——先和後訟，執業二十年，法庭外的和解還是殺傷力最小、最圓滿的結局。

他們想了想，雖然滿腹怒氣，還是願意再試一次談判的機會，執行長不安地再問：「如果和解再度破裂呢？是不是就上法院了？」

我半開玩笑地說：「先打媒體戰啊！這個藝術家國際知名，建設公司又是台灣重量級的上市公司，你們只要一召開國際記者會，鐵定造成轟動，對方立刻來求你和解，你們不是公關經紀公司嗎？人脈、專業都是現成的，開個記者會不是易如反掌嘛！」逗逗當事人，讓他們心情和緩下來，才有心思準備打法律戰，這是為當事人設想的一面。

他們聽了笑了出來，「好啊！律師，我們很期待喔，希望和解談不成，我們可以大張旗鼓辦一個今年特大規模的國際記者會，我們公司就一炮而紅了！」

過兩天，律師函一寄出，翌日就收到對方委託律師的回函還附解約書，接著就接到國內最大的律師事務所的電話，果真財力雄厚，找到最大也是最貴的律師事務所。

「沈律師，我是張××律師，這案子是我與陳律師合辦，今天他出差，當事人要求我先聯絡。請問你們當事人同意簽署我們撰擬的解約書嗎？」這位律師不拐彎抹角地問，單刀直入，夠直接了。

「對不起，我的當事人出國，還沒看到貴所撰擬的解約書，不過根據之前的討論，我的當事人可能會有解約補償的要求，因為合約解除，對他們來講是筆大損失！」我娓娓解釋。

「他們解約了，沒做事，要拿什麼錢！」她毫不考慮地回答。

噢！這位女律師挺白目的，這種高傲的姿態怎麼談和解？邊聽她搬出大道理，邊快速翻閱律師通訊，找到她的名字了，三十歲，難怪如此大放厥辭、咄咄逼人！她還不懂律師執業的路，還長得很，切莫樹立敵人，否則日後會死得很慘啊！

「張律師，解約後我的當事人固然不會有『所受損害』的問題，但會有『所失利益』，相信妳一定知道這項法律規定。」稍微點她一下民法的規定，看能不能殺殺大事務所年輕律師的倨傲銳氣，鋪好和解談判的路。

「我當然知道這項規定，可是妳的律師函寫一些子虛烏有的事，又沒證據，我當事人當然不可能有所補償。」她依然高調反擊，顯然不知道我們已經蒐證完畢，人證物證都備齊了，隨時可以上法院提告舉證。

可是為了當事人的和解大計，我繼續耐下性子說明：「和解是與訴訟不同，我們現在不是在法庭，毋須爭辯是非對錯，也還不用提呈證據，我們律師函寫的內容到底是不是事實，妳的當事人心裡明白，這些不是這通電話的重點，我主要是想了解妳們當事人對於解約有沒有補償的空間？」

「沒有，因為我方都沒有錯！」她依然不加思索地拒絕，如果是十年前，我一定立刻反擊，而且嗆聲：「那我們法院見，看看違約的到底是哪一方！」這幾年學了佛法，又研究老子《道德經》，「天下之至柔，馳騁于天下之至堅」，《易經》也叮囑「順勢用柔」。漸漸明瞭逞一時之氣只是宣洩怒氣，無法解決問題，當對方執著在某一點上時，莫要隨他（她）起舞，另闢解決之道吧！

「喔！那我了解了，我會轉達給當事人的，請問貴所陳律師何時回辦公室，……下週一噢！謝謝！」掛斷電話，立刻交代助理，下次這位張律師來電都說我不在。這種律師傲慢無理，是談不成和解的，等下禮拜再找另一位承辦律師吧！

心裡有了盤算，接著立刻轉告當事人和解進度，不料執行長竟然開始態度轉為強硬，堅持解約必須附帶補償，而且不少於二百萬元，然而另一位合夥人卻只希望儘速了結，拿回遲延的酬勞就簽和解書。

兩位合夥人透過電話、電郵、Skype 多次溝通，我很小心地迴避，這種合夥人內部意見不一致，如處理不當，可能釀成茶壺內的風暴，威力之強，也會影響對外策略，通常律師扮演的角色在於分析利弊得失，切莫捲入公司內部紛爭，否則裡外不是人，連委託案也做不下去。

終於邀請他們兩位來事務所當面協商，充分溝通心中對那位藝術家的不滿及各自的顧慮，原本劍拔弩張，幾乎要拂袖離去的氛圍，在執行長讓步後，兩人終於達成共識。如此一來，和解條件就非常單純，只要再討論匯款方式、付款保障及保密協定，即可進入書面作業了。

到了下週，主動找另一位承辦的陳姓律師，果真薑是老的辣，雖然陳律師對我提出的一項條款「確認當事人雙方在合約執行期間皆無違約情事」，非常不以為然，甚至認為與事實不符，不過他也理解這份和解共識得來不易，不敢強力反對刪除這項條文，畢竟他的當事人是國際知名的藝術家，倘使我們小小的經紀公司和談破裂豁出去，直接提告，高調召開記者會，將會是他們的當事人吃不消。

最後在雙方唇槍舌劍下，我建議雙方律師都勿下斷言，請他轉達他們的當事人，問清楚當事人立場，倘使這位藝術家也反對加上這個條文，我們律師再來「喬」！陳律師聽出我的「文攻武嚇」、「軟硬兼施」，莫可奈何地答應了，結果出乎他們意料之外，這位待在西安正在參加兵馬俑國際藝術研討會的藝術家毫不遲疑地同意，他只希望速戰速決，勿再橫生枝節。

四十八小時後和解書及解約承諾書已經由藝術家親自簽名，指派專人從中國大陸送來台灣，我陪同經紀公司執行長前往對方律師事務所簽約用印。在古色古香又具時尚感的大型會議室，雙方律師坐定後，我指點執行長一一簽章，半個小時後完成簽約手續。

信步走出律師事務所的大樓，外面春雨連綿，執行長感觸頗深地轉身握緊我的手，表達謝意後，感性地說道：「沈律師，這一次若不是妳給我們的專業的法律知識與提供談判策略，我們無法堅定信心與這位背叛我們的藝術家及跳槽的主管抗衡、周旋到底，妳讓我們在了解是非對錯之後，找到最快的解決方案，使我們不至於一直處於無奈與焦慮中，無法作成決定，感謝妳在這過程中適時給予的力量。」

我含笑不語，送他上車前，再問他：「以後還會跟這位藝術家合作嗎？」執行長深邃的眼眸望向車潮洶湧的敦化北路說：「永遠不會了！」

當你一次又一次照顧他、呵護他、敬重他，可是到最後他依然背棄你，終於到了必須決定離開他的時刻了……。

兩岸文創合作的談判

兩岸交流以來，軍事、政治、外交及國防難以展開，倒是文化藝術熱烈交流，尤其文創產業紅紅火火地合作，北京舞蹈學院的系主任感嘆地說：「我們舞蹈系的學生，腿打得比任何人都直，跳得比任何人都高，可是我們編不出像你們台灣雲門舞集、漢唐樂府的舞碼來，也跳不出你們的意境……」海峽對岸要的是我們台灣的創意與管理機制，我們看重的是對岸廣大的市場與豐沛的資源，於是合作案多了，合約的法律諮詢需求也相應增加了。

十年前就開始處理大陸的合同，當時內容簡陋，條文粗略，經過西方企業及法律體制的洗禮，與台商的刺激，近幾年合約愈趨複雜深入，當事人不向律師諮詢，確實會有風險。

一位當事人甫從國內知名的實體圖書集團轉換跑道，開設影像製作公司，多次承接企業界文創商城規畫案，馳名兩岸後，大陸一些古城鎮進行文化造鎮或文創書城重金禮聘，委託他的團隊重新打造文創品牌。

雙方談妥後，合約寄過來了，我一看原來是蘇州的圖書公司要在西湖湖畔興建書城，裡面包括實體書店、影像製作中心、出版經紀商店、數位發行據點、咖啡廳、茶藝館、周邊商品城。委託的企業主有資金、有土地，也有一些發想，可是在大陸找不到合適的團隊規畫執行，輾轉打聽慕名而來，從去年十月一路談到年底，十八大會議結束，中央人事調整帶動地方組織更迭定案後，官方審批下來，這家蘇州的公司迫不及待帶著簽約金人民幣一百萬元央請當事人簽約了。

當事人被他們的誠意感動，但也被他們高度的效率嚇到，連忙打電話到正在合歡山跨年的我，詢問是否年假結束上班第一天就有空討論，趕在一月五日前可以簽約付款？接到電話正下車跨出清境農場的車陣，準備爬上海拔三千二百公尺的武嶺，嚴寒的空氣中匆匆答應，叮嚀他先將合約電子檔寄來，晚上邊看煙火邊讀合約囉！他滿懷感恩地允諾，如日後簽約順利，必當邀我到規畫中大陸書城現址遊覽，順便觀賞《印象西湖》的演出，我說只要搭畫舫遊西湖及參訪西溪濕地就心滿意足了。

晚上在清境農場民宿，邊等跨年倒數及煙火，邊看合約條文，沒想到上回幫他們撰擬的合約條文初稿被改得不忍卒睹，對方除了加上很多大陸式的贅語及空洞模糊的形容詞（例如：「為實現○○成為最優秀的書銷售商」、「發揮雙方優勢」）之外，經營規畫的時程、項目、驗收標準、付款條件都更改了，合約電子檔花花綠綠，紅色、藍色、綠色的字體雜陳，顯然對方不只一個部門修改，而我方當事人的立場及看法如何都未標示，只有總經理寫信詢問幾個法律問題，這樣我們法律顧問如何提供意見呢？

律師一定有立場之別，訴訟程序有原告、被告，合約關係有甲方、乙方，一定要清楚明白地告訴我們要站在甲方或乙方的地位，我們才能適時提供法律意見，有些天兵當事人，傳來的合約檔案，甲、乙方簽約人都空白，就要我們提供修改意見，真教人不知從何下手！

而這份合約對方提了六處修改的意見，我方當事人都未表示是否同意或接受到什麼程度，或要做如何的修改，就直接轉寄過來，我又不是他們的董事長、總經理，如何幫他們做決定？而隨意猜測、草率修改也不是我的作風，只好回電話告訴當事人，請他們先做功課了。

當事人沒接電話，嗅！我回想起來了，他說今晚要去國際會議中心聽陳昇的跨年演唱會，到凌晨兩點多才結束，現在肯定是找不到他了，只好問總經理這些合約問題，沒想到總經理正擠在信義區一〇一大樓前看市府跨年演唱會，手機傳來嘈雜的聲音，連張惠妹的歌聲都聽到了，就是無法聽清楚他的說明，好不容易他跑到便利商店才弄懂我的意思，立即答應看完一〇一的煙火就搭捷運回家修改合約，再寄給我，他說：「律師，那妳可不可以明天早上八點寄給我？因為老闆叫我九點跟他開會討論這份合約。」可是我已安排好，明天四點起床，要帶小孩上山迎接二〇一八年第一道曙光耶！真不希望新的一年元旦就毀在這份合約上，總經理聽不到我的回答，又提高音量問：「律師拜託啦！這是我們公司近年來最大的案子耶，明年過年的年終獎金就都看它了。」年終獎金關我什麼事，又不會發給我！可是責任感驅策下，實在難以回絕，只好熬夜趕工了。

還好凌晨一點多剛欣賞完電視台播出全世界知名的跨年煙火秀，修正後的合約電子檔寄來了，基本上大陸方要求修改的付款條件與所有企畫書的著作權歸屬大陸委託方的約款，都為我方當事人接受，只是大陸方新提出的品牌建置項目語焉不詳，酬勞又特高，單項就高達三百萬元人民幣，如雙方未定義明確，日後驗收必然發生爭議，律師審閱合約就是要減少這些可能的爭端，防患於未來，可是這當下三更半夜，如何徵詢當事人關於「品牌建置」的具體工作內容？只好依據這十年來參與文創產業創立過程中關於品牌形象的建置方式與需求的實務經驗，及平日對於這位當事人的專業風格與能力的了解，直接在合約條文加上：「研析甲方企業文化、設計品牌 Logo 及企業標幟、進行市場調查及撰擬分析報告、媒體發布與召開記者會、完成公關宣傳活動共六次」，作為品牌建置的委託工作項目。

有時當事人是因輕忽或經驗不足而漏訂合約重要內容，這時我會直接提出提醒他們思索並載明在合約條文中，當事人知道我參加很多商業談判，尤其二〇一二年每隔兩個月就飛往中國內地到北京、上海、鄭州、廈門出差，陪同台灣的企業廠商或藝文團體與大陸方洽商合作專案，索性央求我直接幫他們訂出需求或規範。但我還是堅持透過討論，讓當事人公司第一線談判人員學習如何歸納收斂會議桌上的商業條件，成為合約文字，具體約束簽約的雙方。

當然也不乏有當事人蓄意擱置空白條款，企圖日後鑽合約的法律漏洞，此際我會先解釋可能的商業風險或法律陷阱，倘使當事人願意承擔，也有他簽約之際不得已的考量，例如手上這份合約簽署日期迫在眉睫，雙方的工作團隊不可能在短短數日完成營運計畫作為驗收審核標準，只好暫時留白了。

幾個必要的用語再調整後，就大功告成了，凌晨兩點二十分在 iPad 上按「傳送」鍵，望著民宿床上一字排開的四個小孩熟睡的臉龐，幫他們一一蓋好被子，鑽進被窩中，可以好好睡一覺，準備迎接新的一年合歡山第一道曙光了！

兩岸文創合作過程有競爭也有鬥爭；台灣在這種文明的交流中，可以展現多少優勢，綻放多少光芒？

夢想幻滅
——政府招標案爭議

這幾天又有新的媒體報導焦點：建國百年，民間無感，政府機關抓住機會大肆歡慶，帶來無限商機，預定在國慶當天推出鉅型舞台劇，公告招標採購簽約，卡司陣容強大，經費令人咋舌，主辦單位不斷強力宣傳，沒想到雙十國慶晚會在眾所矚目中，舞台劇登場，噓聲四起，推崇革命烈士及激勵年輕夢想的劇作居然淪為鬧劇一場。

翌日在野黨立刻抨擊官商勾結、圖利廠商、浪費公帑，尤其是深受金融風暴肆虐之苦的市井小民，一聽到國慶音樂劇只演兩場，卻燒掉兩億新台幣，莫不同聲悲嘆，有人質疑為何舞台設備只使用兩次就花了六千萬元？有人不滿為何編出這種老掉牙的劇本，導演編劇費高達數百萬元？有人慨嘆這些錢如果拿去偏遠地區濟助學童營養午餐或購置電腦設備，不知多少小學生受惠？

立法院質詢不斷，媒體連日放送，怨聲載道，行政院長出面道歉已經難息民怨，於是部會首長下台，承辦人員集體調職懲處。

正當電子媒體爭相報導時，接到好友電話，劈頭就問：「妳知道夢X家弊案嗎？」

「你在說笑話嗎？滿街都在討論，誰不知道啊！怎麼？跟你有關嗎？」這個朋友平日不露臉，無事不登三寶殿，故意調侃他一下。

「不是我啦！是一個親戚，他的公司這次有參加投標，貨都交了之後，發生弊案，主委下台，原先那批承辦人員撤換調職，好幾百萬元的貨款都要不到，公司快倒了！」他一口氣說完重點，接著問：「這案子妳有幫政府機關處理法律案件嗎？如果沒有，我想叫親戚去找妳，看是要打官司或者要申請公司破產，目前他公司狀況還蠻慘的，聽說已經欠了員工好幾個月的薪水了。」

「你請公司老闆直接跟我聯絡，看看詳情如何，我盡量幫他想出一些解決方案。」

一宗政治事件，牽連不少無辜第三人，能幫得上忙就盡量幫了。

過兩天苦主出現了，帶著厚厚的採購契約跟相片、發票，來到我事務所，話說從頭，原來標案過程非常短促，招標到簽約才不到二個月，所有的舞台道具需求規格都是臨時寫就，簽約後才發現無法執行製作，加上表演團隊的劇本一改再改，監製單位欠缺經驗，提供諮詢意見失誤連連，當事人工廠製作的道具器材一再更動，二十天內火速趕製，全工廠近百位員工人仰馬翻，到十月八日彩排前一天，工廠還熬夜趕工，把開幕第二場革命先烈的槍彈道具完成，及時送到舞台現場。

款。

「主辦單位有驗收嗎？」我研究過採購契約，提出關鍵問題，契約明定驗收合格才能請款。

「律師，當時兵荒馬亂，東西有趕出來就謝天謝地了，交貨時，他們政府官員都有一一點收，可是來不及開驗收單，他們就拿到舞台上用了，說拿上台演就算有驗收了，而且答應演完會補單據給我們，可是一演完部會首長就被移送法辦，沒有人敢再開任何驗收單給我們，現在這一批官員都是新來的，他們說當初不是他們處理的，無法開驗收單。」老闆苦著臉娓娓道來。

「啊！沒有驗收單，怎麼解釋你們的道具驗收合格，政府單位必須付錢呢？」我開始煩惱廠商的履約義務是否完成？這牽涉到驗收認定的問題。

「可是，律師！拿不到驗收單，不能怪我們呀！是政府單位不發，又不是我們交的貨不合格。」老闆急得解釋真正的原因。

「我理解當時的狀況，可是這個案子如果告上法院，法官一定先向你們要求提出驗收合格的單據，拿不出來，就打不下去了。」我說明訴訟實務上原告起訴的舉證責任，而且「舉證之所在，敗訴之所在」這句名言，始終是我們法律人的夢魘，只要無法舉證，就等著敗訴判決了。

「這樣很沒道理耶！這個案子有政治弊案的牽扯，不能把驗收單的責任推到我們頭上啊！如果法官這樣判，我就帶全公司的員工綁白布條去法院門口抗爭。」老闆說得義正詞嚴，慷慨激昂。

「這樣有用嗎？還是不能避免你的舉證責任呀！」當事人失控時，必須設法把他拉回來。法律問題用政治手段介入，常常弄巧成拙，也無法達到目的。在當事人開始罵政府、罵採購法、罵這齣舞台劇時，我凝望著當事人激動的神情，突然靈光乍現，想到解法了。

「你說當初一交貨，執行單位就拿去台上使用了？」我先還原履行合約的實際狀況，確認對方的動作。

「是啊！我們員工還要幫忙裝台，把道具設備安裝妥當，大大小小總共七幕五百零八件，全部用上了。」老闆回憶交貨現場情形。

「有沒有拍照或錄影？」律師關心的還是證據問題，所有的履約過程，欠缺實際證據，易淪為法庭的口水戰，法官是不會採信的！而當事人卻常在法庭交鋒彈盡援絕，無法舉證後，收到敗訴判決，就批評法官收紅包，或自由心證亂判一通，其實是當事人沒有及時提出證據，適度補強法官的心證，司法制度在台灣運行數十年，清廉優秀的法官輩出，民眾卻仍停留在二十年前的落伍印象，使得正直的法官也揹了不少黑鍋！

「交貨當天根本沒時間拍照或錄影，不過我們公司電腦有五百零八件道具的相片檔案，要做結案報告用的，彩排的時候執行單位有全程錄影，當時有跟他們要一份，裡面舞台表演都看得到我們交的東西。」老闆認真地答。

「好！這樣驗收應該就沒問題了，我們可以解釋彩排與正式演出就是一種『默示』的驗收意思表示，既然你們交的貨都拿到舞台上用了，八日彩排到十日正式演出中間，又沒叫你們修改或退貨，那就表示驗收合格了。」

「律師小姐，妳說的什麼『墨是』，我是聽不懂啦，只要妳說沒問題就好了！那接下來我們公司要怎麼辦，當初官員一再叫我們修改原來的規格，又追加不少新的設備，我的主管好幾次提醒他們，要先做契約變更，不然對我們沒保障，可是官員一直推說沒時間了，叫我們顧全大局，先做再說，結果『大局』變成這樣，誰來顧全我們？好幾家廠商都關門了，有些上法院告，有些私下找立委施壓，可是好像都拿不到錢。妳看，我們可以怎樣領到貨款？」老闆開始抽菸了，不忍心提醒他會議室是禁菸的，幾個月來累積的焦慮與壓力，在煙霧瀰漫中，也許能釋放一些。

「這種案子打官司，沒花上三、五年是不會有結果的，我看採購契約有訂爭議調解的方式，你們可以到公共工程委員會提出調解的申請，可能比較省時省錢。」邊翻閱契約書邊提供意見，這次採購案造成當事人公司元氣大傷，盡量減少他們的負擔，希望調解能速戰速決。

老闆爽快地接納建議，一週後調解申請書送出，沒多久就收到開會通知，兩週後我陪同公司老闆出席調解會議，除了申請的訴求外，特別請調解委員理解廠商的困境，儘快處理，否則快撐不下去了。

調解委員倒也明快，整理出幾項重點，請政府機關與會代表發言前，還不忘消遣官員：

「刑事偵查已告一段落，結果檢察官不起訴，你們部裡都沒事了，要請部長『硬』起來，不然好幾件調解案在我們這邊，很難處理啊！」

沒想到官員代表居然又推責任，一開口就說：「廠商交的貨我們也不確定是否符合契約的項目，追加部分也要再上簽呈請長官確認，我們也決定不了……。」

當事人聽了怒火中燒，我怕直率的他飆髒話，趕緊請他坐下，由我回應：「科長的講法讓我們很失望，這個案子從頭到尾廠商小心翼翼地履約，主辦單位扯出弊案，拖延付款，明明貨物都點交，也在半年後送進你們指定的倉庫了，還附了一本厚厚的驗收報告書，當時都沒意見，為何現在推說不確定？幾個月前在點交的倉庫現場，你不是也在那邊一件一件清點、裝箱入庫？這張點交相片裡面不是就有你嗎？為什麼又說追加部分無法決定，當初催貨追加時急急如律令，要我們顧全大局、使命必達，說是大家一起完成夢想，現在你們夢醒了，就把我們廠商一腳踢開，還說無法決定，沒有決定權，那你們來做什麼？浪費大家時間！」一火大，連當事人的怨言都一股腦兒宣洩了，有時候太投入案情，法律上該講的、不該講的，就全倒出來了，所以辦案對我而言，都像打戰一般，義無反顧，火力全開！

坐下來，當事人立刻遞紙條說：「我給妳按十個讚，這一年來的悶氣都發洩出來了！」

主辦單位的代表氣急敗壞地解釋：「律師，首先我們要澄清，檢察官偵辦的不叫做弊案，請不要混淆視聽。驗收點交的手續，我們要聽命於長官，不在我們授權範圍內，請勿誤會，這個案子我們接手以來，已經盡力協商，從來沒有耽誤時間，可是行政程序有它一定的流程，不是部裡面刻意拖延。至於剛剛提的幾個問題，我們沒有辦法立刻回覆，下次我們也會委託律師出席說明。」

調解委員宣布一個月後續行調解。

沒料到第二次調解會議，對方找一個更官僚的律師與會，想法設法推、拖、拉、閃、避，就是不做正面答覆，所有討論事項都說必須回去請示，還振振有詞地表示，我們申請人連追加項目及數量、單價皆未提出；聽到這裡，我已按捺不住，揚起手上的申請書，反問機關律師：「你是沒有看到我們的申請書嗎？裡面證物二號表格載明追加項目及數量、單價，清清楚楚！」

這位官僚律師忙不迭地瞄一下申請書，顧左右而言他，說：「道長！不要如此激動嘛，我也是來自民間，深知廠商催討貨款的辛苦，我也希望早點解決，可是政府機關有它一定的流程，目前相關資料還在跑流程……」我再度打斷他的官腔官調：「上次調解，你們也允諾儘快確認這些資料，為何一個月過去了，絲毫沒有進展，還推給公文流程？」一旁的科長尷尬地解釋：「我們有照調解委員的指示完成資料的整理，可是部長出國，簽呈還沒下來，我……」我的當事人怒不可遏，拍桌抗議，大嘆：「你們不要再消費廠商了，好不好？我們公司都快倒閉了！」我也加碼批判對方拖延調解程序，雙方炮聲隆隆，互不相讓……。

調解委員調高音量維持秩序，兩邊各打五十板：「都不要吵了！你們廠商這邊又提不出驗收合格證明，當初契約變更的手續又沒進行，一直指責主辦單位這邊的律師，也沒道理啊；你們機關這邊也要體諒廠商，貨款拖了一年多，也難怪廠商生氣！」兩邊好不容易安靜下來，調解委員繼續分析：「首長換了，當時的承辦人員跟著都換了一批新人，對案子不熟，加上這個單位藝術家多，對採購法不了解，難免拖延，何況新的首長新官上任，誰願意承擔前任捅的漏子呢？」

「話不能這麼講，要進廚房就不要怕燙手！新的首長當初他要接這個位子，就知道要面對這個爛攤子，不然他就不要來嘛！」當事人難掩悲憤之情，持續重炮轟擊。對方律師居然不知民間疾苦，白目地回應：「都已經等一年多了，也不差這點時間，讓我們機關內部商議，公文流程跑完再來調解也不遲啊，不然你們去法院告，也不見得告得贏，去年就有兩家廠商告到法院被駁回……」難怪政府機關有恃無恐，一點都不體恤委屈的廠商。偏偏調解委員居然附和其辭，同意讓他們再回去請示整理書面文件，對方律師正中下懷，志得意滿地又攻擊我方的證據，我正思考如何反駁，當事人已發飆……

還沒等到對方律師講完，我的當事人霍地起身，撂下話：「政府機關都沒錯，都是我們廠商倒楣，好不好?!官官相護，我不調解了！」說完拂袖而去，我跟著追出去，老闆在電梯裡還難掩激動：「律師，我不是衝動，他們這些官員欺人太甚，妳明天就幫我告上法院，我要開個記者招待會，幾百萬的貨款拿不到沒關係，我要讓大家知道政府是怎樣在糟蹋我們這些無辜的廠商，最後讓法官出來說是誰對誰錯！」

我知道勸阻不了他，忍耐了一年，最終仍免不了要上法院，可是正義公理到頭來會實現嗎？當初懷著夢想的那些人，會看到今日的結局嗎？

第一次參與政府投標案，滿腔熱誠、顧全大局，最後竟遭弊案牽連，心血無法回收，官官相護，不知要選擇公司倒閉或抗爭到底？

大企業的贈品風波

晚上剛從台北書院上完「中國哲學」課，搭上捷運，疏寥寂靜的車廂，我思索著課堂上辛老師解說商朝人建立神祇上帝的概念，釐清東、西方宗教思想的差異，突然手機 LINE 傳來訊息：「沈律師，我們碰上麻煩了，可以電話請教嗎？」是定居在花蓮海邊的藝術家夫妻的詢問。

咦！上個月才去花蓮七星潭跟他們碰面聊天，還欣賞他們最新的漂流木作品，一切安好，怎麼忽然出事，想必是有法律糾紛，可是捷運行駛中通訊常會中斷或干擾，於是在 LINE 上先回傳十五分鐘後到家再聯絡，讓他們安心。

回家進了門，先跟作美勞功課的小女兒話家常，看看她用日本和紙設計製作的中國旗袍勞作，叮嚀她先吃紅豆湯圓的點心後，就接到花蓮藝術家的電話，妻子在電話裡的聲音有點急促，伴隨著焦慮不安，她說：「沈姊，剛剛經紀公司告訴我們，今天下午他們老闆收到我們原來的經紀公司寄的存證信函，說他們侵權要全部下架，不然就要告他們……。」

「怎麼回事？妳先別急，慢慢講，妳是說你們新簽約的這家『希品』文創經紀公司收到舊公司——『美好時代』的存證信函，是嗎？什麼東西侵權要下架？」慢慢引導焦灼的當事人，把事件說清楚，才能進行危機處理，這是我執業多年來的經驗，面對驚慌的當事人，必須帶領他（她）回到事件的初始，明白地敘述問題，才能安定心緒，抽絲剝繭，面對突發狀況。

「律師，妳還記得去年妳幫我們跟原來的『美好時代』談判，解約沒解成，可是合約提早到明年二月結束，所以還有八個月的合約期限，還記得嗎？」手機轉到藝術家先生手上，先生冷靜多了，從頭敘事。

「記得啊！那家『美好時代』的執行長超情緒化的，那次談判談了三個月才談成，中間遇上暑假我帶小孩到巴黎自助旅行，他還激動得在Skype通話中大罵你們如何忘恩負義，捧紅你們，就想解約……。真是噩夢一場，幸好後來有同意提早三年解約，還補付了你們的一百五十萬元版稅，怎麼啦？去年談成後不是有簽協議書，我還提醒你們在明年二月以前小心因應，低調處理，這一年來不是相安無事嗎？」我迅速回想去年替他們談判的情景與結果。

「是啊！今年三月『希品』擔心我們被簽走，就先跟我們簽新的經紀約，約好明年『美好時代』的約一到期就轉到他們公司，三月要簽新約的前幾天，妳還提醒我們私下簽就好，請『希品』不要開記者會，也不要在網站上公布，免得『美好時代』吃味反彈，趁機找麻煩。」藝術家先生記得很清楚我當時的建議。

「希品」是兩岸當代最具規模的文創經紀公司，好不容易網羅到台灣最具知名度的漂流木雕塑家夫妻檔，自然要大肆宣傳，原本計畫在北京國家大劇院與台北國家音樂廳同步舉辦媒體發布會，在網路連線報導，硬是被我勸阻了，「希品」的創意總監還怪我過度謹慎，這下踢到鐵板了嗎？

藝術家繼續說：「我不知道『美好時代』曉得不曉得我們跟『希品』簽約的事，我是都沒講，問題出在『希品』最近印製的一本小冊子上，這幾天有家台灣最大的手機公司贊助『希品』下個月一日在華山文創園區舉辦的兩岸三地華人雕塑家交易平台活動，『希品』邀集兩岸三地排名前五十的雕塑家提供作品在華山展示，讓買家聚集進行交易，那家手機公司贊助這個為期兩週的交易活動，『希品』回饋手機公司贊助的方式，就是設計印製十本小冊子，裡面有十個雕塑家的作品圖片以及每本小冊附帶一個迷你版的雕塑，都是贈品，作為活動的宣傳，我們夫妻因為合約不能曝光，舊作品也都在『美好時代』的經紀權中，不能參與交易平台活動的公開展示，可是『希品』創意總監很喜歡我們的作品，就挑了十件舊作印製成小冊子，而且用其中一個作品《旅行者》作成迷你版，要贈送給手機公司的客戶，正式的促銷活動後天才開始，可是有一家手機公司的加盟店昨天拿到贈品就偷偷開跑，送給客戶，剛巧『美好時代』的執行長知道了，就衝去那家加盟店買手機殼套，拿到了贈品，立刻請律師發存證信函，說要告『希品』跟那家手機公司，他們兩家都收到存證信函了，不知道為什麼我還沒收到。」

聽完當事人的描述，換我有情緒了，不禁反問：「大田，你們當初怎麼會答應『希品』去印小冊子，還做小雕塑？我不是千交代萬叮嚀，在明年二月二十八日前不要有任何跟『希品』有關的合作曝光？免得『美好時代』指控你們違約，因為去年雖然談到提早解約，可是『美好時代』依然心裡很不平衡，他們執行長聽到市場上的傳言，也猜得到就是『希品』搶走你們的經紀權，這下事情曝光，剛好給他打擊同業橫刀奪愛跟報復你們倆夫妻變心劈腿的機會啊！」跟當事人熟絡後，變成朋友，我就直呼名字，拉近雙方距離，也讓當事人對律師的「畏懼感」降低一些，接著分析合約對方的心態，讓藝術家了解事態嚴重！

「律師，妳這個比喻真恰當！『美好時代』把『希品』當作『小三』了，才會格外氣憤！兩個月前『希品』的創意總監告訴我贈品促銷的構想時，我有告訴他關於去年我們簽協議書的疑慮，他說是贈品沒關係，我還是不放心，把我們工作室跟『美好時代』簽的協議書給他們看，創意總監有交代公關部門的經理拿給法務看，後來怎麼樣了，我也不知道，那個經理沒告訴我們，不過他們就開始印小冊子了，我以為這樣應該沒問題了，他們『希品』才會開始製作贈品。」大田急著解釋當初他們的考量。

「為什麼贈品就沒關係？做出來的小冊子跟迷你版的雕塑品是什麼樣子，可否傳給我看？」我邊找電腦檔案中去年幫他們撰擬見證的協議書，邊問當事人的想法。

「律師，協議書第八條那時候妳有幫我們加上『宣傳用途』就不受經紀權的限制，我們可以自己處理，因為我有告訴妳我們工作室有時候會自己作宣傳，在網站或臉書都有可能，有時候我也會到社區大學或學校演講，現場會贈送小型作品或鑰匙圈，所以妳就寫上這個但書，我想這次『希品』的小冊子贈品一樣是宣傳，應該沒問題。剛剛我太太把『希品』的小冊子跟迷你版雕塑傳到LINE給妳了，妳看一下，我再撥電話過去，不然你講手機，沒辦法看LINE的圖片。」大田還原當初談判的場景，我也回想起來了。

掛斷電話，手機接收到LINE的圖片，頻頻叮咚作響，點開來看小冊子，製作得很精美，總共才二十頁，裡面配合大田夫妻的漂流木作品，加上創作靈感的簡介，最後一張圖片是《旅行者》的迷你版，就是這項作品讓大田五年前榮獲行政院的文藝獎，聲名大噪。

快速看完一次後，複製寄到信箱，在螢幕上電腦再放大仔細看，發現不妙，封面打上「希品」Logo，著作權頁甚至註記經紀代理：「希品文創集團」，就是這裡出問題了，再核對大田與「美好時代」的協議書第五條明確記載大田不得交由「美好時代」的競爭廠商發行銷售，否則須負擔違約責任，賠償懲罰性違約金五百萬元，糟了！代誌大條啦！

「律師，看到了嗎？這樣會有問題嗎？『美好時代』怎麼能告贈品說是侵權，明明協議書第八條有給我們自己宣傳的權利呀！」大田還信心滿滿地在電話裡說著……。

「大田，現在問題不是第八條，而是第五條，如果小冊子封面只打上『大田文創』的Logo，著作權頁放你們自己發行都沒關係，可是『希品』居然放上他們的公司名稱跟

Logo，這下就違反第五條的約定了，因為『希品』是『美好時代』的競爭廠商，他們竟然就大方地放上去，這個創意總監太急了吧，呷緊弄破碗！難怪『美好時代』會說侵權，侵害你的美術著作的著作權與經紀權。」我解釋違約的關鍵。

「真的喲！這下完蛋了，我看一下……，第五條我都沒想到，是耶！律師，那怎麼辦？要賠五百萬欸！我們臨時賣作品都籌不到那個錢，妳可不可以幫我們打電話給『美好時代』的執行長，跟他解釋我的出發點是要促銷宣傳，這樣也可以帶動他們公司賣更多我們的作品，賺更多錢啊！我們絕對不是要侵權！……」大田開始驚慌失措，六神無主。

「大田！你們先別急，現在已經深夜十一點多了，不方便聯絡『美好時代』的執行長，太晚了，而且目前資訊還不充足，你先請『希品』轉寄他們收到的存證信函給我，我看看『美好時代』的訴求，再考慮如何回應，你順便問問『希品』如何回覆這封存證信函，還有希品跟贊助商如何決定這些贈品處理方式？後天的活動是否來得及延期，或是更換小冊子的封面跟著作權頁？還是他們考慮要下架？」我勸大田冷靜下來，先弄清楚整個局勢及相關廠商的回應，才能做成正確決策。

大田答應了，不到半小時就把「希品」收到的存證信函寄來，又附上 LINE 的訊息：「壞消息，手機贊助商老闆震怒，下令二十萬冊全數下架銷毀，要求『希品』賠償全部損失，贈品活動緊急取消，『希品』臉書五分鐘已發出取消的公告，並且附上道歉啟事。」

我趕緊上「希品」臉書，首頁就放上取消活動的公告，不過其他九本小冊子的贈送活動照常進行，並向網友致歉。

唉！今晚大田夫妻很難成眠了。

翌日還沒進辦公室，就接到大田的妻子小禾的簡訊：「沈姊，早安！抱歉這麼早就來打擾妳。『希品』那邊今天要派經理過來重簽授權合約，妳覺得我們要簽給他們嗎？」

「重簽」合約？表示已經簽過了，什麼授權合約？昨晚怎麼都沒講？為什麼需要簽呢？這段時間「美好時代」公司有獨家代理權，大田不能再簽給別人啊！他們在想什麼？這樣會違約的呀！

立刻撥電話問小禾怎麼回事？小禾快速解釋原委：「一個月前這個活動談定後，『希品』說大田既然同意授權做贈品，就要簽一份授權書，他們才能跟手機贊助商合作，出版大田作品的小冊子，所以大田就簽給他們，可是昨天事情爆發，『希品』公司上上下下在找這份授權書正本，居然找不到，他們緊急通知大田，說今天經理要從台北來補簽。妳想我們要簽嗎？」

「當然不能簽啊！在『美好時代』獨家代理期間你們不能再授權給別人，尤其是授權給競爭廠商；如果要授權，也只能直接授權給那家手機業者，作為贈品宣傳用途。既然『希品』找不到那份授權書，正好就不會被抓到把柄，說你們違約，請大田婉轉地跟『希品』解釋你們的立場吧！」我急忙勸阻，希望當事人能理解這其中的利害關係。

小禾聽懂了，說要趕緊告訴「希品」經理，免得他去機場搭飛機來花蓮了。

沒想到過一個小時，小禾又來電轉知手機業者態度強硬，不願與大田簽署授權合約，認為整個促銷活動是與「希品」合作，「希品」應該處理妥當藝術家授權手續，不可以在出事後要求贊助商出面補救；而且堅持「希品」必須出示大田的授權書正本，否則就是一場騙局，手機贊助商勢必索賠更高。

「沈姊，怎麼辦？我們真的進退兩難，重簽會像妳說的，變成違約，『美好時代』剛好可以拿這份授權書來告我們；可是不簽，就擺明要跟『希品』翻臉，這樣會害他們不只無法向手機贊助商交代，還會有侵權的危險，在道義責任上，我們也不忍心『希品』為了幫我們宣傳作品，吃上官司又賠上商譽！唉！真的很難決定……。」小禾聲音愈來愈微弱。

一旦扯上了法律糾紛，事情本來就很難單純下來，除了有無違反法律規定之外，還有道義、感情、商譽、形象、商誼的種種考量，當各式因素糾結在一起時，我們律師只能幫當事人釐清區隔各種影響的因素，但無法幫當事人做成決定，畢竟當事人要以孰輕孰重，是他們人生價值的判斷，事件如何發展，端視當事人每一階段不同的決策與做法。

到了下午，大田將重簽予「希品」的授權書寄到我的事務所信箱，附註幾句話：「律師，我知道妳的建議與勸告是為我們好，可是真的很不得已！『希品』的經理中午到花蓮，直奔我們的工作室，苦苦懇求我一定要簽，不然他的工作會不保，因為一個月前就是他帶走那份授權書，可是卻不翼而飛，他要負責到底，如果我不簽，他只好辭職。我真的於心不忍，也只好簽了。」

面對道義良心與法律風險的掙扎，當事人還是得做抉擇，最終他選擇站在道義的這一方，讓自己陷入更大的違約責任風險中。而我除了感嘆之外，也只能尊重他的決定，還是得繼續幫忙，我叮嚀著：「大田，我完全理解你們的考量。請立刻提醒『希品』千萬不要將這份授權書提交給『美好時代』，如果要拿去提示給手機贊助商，也要作同樣的提醒，否則這份授權書就是你違約的最直接證據了。P.S.：順便問『希品』經理，他們如何回覆那封『美好時代』的存證信函，方便的話，草稿先給你們看過。」

過了兩個小時，大田來電，我正在法院等候開庭，一看手機來電顯示，趕快走出法庭接通電話，大田氣急敗壞地說：「律師，我好像被耍了，那個經理拿到授權書回台北總公司後，接到我的簡訊，請他們提供存證信函的覆函草稿，他居然說不是他在處理，叫我去找合約部，我打電話給合約部，承辦的小姐說回函請公司法律顧問在處理，原則上他們會在信裡頭說明有經過藝術家的授權，而且是做促銷的非賣品。律師，這樣是不是變成我違約，因為我授權給競爭廠商……。」

「怎麼會這樣，不是講好請『希品』不要提到『授權』的敏感字眼？他們創意總監沒有交代律師嗎？律師可能覺得這樣的寫法最能保護公司，而且最省事，不用多費唇舌，唉！真是傷腦筋，我看你得找到創意總監，是不是有什麼誤會？」我也開始為他擔憂，不過當事人在盛怒之餘，不能再給他火上加油，還是要幫助他冷靜下來。

「我剛剛要找創意總監，可是他在高速公路開車，通訊一直中斷，不能講得清楚。不過他好像有點來怪我，為什麼當初沒給他們看我跟『美好時代』簽的協議書，害他們以為出版這個贈品不會有事，沒想到踩到地雷。可是我明明有給經理看啊！」大田很委屈地表示。

「大田，我看你先找出當時給經理看協議書的電郵或簡訊，傳給創意總監，消除了他的疑慮或怨尤後，他才會願意跟你們站在同一條船上併肩作戰。我要進去開庭了，等我開完庭馬上跟你聯絡。」匆匆掛上電話，衝進法庭，法官已經開始問話了。

傍晚從法院回到辦公室，看到電子信箱連續好幾封來自大田工作室的電郵，第一封是一個多月前他與「希品」經理討論贈品活動與協議書是否牴觸的電郵，第二封是「希品」經理回覆已轉給法務處理的信，第三封是大田將前面第一、二封電郵轉寄給「希品」創意總監的信，第四封最勁爆，大田指責「希品」經理，火力全開，副本CC給創意總監，信裡頭提到：「你的回覆太過分了！當初是你們去拉的贊助，叫我們配合就配合，我還好意提醒不要觸及『美好時代』的協議書禁止條款，結果因為你們的疏失，造成宣傳活動喊停，我的客戶都紛紛表達不滿，今天早上我為了避免影響你們公司的信譽以及你個人的職位，重簽授權書，卻成為你們回函的重點，而陷我於違約的重大風暴中，做人的道義是否都不存在了？到最後是否我這個傻瓜成為犧牲品——只為了保住你們大公司的企業形象與商譽！我再一次要求請貴公司務必提供回函草稿給我，事關重大。」

剛看完全部電郵，小禾就打電話來說明進度：「沈姊，大田氣得有點胸悶，血壓衝到一六〇，我叫他去休息一下，剛才『希品』的創意總監說大老闆答應會在寄出回函前先給我們看信件內容，不過可能要等到明天了，因為晚上他們要先跟公司律師開會討論回信的原則，以及明天要去手機贊助商談賠償的條件。」

我問：「有提到要賠多少嗎？全部『希品』會賠嗎？還是你們也要負責一部分？」小禾如釋重負地答：「創意總監說事情是他們造成的，當初我們拿協議書給經理時，經理沒跟他報告，而且只有請合約部的專員看，那個專員法律系剛畢業，不知道事態嚴重，也看不懂條文真正的意思，又疏忽沒請公司法律顧問檢查提供諮詢意見，才會造成後續一連串的錯誤決定，那個專員已經被解職，經理也被處分，『希品』會吞下所有的賠償要求。我是在想可不可以請妳先跟『美好時代』聯絡溝通，告訴執行長『希品』決定贈品全面下架，手機贊助商已經回收各加盟店、直營商的贈品，是不是『美好時代』就此罷手，不要進一步提告？」小禾提出新的想法，希望早點看到整個事件平安落幕。

「小禾，我當然可以幫你們打個電話告知『美好時代』全面下架的決定，不過原本活動明早八點要開跑的，今天已經透過網路公告，我想『美好時代』執行長這幾天一定密切注意『希品』與手機代理商的動向，一定也得知下架的消息，他們發函警告的目的已經達到了，還需要去跟他確認嗎？而且大田並沒有收到『美好時代』的存證信函，看起來『美好時代』把整個事件定性成手機贊助商與『希品』的單純侵權案，他們並不了解大田曾經授權，是因為不懂法律而造成的無心之過，妳找我去跟『美好時代』溝通，他們執行長不是覺得莫名其妙，或甚至懷疑你們也涉入其中？現在好不容易說服『希品』與你們站在同一陣線，妳何苦再去驚擾對方，引發無謂的質疑？」當事人情急之下，常會病急亂投醫，我得分析局勢，勸阻節外生枝的意外發生。

「是噢！我真的太多事了，還好妳夠冷靜，不然我真不知道這件事如果從頭到尾都是我們自己處理，會搞得多糟呢?!謝謝沈姊，我真的對妳佩服到不行！」小禾終於傳來笑聲。

週末晚上正在看公視連續劇《在畢業前一天爆炸2》，劇情正緊張時，大田突然來電說「希品」的回函草稿傳過來了，請我立刻看，不然怕「希品」明天一早就要寄出去了。

「大田，別擔心，我馬上來收信。」讓當事人安心，只好犧牲自己的週末娛樂時光。打開 iPad 收信，仔細讀過兩次，確認「希品」的信對大田完全不會有任何傷害，或導致違約的結果，我回撥電話給大田，告訴他內容沒問題，「美好時代」收到這樣的信不會進一步提告，也不會指控大田違約，可以解除警報了，大田嘆一口氣說：「終於風暴過去了。」

合約風暴也許是過去了，可是藝術家夫妻與舊的經紀公司糾纏不清的複雜情緒，還得持續八個月，新的經紀公司與贊助商的合作關係破裂，藝術家與新的經紀公司之間尚未執行的合約關係也蒙上陰影，這些事件不是全肇端於藝術家與舊的經紀公司的糾結惡緣，以及新的經紀公司的貪念，急於宣傳曝光所致嗎？夾在其間的藝術家，究竟為何會讓自己陷入複雜的三角關係中，我是否能再度幫他們解開事業上的困局？

當切不斷理還亂的惡緣持續糾纏不清時，許多匪夷所思的報復行動會如同不定期未爆彈一一引爆，令人痛不欲生，卻又難以逃脫……。

古畫授權風波

星期日午後，正走進東南亞戲院排隊買爆米花，五分鐘後電影《鳥人》（*Birdman*）要開演了。手機震動不止，掏錢給女兒後，走到角落接聽電話，是時尚公司的企畫來電緊急諮詢，下週的服裝秀網路文宣用到一張故宮的古畫，問我是不是要取得故宮的授權？如果談不攏，可以直接用嗎？

唉！電影再兩分鐘要播映了，鐵定無法解釋清楚，我請那位企畫先把「古畫」跟文宣樣品用 **LINE** 寄給我，再把前些時候她與故宮洽商授權往來的電郵轉寄到我信箱，傍晚再回覆。

看完電影，完全忘記開演前的電話諮詢，一看手錶六點了，信步走到巷子裡吃大腸麵線、臭豆腐、甜不辣，一陣幸福感，完全忘記自己的肚量，等站了起來，才發現實在吃太撐了，我提議走到台大校園散步消化，女兒急著要回家作報告 **PPT**，只好搭捷運回家，一進門看到 LINE 有十則訊息，才想到那位可憐的小企畫還在等我電話，誰叫她假日找律師呢！律師也是人，也需要休息度假的呀！

打開 iPad，仔細閱讀當事人寄來的電郵，約寞猜到當事人不願繼續授權的原因了，因為故宮的收費標準付費後只能使用一年，如果要續用或變更使用的載體，皆須付費，時尚公司認為索費過高，手續又繁瑣，請求故宮一次授權完畢，遭婉拒。

我把 LINE 中接收的圖片一一打開，是宋朝的古畫，看得出來時尚公司已經將畫裡頭的人物修改了。正要上故宮網站找這幅古畫時，時尚公司的企畫來電：「律師，很不好意思，星期天打擾您休息，因為這一波的文宣我們明天要寄給各大媒體，包括報紙及時尚雜誌，所以急著請教您第二頁放上的古畫可以用嗎？」

剛好故宮網站我搜尋到這幅畫作，我邊看邊回答：「你們是不是從故宮的網站複製《招涼仕女圖》來改作的？」小企畫說：「是呀！」

我接著解釋：「這幅畫是宋朝畫家錢選畫的，美術著作權屬於畫家所有，保護年限是畫家一輩子加上死後五十年，畫家錢選是十三世紀宋朝人，早已作古，這幅畫已不受著作權法保護，後來雖然收入皇室典藏，元、明、清朝的皇帝也只取得畫作的所有權，不會擁有著作權。」

「吓！所有權跟著作權不一樣嗎？」當事人問了很多人都會有的疑問。

「當然不同！譬如妳到巴黎羅浮宮買了一幅達文西的作品──〈蒙娜麗莎的微笑〉，妳只取得那張複製畫的所有權，在達文西一五一九年過世後五十年內，美術著作權還在達文西或他的繼承人手上，妳是不可以拿這幅畫去複製或授權給別人印在T恤或茶杯上的，這部分是著作權人專享的權利。」初步的理論當事人聽懂了，我再往下分析：「宋代的畫流傳至今，成為國寶，畫作是歸屬中華民國所有，我們每一個人都擁有這些故宮國寶的所有權……」

「啊！這些故宮的寶物不是歸故宮的嗎？我們居然都有權利，酷喔！」小企畫驚呼！

「故宮只是代為保管與收藏經營的單位，這些古畫早已沒有著作財產權可言，但作者依然擁有著作人格權，這部分也不是故宮的權利，如果一般民眾想要改作，也不是要問過故宮，而是要依著作權法的規定，以不違背作者意思的方式來做。」我分析著作權的基本內涵，話筒那一端靜默些許時間，小企畫又提新的疑問：「那麼為什麼故宮說我們只用這幅畫的局部，而且改變畫中仕女的造型，要經過他們的同意？」

「有改變造型噢！我好像在LINE的圖片有看到修改一部分的髮型，可是沒看到造型換了啊？」我再回頭查看LINE的那十則圖片，叮咚一聲，小企畫又寄過來了，原來他們公司設計師把這幅宋朝的仕女圖衣服顏色變為今天流行的亮橘色，這樣已經構成「改作」，我用普普藝術安迪．渥荷變更瑪麗蓮．夢露的頭髮與臉頰顏色為例，說明「改作」包含顏色的變更，再接著解說：「故宮並不享有這幅畫的著作人格權，改作當然不需要故宮同意，因為著作人格權是不能轉讓或繼承的，故宮唯一可能擁有的權利只是『製版權』，他們去拍攝或重製畫作，而有十年的製版權，但根據智慧財產局的資訊，目前故宮尚未申請至版權的登記，因此故宮也不享有製版權。一般人誤以為故宮享有全部的權利，那是因為故宮是典藏單位，他們可以有充足的資源重新製版，而一般人進到故宮觀賞展品不能拍照，縱使可以拍攝那些古物，拍出來的效果也比不上故宮特別設計的拍攝成果，故宮就以他們得天獨厚的條件成為古物國寶的獨占者，向外授權收費，其實這些國寶，故宮完全沒有著作權或所有權。」

小企畫問了關鍵的問題：「那麼，我們就不用繼續跟故宮周旋，直接使用就好了？」

「理論上是這樣沒錯！可是我看過你們往來的電郵，似乎雙方洽談授權這幅畫，已經一個多月了，你們也提供整個服裝秀的企畫案與文宣樣品給故宮了，倘使突然改弦易轍，完全不再洽商，如果下週六時尚秀舉辦，文宣品在明天都出現在各大媒體，故宮指控你們侵權怎麼辦呢？這不是沒有前例，故宮曾對使用元世祖畫像的羊肉爐餐館寄發律師函說他們侵權，如果故宮提出這種指控，雖然上了法院，侵權是不會成立的，可是你們公司可能會賠上形象，而且贊助廠商有疑慮，也可能立刻解約，影響所及會有負面的連鎖效應，這是你們必須考慮到的法律以外的後遺症。」常常在提供法律諮詢時，分析法律層面的問題之後，我還會從商業、社會形象的角度幫當事人考量，否則法律上站得住腳，可是造成商業利益受損，或社會形象有負面發展，我還是會請當事人三思，畢竟除了公司決策合法之外，當事人要進一步掌握商業利益及良好的形象商譽。

「律師，那要怎麼做才能雙贏呢？我們公司也不希望得罪故宮，因為下一季的時尚秀，國外客戶指名要借故宮的場地來舉辦，而且下週的活動，我們要發展的文創商品也想跟故宮合作，如果因為這次授權的事得罪他們，很可能因小失大。」當事人總希望和氣生財，實現雙贏策略。

「你們可以透過高層向故宮解釋古畫著作權的問題，讓故宮了解這一次文宣你們使用的素材來自北京故宮，不用獲得他們的授權，如果故宮樂意提供高畫素的圖檔給你們製作文宣，並且同意永久使用在公司的官網，可以將故宮列為首席贊助廠商及時裝顧問，交換互惠的條件，例如義務幫故宮策展，設計中國歷代的代表服飾或歷代美女的造型展示活動，我想故宮會樂於廣結善緣，透過你們公司的引薦，在國際時裝舞台提高能見度的。」

過兩天，我收到時尚秀的邀請卡，看到背後那張古畫別致的設計與贊助名單中故宮的醒目標誌，我知道時尚公司的總裁採納我的建議，雙方用贊助的方式合作，達到雙贏的目標了。

人民，如果不知道財富資源是屬於自己的，不敢索取，不敢運用；那麼「國家」這個大機器就會把它收回，透過公權力自行使用。

古蹟ＢＯＴ

大學同學十年前離開職場後，長期參與古蹟修復的志工組織，奉獻心思時間不遺餘力，近年協助北部濱海一處會館整修，聽說該址原來是日據時代的美術館，建物風格獨特，曾領風騷一時，嗣因日久失修頹塌多年，屋主亟欲易手，有一企業團體成立的基金會斥資購得，花下五億元整修加建，成立多功能會館，除了主建物維持美術品展示目的之外，其他空間闢為講堂、書店、茶館、咖啡廳、音樂廳，而且基金會在建物全部整建完成後，慨然捐贈給縣政府，只取得五十年的經營權，會館的負責人豪氣干雲地說：「這些館藏品都是社會的資產，我只是代為保存管理，希望傳統文化瑰寶在我們運用現代經營手法運用下，可以煥發新氣象！」媒體報導這樁罕見的ＢＯＴ事件，社會大眾對於會館創辦人的豪語與營運新模式感好奇，拭目以待。

一年前會館開幕，報章雜誌爭相報導這位企業鉅子投身文化古蹟行列的事蹟，可是他非常低調，媒體只拍攝到古蹟會館的建物內部裝潢及古樸的外觀，完全沒有創辦人的相片，我翻閱商業週刊的專訪，有一絲好奇是怎麼樣的企業家會在音樂、繪畫展示空間之外設置經典講堂，延請文創時尚品牌創意總監及國學老師輪番講學，這種組合實在太有趣了，真想知道開了哪些課、哪些專家學者授課、觀眾顧客反應如何？不過工作一忙就忘了再追蹤相關報導或上網搜尋，沒想到大學同學一封電郵適巧給我造訪這家古蹟會館的機會。

老同學原來擔任法律系教職，退休之暇成為這位企業家基金會的顧問，古蹟會館營運數月後，法律問題一一浮現，老同學精於學術理論，但缺乏實務處理的經驗，只好發信詢問我智慧財產權的疑義，電郵中提到會館的創辦人將會館建物捐贈給縣政府之後，掌握經營權的基金會為了會館經營管理及建立品牌之考量，擬採用建築師設計藍圖中的建物外觀，委請專人轉製為立體商標，預定申請商標註冊登記，可是不確定要以建物所有權人——縣政府的名義或經營團隊——基金會的身分向經濟部智慧財產局提出申請？

我建議先釐清當初贈與契約及委託經營的合約中有無針對建物的建築著作權及商標權作成約定？此項前提問題確定後，才能決定以縣政府或基金會名義申請商標註冊。同學的電郵回覆也不太有把握，索性邀請我到會館一訪，親自為經營團隊的執行長及合約部門的同仁解惑。

抱著半年前的好奇，在一個颱風前夕同學開車來事務所接我到北部濱海的會館，車子駛出了雪山隧道後一片平坦，天空蔚藍，在台北都會見不到的天際線一一呈現，途經烏石港的蘭陽博物館，陽光灑在玻璃帷幕上，映著海天一色，令人著迷，同學拗不過我的央求，停車讓我拍照後，笑著說：「待會兒到了會館，妳會更加驚豔！」

果然抵達會館時，大片奇特雲彩飛逝而過，古樸的會館與大自然融為一體，令人心馳神往，基金會執行長與財務長已備妥資料等候多時，來不及仔細欣賞這間完全由木頭、石頭裝潢砌成的會議室，桌上的幾份合約書已攤開，執行長笑盈盈地解說：「律師，上週顧問轉寄您的回信，我們看了，趕緊調出一年前基金會與縣政府簽的贈與契約，其實嚴格講應該是基金會創辦人與縣政府簽的約，因為您一定也明白基金會名下不動產的過戶非常麻煩，所以當初我們創辦人一決定這個捐贈計畫，就保留土地及興建的建物都在他個人名下，便於完成贈與的產權過戶手續，只是創辦人很低調，對外我們一律宣布是基金會捐贈，以免增加不必要的困擾。」執行長穿著明亮俐落的套裝，一頭染成亞麻綠的短髮，言談之間透著聰慧與果斷的特質。

一旁的財務長身著雪紡紗長裙，披肩秀髮加上清秀的五官，令人很難與刻板印象中的財務主管連結，不過一開口，就不得不承認她的財務專業及對合約條文的嚴謹態度，她接著補充執行長的開場白：「當然整個過戶手續我們也有稅務的考量，當初聽從會計師的建議，才採用個人過戶的方式，辦了好幾個月終於半年前辦妥，我們才宣布年初試營運，這一季會館營運漸上軌道，雖然財務還處於虧損狀態，不過比我們預估的赤字少多了，而且我們訝異的是居然美術館的展覽及音樂廳的表演可以吸引台北的觀眾來此一遊，甚至旅行社也開始安排自由行的陸客來這裡享受心靈 Spa，結合暑假宜蘭童玩節作兩天一夜的輕旅行，所以執行長請設計師用我們會館的外觀製作立體商標圖案。關於律師在電郵提出的問題，我檢查過合約，只有基金會與建築師簽的設計合約，有提到建築藍圖全部賣斷給基金會，所以這部分依律師的書面說明，我們請視覺設計師改製為立體商標應該是沒問題的嘛！」

我邊看財務長遞來的設計合約與商標圖案，邊聽她娓娓道來，我點點頭，問道：「那麼基金會跟縣政府的合約呢？有沒有約定經營過程衍生的智慧財產權的歸屬問題？」

執行長快速地回應：「當初創辦人找我來接執行長的職務，我在一個月內組成經營團隊，由於當時處理的重點是在建物的過戶及內部裝潢設計，與所有裝備家具的空間處置，相關合約都是找創辦人的古物拍賣公司的法務部門撰擬，再由公司法律顧問審閱定稿，可是最近這些商標權、著作權的問題請公司律師提供法律意見，他們雖然有書面說明，也在電話中提供諮詢，但是結論卻不是很明確；我們也有請教商標專利事務所，那邊的律師對於我們會館跟縣政府的營運關係如何，講得不清楚，也無法確定會館的營運權範圍是否包含商標權的申請及取得。這些律師解析得迂迴轉折，我們也聽得滿頭霧水的；後來您在電郵提醒要檢視委託經營合約，我們回頭看這份合約，才發現當時公司律師沒把智慧財產權的問題考慮進去，我們發現這個問題非常嚴重，現在不知道怎麼解決這個問題。」

會議室裡漸漸瀰漫著嚴肅沉重的氣氛，我們討論著艱深的法律問題，思索多年來政府機關面對BOT案，在操作《促進民間參與公共建設法》過程中，手法不夠純熟，承辦機關想要掌握的權利，透過合約的規範，法律地位卻訂得不夠明確完整；而民間投資者只重視建物硬體設備運作，對於開始營運的品牌建置周邊權利亦乏概念，於是根據促參法擬定的投資合作契約就多所遺漏，一個政府組織或社會的法律文明程度及專業素養就在這種細微處看出端倪。沉思之際，不禁欣賞室內、室外的裝潢景致，會議室的擺設簡樸古意盎然，落地窗外農田稻苗隨風搖曳，我收回凝望遠處藍天白雲的目光，開始分析執行長拋出的疑問：

「我們先看促參法第八條只提到民間機構『營運』及『營運權』，第五十四條在營運期限屆滿時，也只提到要移轉或歸還『營運權』，可是究竟這裡的『營運權』有沒有包括『商標權』及『著作權』這些智慧財產權？從促參法簡略的條文制定方式看不出來，在現代經營管理的商業運作看來，建立品牌一定需要透過商標、企業標章及企業文化（包含制度、人力規畫、SOP）逐一建置，因此BOT案可貴的部分是在經營團隊在營運期間建立的經營模式，這些模式不光是建物實體、裝潢設備，更重要的是團隊人力規畫、業務營運手法、商業模式、財務管理運作……等等，其中可以創造產生利潤的，就是業務行銷，如何將產品、服務賣出去，提高市場占有率及來客量，這就需要營造品牌意識及形象，有形的層面就是商標權及各項產品的生產行銷相關著作權，政府機關在民間投資業者歸還；『營運權』時沒拿到這些配套的智慧財產權，他可能只是接收一個建物的空殼子，這是目前促參法條文空洞，保護不到政府機關的窘境之一。」

執行長點點頭，一邊遞上此地聞名的牛舌餅，示意我嘗嘗，我拿了一片蜂蜜口味的牛舌餅，再啜飲茉莉花茶，真是人間享受，好奇地問道：「你們旁邊的音樂會館，聽說有南管及梨園樂舞的表演，一樣也會提供這些精緻茶點嗎？」

抬頭一望，菱格窗邊多了一個身影，原來是會館的營運長，他不知何時進來會議室一起聆聽，身著白襯衫加上牛仔褲，外表看來是個氣宇軒昂的熟男帥哥，臉上卻透著風霜滄桑，簡短自我介紹之後，說明觀賞表演時會館供應的茶點是糕類蜜餞為主，不會產生響聲，避免干擾演出。

我點點頭，心裡著實佩服這群經營團隊的細膩。穿插輕鬆話題之後，再繼續分析法律問題，免得一口氣持續解析促參法，當事人會無法消化，壓力沉重。

我指著桌上投資契約的條文解釋：「契約第二條定義中有記載智慧財產權，但只是敘明它的定義，雙方都沒提到投資合作過程中產生的智慧財產權歸屬哪一方，只有規定投資方須合理取得，從這一條規定似乎可以引申出來縣政府允許投資方自行申請商標權或取得著作權，有趣的是，經營過程中，縣政府在智慧財產權的取得或執行條文方面極少著墨，卻在五十年期限屆滿要歸還『營運權』的時候，縣政府要求投資方將智慧財產權造冊一一點交移轉，真是『無始有終』！這就是擬定合約時，邏輯沒通透產生的詭異情況，前面沒約定投資經營團隊可以創造取得智慧財產權，後面卻規定要收回，投資方須造冊移交……，合約條文前後無法環環相扣，互相銜接。」

財務長蹙緊眉頭，她是個敏感的專業主管，此刻聽出我指摘縣政府法制工作的不足，想必立即聯想經營團隊的法律顧問當時亦未補足「智慧財產權」的規範，我自然不會當著這三位主管的面前落井下石，伺機指責他們法律顧問的專業不足；反而嘗試想出解套方法，我說：「我們可以依據投資契約這兩條關於智慧財產權的規定，以會館名義申請商標註冊，我想縣政府不會有意見的，目前依投資契約，他們不能要求投資方以縣政府的名義申請商標權，充其量只能在投資期限屆滿時要求移轉。」

執行長與財務長不約而同地鬆了一口氣，趁他們在商議後續商標權註冊申請的工作分配時，我走出會議室，沿著迴廊走到洗手間，在入口處就被一尊石製的佛像及下方一池荷葉吸引，多麼靜蘊安定的氛圍啊！尤其會議空檔看到這一方清池與石佛，心中頓時沉靜下來，真是貼心的設計，洗手間內部更是雅致，牆面及門皆以木頭製成，地板鋪上深灰石頭，感覺沉穩，走出水槽檯邊，一片綠意，神清氣爽，再度進入會議室，執行長剛好講完電話，放下手機，於是我繼續未完的話題：

「剛才我們有了初步結論，會館可以用自己的名義申請商標，接下來我們來分析會館可不可以用建築圖繪製的建物外觀申請立體商標。依這份財務長提出的建物委託設計合約，第五條有寫明建築師同意把建築藍圖的著作權轉讓給會館，所以會館可以用這個圖案去申請立體商標，也可以用來設計製作T恤、背包、筆記本、馬克杯的圖案。」

營運長反應很快，立刻提出著作權法上的疑義，他問道：「請問律師，第五條的著作權是指什麼著作權？您剛剛有告訴我們跟這一條相關的著作權是建築著作、美術著作、圖形著作，請問建築師繪製的建築藍圖就包括這三種著作物嗎？蓋好的建築物呢？算是『建築著作』嗎？我之所以問這個問題，是我們會館企畫組的同仁上個月正要用會館的屋頂、窗櫺及庭園設計作為週年紀念贈品手機外殼的圖案時，發現附近一家文創工作室裡頭居然有賣我們會館外觀的屋頂、窗櫺圖案的手絹、磁鐵卡、書籤，我們可以去進行取締，指控他們侵權嗎？」

我搖搖頭表示此舉不構成侵權，營運長臉上有了問號，我接著解惑：「因為著作權法規定建築著作包括建築設計圖，就是你提到的建築藍圖，還有建築模型及建築物本身，會館享有的建築著作權是指建築師賣斷的建築藍圖及會館建物本身，這些建築著作，根據著作權法第五十八條規定，除非別人依照會館外形重新建造一模一樣的建築物，不然附近小店家用會館的外觀全部或局部製作周邊商品都是合法的，就像一〇一大樓、羅浮宮，如果拍照上傳到臉書，或用它的外觀製造鑰匙圈、筆記本都不構成侵權。」

執行長笑著說：「那麼我們商品組設計的文創商品有很多競爭對手了，不過我想我們擁有會館這麼多內部圖形資料，設計出來的商品一定更有優勢的！」

在大家釋懷的歡樂笑聲中，營運長對於這些文創法規似乎興趣不小，提議邀請我來會館演講，他說：「這幾個月來我在地方上拜訪，覺得這地區文創業者、居民與縣政府有股蓬勃的振奮契機，散發出強烈的企圖心要把此地的文化藝術工作做好，那麼氣氛與決心絕對不下於台南社區改造那群人的努力心情，甚至比台東池上環保文創團體、花蓮的文人雅士表達出更強的期許，可是這些藝術家、文創業者及社區團體普遍都缺乏著作權法、商標法及文創法規的法律概念，不論作品保護或推廣都不懂如何運用法律條文，我覺得真的很危險，稍一不慎就會觸法，或是被侵權而不自知，可不可以請律師來幫我們講解這些法律規定，尤其是著作權法，今天聽律師詳細分析，發現實在太重要了，不知道律師有沒有空來給我們演講實際案例與法律的規定？」

在這麼優美清靜的地方，為藝術家講述文化藝術的法規，何樂而不為？我立刻答應了，約好下個月作一場演講，定名為「法律與藝術的邂逅」，期待這一次美麗的邂逅，讓藝術家不再畏懼法律，促成法律為浪漫混沌的藝術家帶來明確的遊戲規則，護持更多獨特的作品與藝術家脆弱孤獨的心靈。

如果心存善念，天地之間會有感應，十方資源慢慢匯集，就能成事了，「得道者多助」，古有明訓，這份道理今日猶然存在！

輯二

創作後的惱人風浪

圖文出版設計及影視合約

旅遊網站解約記

當事人是一個網頁設計的工作室負責人，才華洋溢、勤懇平實，又帶點藝術家的瀟灑不羈，偶然的機緣透過朋友介紹，看到他的團隊設計的網站，功能多又實用，留下深刻的印象。

一日這位網頁設計師寫了封電子郵件，詢問解約存證信函的寫法，透過電話告訴他，簽約雙方的法律關係在解約時，必須作成意思表示的方式及生效的規定後，他才提到解約的原因是最近一家旅遊公司拒絕付款，他決定結束合作關係，想用存證信函告知對方。

「可是，在法律上並不是你一寄存證信函，就會發生解約的效力呀！」我提醒他，法律規定會考量雙方立場，並不會獨厚於一方，賦予片面解約權。

「對方違約，我怎麼不可以解約呢？」聽起來他有一份不滿與不解。對於這種第一次碰上法律問題的當事人，我都得特別花時間解釋法律的規定，還要進一步檢查分析雙方的契約書，免得當事人誤解，做錯法律步驟。

「如果對方真的有違約，你當然可以行使解約權；不過對方是否違約，必須先看看你們的契約如何約定？有沒有片面解約的條款？如果事先沒約定，又不符合法律上解約的要件，縱使你寄了存證信函，也不會發生解約的效力！」先安撫他的情緒，再委婉又明確地解釋。

面對這種半生不熟的客戶，如果直接否定他的既有印象或觀點，他可能立即產生不必要的情緒，把他與別人的糾紛引發的不滿及對法律的誤解全部移轉到律師身上，那麼案情就很難再繼續溝通下去，我們律師剛開始要與客戶建立的信任基礎也就雲消霧散，無從培養。可是又得及時解說正確的法律知識，免得當事人心存僥倖或誤用法律。

「律師，我以為寄了存證信函就解約了，原來不是這麼一回事，那怎麼辦？我怎麼確定是對方違約？而且我們合約好像沒寫到妳剛剛說的什麼片面解約的事耶。」他聽懂了，開始有點著急。

這麼一來勢必要檢查合約條文，電話裡講不清楚，必須見面討論了，又擔心他誤會律師要承攬業務——「製造」機會請他來事務所商議。可是這種情況不當面談，可能會惹來更多不必要的法律誤解，於是建議他帶契約書來討論案情。

他立刻答應，下午就拿契約書過來，提起執行合約的過程，難免有氣，劈里啪啦敘說著他們團隊的委屈：「這一家旅遊公司剛成立，對於網站毫無概念與構想，四處上網抓別人的網頁與功能，拼拼湊湊就叫我們做，做了之後不滿意，又叫我們馬上改，我們工程師跟視覺設計每次都快速修改給他們，有一次甚至他們窗口說老闆要檢查網站設計進度，要求我們兩個工作人員進駐到他們公司二個整天，熬夜趕出來給他們提交到股東會，這些都不在合約規定的工作範圍內，我們也都立刻支援！」

火氣很大，根本停不下來，繼續傾洩：「更別提這中間他們對於網站規格一改再改，我也沒跟他們要求追加費用，結果上禮拜五他們第二期設計工程已經驗收完畢，居然不付錢，反而通知我們要先提出第三期規畫及時程表，他們財務部門才會處理發票請款的事。萬一我們真的把第三期的重要資料檔案都給他們了，他們又不付款，那不是虧大了？」

是啊！看來對方有此意圖，然而造成今日軟土深掘的結果，是誰的責任呢？如果當事人不熱心地進駐對方公司滿足契約額外的需求，而又好意地接受對方反覆不定的規格修改，甚至不要主動地放棄追加費用的權利，對方會如此過分地作無理的要求嗎？

心理諮商時，常聽到有句一針見血的名言：「不要邀請別人來傷害自己！」乍聽之下，必然覺得匪夷所思，誰會笨到去邀請別人來傷害自己呢？可是實際生活中，多少人或主動或被動，在有意無心之間，做了一些事引發別人可以越雷池、跨防線來攻城掠地、傷害心性，被傷害的一方卻毫無覺察，尤其在法律爭訟案件受害人經常是主動提供資源或好意主動付出的那一方！

望著這位年輕的網頁設計師，他的社會歷練才剛展開，不明瞭人性的卑劣與齷齪，要告訴他法律規定之外，社會人心的險惡嗎？實在有點不忍，這個時間點，也不適合交淺言深，還是先回歸法律面吧！

「既然你們提交第二期工作檔案與視覺風格作品，對方也驗收通過，他們沒付款，當然你們可以在催告後，寄發存證信函終止合約，這個動作稱為『終止』合約，不是『解除』合約，解約是意思表示回溯簽約時全部失效，也就是一筆勾消的意思，那麼對方支付的第一期款你們要還給他，而他們也不能保有你們完成的第一階段作品，雙方依民法的規定必須『回復原狀』，看來你們雙方不是這個意思，所以用『終止』合約即可，在寄發存證信函，對方收到之日起合約失效，接下來雙方都不用再執行合約義務了！」仔細解釋法律規定，還是要先處理當事人的法律問題。

不愧是工作室負責人，消化一些法律用語之後就聽懂了，我順便建議，下回簽約應將片面解約權一併訂為明文，雙方法律關係較為明確。

當事人連聲稱謝，說：「第一次遇上這種糾紛，還好律師妳提供這麼專業的意見。不曉得今天諮詢費要付多少？」說著拿出皮夾要掏錢，我說不用了，整個合約設計費才五萬元，他們也才收到兩萬元，如果拿來支付諮詢費，恐怕還不夠哩，年輕人創業不易，就當作法律布施吧！當事人錯愕的神情慢慢浮現笑意，思欲回報：「律師，下次妳的事務所要架設網站，我幫妳做，打對折喔！」我立刻心領回稱：「在台灣律師不能打廣告，我還是低調一些吧！」

臨走前，他回過頭來，感嘆地道：「我還是不明瞭為什麼他們會有這麼多無理要求？」

我微微一笑，回道：「下次要『選擇性』地對人家好，如果對方不珍惜，就及時停止吧！」

何忍拿這句「莫要邀請別人來傷害自己」來當頭棒喝！年輕如他，還要走漫長的路程，才會懂得因果業報的道理，自己種的因，果報還是會回到自己身上，人世間並不是純然對別人好就一定善有善報，有時給予過多的付出，是為別人增加業障，反過來也會傷害自己呢！

如果做不到無怨無悔，或是根本無須做到「愛」到深處無怨尤的地步，就要知道在那一個時點喊停、如何喊停……。

騙局是自我創造的幻象？
——電子書行騙記

這幾年喜歡探索台灣民宿的獨特風格，常常假日帶著孩子南來北往、上山下海，尋訪各地有特色的民宿，也結識了不少民宿主人。

一日，有位宜蘭民宿的女主人來電，聲音憂愁地問起解約的事，她只想知道對方違約了，她如何解約，才能把錢拿回來？

「當初簽了什麼契約？對方怎麼違約？妳付了多少錢？契約有沒有約定解約條款？」事情發生時，當事人常常只想快速獲得答案，可是我們律師還是得從頭問起，才能提供正確的法律意見。

「律師，我乾脆把契約書 LINE 給妳好了，妳的 LINE ID 是……？」民宿女主人在我提醒下，頭腦比較清醒了，加上她對3C產品十分熱愛，各種通訊軟體瞭如指掌，她選擇一種最快讓我看到契約書的方式，果然告訴她 LINE ID 之後，不到三十秒就收到契約內容。

原來是半年前簽的電子書製作發行契約，她委託原來幫民宿建置官網的電腦公司，為她上個月要開幕的第八間民宿製作 App 互動電子書，將民宿的房型、庭園、美食、周邊景點的各式影片、相片及文案編輯成電子書，要趕在民宿開幕當天，同步在蘋果商店 Apple Store 上架，增加行銷力度。

一簽約，民宿主人就付了第一期款二十五萬元，提供一大堆精緻美麗的素材，而且每兩週特地從宜蘭開車到台北的電腦科技公司，開會討論編輯製作內容。

三個月下來，一本民宿電子書終於編好了，可是電腦科技公司向蘋果商店申請上架，幾次都被退回，第一次是影片嵌入方式不合規定，於是改成透過 YouTube 連結，再次送審，可是審核過程中由於 YouTube 連結影片均被外掛網站移除，逼不得已只好刪除影片，結果再次送審還是沒通過。

新民宿已經開幕一個月了，電子書無法順利上架，雙方互有怨言，民宿女主人要求解約，對方拒絕還款，還要求支付尾款二十五萬元。

民宿女主人問我：「沈律師，怎麼有這麼過分的業者！虧我之前還跟他合作三年，請他建置民宿官網，連同維護費，他已經收了我們二、三百萬元，更別提我幫他介紹的十幾個同業客戶，他從我這邊的客源賺走了上千萬元，現在東西交不出來，居然還敢來要錢？」她氣呼呼地罵。

「我覺得事情並不單純，可能要請妳來我們事務所一趟當面討論，給我看看電腦公司幫妳做的電子書，才能分析妳可否解約，要回簽約金。」電話裡說不清楚，建議她來事務所見面討論，否則無法判定對方是否違約，或她是否取得解約權。

「好啊！明天我正好要開車到台北參加世貿旅遊展，我先到妳那兒討論好了。」她明快地答應了，叮嚀她順便帶電腦公司交給她的電子書測試版光碟。

第二天她早早到了事務所，我先測試她的電子書光碟，沒想到裡面空無一物，只有一個電子書書城的框架，看了一下容量才四MB，根本不可能置入民宿的圖片文案素材。

民宿女主人開始發飆，嚷著：「他是不是欺負我不懂電腦，就這樣唬弄我，太可惡了！我要打電話問個明白。」說著就撥電話，對方在話筒的另一端不停地解釋，說是可能工程師拿錯光碟，要不就是我們這邊設備太差讀不出來。

民宿女主人聽了更火大，立刻決定趕赴電腦公司興師問罪，請我陪同一起理論，她見我臉上有猶豫之色，連忙央求：「律師，我知道妳下午還要開庭，可是這件事對我來講非常重要，我簡直不敢相信這三年來這麼相信他，居然是個騙子，去年年底我的行銷經理第一次跟他開會就覺得怪怪的，說這人可能是個騙子，提醒我要特別小心，可是我就不相信，我想我們已經合作三年了，怎麼可能騙我？沒想到惡夢成真。今天妳如果沒跟我去，電腦的東西我不懂，一定又被他唬得一愣一愣，而且如果當場揭穿騙局，接下來的法律善後也要靠妳處理……。」

拗不過她的請託，即刻電召開設電子書公司的好友支援一名ＩＯＳ工程師，到對方公司樓下會合，面授機宜，協助辨識對方的電子書測試檔案及封包狀況。

一進對方公司就覺氣氛詭異，只剩一名員工接電話，進入會議室坐定，電腦公司老闆出現了，臉色難看，連基本寒暄都免了，直入主題，民宿女主人照我建議，要求對方將申請上架的檔案打入 **iPad**，測試封包程序，沒想到試了幾次，螢幕皆無動靜，後來他的工程師嘗試改用測試版，終於電子書出現在 **iPad** 上，然而品質極差，配樂旁白也聽不清楚，民宿女主人愈看心愈沉，開始數落對方，最後要求解約退費，對方如老僧入定，完全不理會民宿女主人的情緒變化及訴求，只是堅持契約義務都完成了，是蘋果公司拒絕上架，不是他們的錯，不可能退錢，頂多放棄尾款二十五萬元。

民宿女主人簡直難以置信，話語沉重地嘆道：「人活在人世間最重要的是信用，當初你的構想與承諾，百分之九十沒有兌現，我不曉得你有什麼臉講這種話？事情沒做好你也不認錯，難不成要我上法院告你？律師坐在這兒，你違約的情形非常清楚，今天你如果承認錯誤，也許我還會原諒你，大家還能做朋友……。」她停頓了一下，似乎等著對方搭腔，對方卻八方不動，眼神呆滯，我試著打圓場，勸諭對方平和善後，解約還錢了事，對方依舊漠然。

我勸民宿女主人走了吧！當一個人鐵了心，把承諾置之腦後，你是無法改變他的心意……。走出了對方的公司，我們進了星巴克喝咖啡，民宿女主人不死心，問我是否要告他？

搖搖頭，我說：「二十五萬元值得妳上法院耗個半年、每次出庭聽他強詞奪理、尋找人證物證、向法官仔細講解科技新產品——電子書的製作過程及違約實況嗎？如果是五十萬、一百萬元的求償額，也許值得妳陪他玩上一段法律訴訟課；可是二十五萬元的解約金，妳賺半個月的民宿費就賺回來了，何苦與他周旋，浪費生命？妳沒看到他公司幾乎接近『家徒四壁』，可能快破產了，他其實已經嘗到失信於客戶的種種惡果，無須輪到妳去對付他，他都會得到不少教訓。」民宿女主人倒了第二杯咖啡，攪拌著方糖，眼睛望向窗外，若有所思。

「放掉這一段恩怨吧！放開他，也等於放開妳自己，不要跟他一起困在泥淖中。妳該思考的是，為什麼當初那麼相信他？是他說了哪句話，或做了哪件事觸動了妳？或填補了妳心中那一份失落或無知？有時騙局是自己創造出來的幻象！信任別人並沒錯，可是要信任對的人，如果這個癥結點妳沒找出來，下一次依然會歷史重演，再度受騙！」

我不知道盛怒難消的民宿女主人是否聽得下我的勸告？

少辦一個案子對我而言，不會減少多大筆收入；可是對當事人而言，莫要輕啟訟端，才可以在法律療傷之外，誠實勇敢地面對自我，找出生命轉折的原因，免除不必要的因果，真正明白本心！

當你一再被騙，可能你要檢討的已經不是對方騙術高超的種種因素，而是為什麼你不斷地選擇相信……？

漫畫人生

早上開完高等法院的辯論庭，一片紛擾後，全身從亢奮突然歸於靜默，我知道身心靈需要緩衝與調適，於是午休時刻，離開人群、卷宗、法庭，信步走到辦公室附近的南村落巷弄中，汲取人文的悠然氣息，依著台北書院老子課辛老師的叮嚀，案牘勞形之際，「閉其門、塞其兌」，把對外相通的器官暫時停息靜止，「行嗇之德」收攝心神，佇立小巷，凝望古蹟文人故居的日式建築與庭園，思緒放空，心情慢慢沉澱，享受庭院光影的移動美感，突然手機響起，劃破寧靜的氛圍，一串陌生的號碼，中午休息時間需要接聽嗎？當事人常認為上班時間律師都在開庭或開會，反而要趁午休時間才找得到人，煩惱當頭，忘了律師也要進餐休息。「唉！還是接了吧，免得誤了當事人要緊的事。」職業性的關心讓我不忍拒接電話。

「請問是沈律師嗎？我是清子作家介紹來找妳，有合約上的問題想要請教妳，請問方便嗎？」年輕男子透過話筒仍聽得出聲音中的焦灼與疑惑。

唉！都已經接了電話了，還能說不方便嗎？更何況感受到他的焦慮與急切，可是如果頂著三十五度C的台北夏日豔陽繼續接聽電話，勢必中暑，趕緊走到樹蔭下，準備聽當事人講故事。律師可能是除了心理諮商師及算命相士之外，傾聽人們述說人生的故事最多的行業，不論甜酸苦辣、震盪起伏，我們都要照單全收，再從其中挑出可以解決當事人法律問題的重點與證據。

「我是漫畫家，主要是畫上班族的心聲，偶爾也畫畫中國四書五經的經典漫畫，在網路上及實體商店都有出版，上班族的漫畫這幾年讓我賺了一些錢，有能力帶妻小搬到花蓮海邊專心創作，而經典漫畫不太賣錢，倒是幫我得了一些文化部的獎項，所以前兩年好幾家出版社來找我合作，包括天下、遠流、時報，可是後來我沒跟他們簽約，反而跟一家小型的出版社簽，因為這家老闆答應每一年要預付八十萬元版稅給我，可是他付了一年後，今年就不付了，而且版稅報表都不給我看，海外版稅拖欠幾期，也都沒付，最近我們鬧翻了，出版社都不接我電話，那天清子來花蓮七星潭拍微電影，我們在璞石咖啡廳聊起近況，他一聽到這家出版社的行徑，就建議我找妳，說妳在台北處理很多著作權的糾紛，妳會幫我解決的。」當事人一口氣說完故事的歷程。

聽起來好像不單純，先問他在哪裡，可否來事務所詳談？這種合約糾紛，電話裡絕對講不清楚，必須同步檢視當事人的合約及相關發票資料，還是得當面討論，讓問題與答案同時在會議桌上充分溝通。

「律師，我住在花蓮，很少到台北，因為不太適應台北的生活節奏，也不知道怎麼跟台北人打交道……」漫畫家直言不諱。

這下換我愣住了，這種案子怎麼處理呢？隔空討論案情非常危險，容易造成誤解或證據的疏漏。正猶豫著是否要推掉這個合約糾紛，漫畫家又開口了：「我把合約跟一些資料寄電子檔給妳，我們再用 Email 跟電話溝通，好不好？」

看來是拒絕不了，給了他電子信箱，走回辦公室，助理已將漫畫家剛寄來的幾份合約及他寫的合約執行過程印出來放在我桌上，翻開郵件最後幾行他的提問：「出版社不付版稅，我可以解約嗎？他們算不算違約？我可不可以告出版社，要求他們賠償？老闆娘說我違約？真的違約嗎？我最近畫完的一本新漫畫還要交給出版社嗎？」

還真是事態嚴重呢！再往前翻閱，連存證信函都寄過了，顯然雙方已經無法溝通，陷入僵局了。要回覆這一連串的問題，得先好好研究案情呢！先回信告訴漫畫家，資料收到了，來信提問很多，需要撰寫法律意見書，連同費用一併告知，他立刻傳簡訊：「OK！麻煩律師費心了。」

研究兩天，審慎地寫了一份法律意見書分析雙方違約狀況，建議漫畫家以和解方式解決雙方的紛爭，和解條件可以包括終止授權代理合約、付清版稅等，強調切勿訴訟，免得曠日費時，而在對簿公堂中，面對法庭攻防、人性陰暗，更讓藝術工作者的創意與心靈受傷。多年處理藝術創作者的法律紛爭，深深了解敏感、脆弱的藝術家禁不起訴訟的折磨的！

漫畫家收到法律意見書立刻同意撰擬律師函，約請出版社出面洽商和解方案，不過又在電子郵件中大罵出版社的不負責任，始亂終棄，看完他的抱怨，先擱在一旁，仔細檢閱所有合約及雙方往來的電郵、信函，很快地律師函擬妥寄出，心裡卻有一股隱憂，多年的和解談判經驗告訴我，這場戰不好打，以目前雙方交相指責的惡劣情勢，劍拔弩張，戰況一觸即發，倘使一個環節處理不慎，案子就會進入法院，合約雙方長期累積的恩怨情仇已逼近臨界點了。

果不其然，出版社收到律師函，老闆立刻來電訴說漫畫家種種的不是，包括仍有作品交由其他出版社繼續上架，今年作品一直未交給出版社、不配合台北的簽名會宣傳活動、畫風受限無法打入歐美市場……。

哇哩咧！才透過電話聯絡，火氣就這麼大，難怪雙方在幾個月前就無法溝通了，看來這個案子要協調成功，凶多吉少了！我再度萌生退意，不想介入這種案件，捲進當事人無休無止的負面情緒中，尤其文化人士都帶有一股文人氣質或藝術家性格，很難在彈性圓融中，找出雙方的交集；反而常有悲劇英雄的決絕性格，一言不合，就想切斷一切連結，不願遷就次要的解決方案。

這家出版社老闆聽說也是作家出身，孤傲自負，滿腔熱血，遭逢去年市場不景氣，付不出近期版稅，卻把漫畫家的指摘當作發洩怒氣的藉口，藉題發揮，揚言要找律師來與我對談！

既然是律師出面，應該還有解法！我正擔心與對方當事人談判，要承受極多的負面情緒，如果他的律師能出面，雙方律師理性溝通，在共同的遊戲規則下商談各自當事人的條件，既有效率又務實，那麼我就等著對方律師聯絡了。

沒想到出版社老闆心有不甘，在找律師之前，自己先寫一封信，回應我方的律師函，信中充斥謾罵、指責，我想漫畫家看了，官司一定開打，不可能再談和解了，可是不轉寄給他，又違背律師的職責，只好硬著頭皮讓他看到這封回信。

果然週末一早走進丹堤咖啡廳，正要點餐，打開iPad，一封凌晨三點的電子郵件映入眼簾：「律師，我一直無法成眠，昨晚太太看到出版社的回信，破口大罵，罵出版社、也罵我豬頭，當初才會跟這種出版社合作。其實當初遠流也給我很好的條件，可是這家出版社同意合約期間每年預付八十萬元版稅給我，這是其他出版社做不到的，而我有房貸壓力，只好答應了，我也知道這家出版社規模小，制度不彰，可是不曉得會這麼離譜！現在他們既然這麼無情無義，我也不想談和解了，免得他們以為我在求他們。下個月我太太要生產了，我之前準備了一筆做月子的費用，就拿來打官司吧！到時候我自己煮麻油雞給她吃，幫她做月子就好了。」聽了真是不忍心，可是夫復何言……。

唉！第一回合雙方皆輸，意料之中！出版社老闆也真狠，一字一句深深傷了漫畫家的心，真的看不下去了，我的情緒也冒上來了，打破多年以來除了律師函、存證信函及訴訟書狀，不與當事人或對造書信往來的習慣，例外地回了一封電郵給出版社，替漫畫家宣洩怒火，反正看起來，和解無望，雙方遲早要對簿公堂，這份電子郵件也不至於影響和解的契機：

主旨：請誠意正心面對問題

Dear 林老闆：

晚安！

從我們六月十日寄發律師函開始，你就在出國行程中，要我們等待、等待、再等待，

而當你回國了，依然不斷放送你非常忙碌的訊息，

可是仔細觀察，發現你都在忙自己或別的作者的書，

都不是藍藍的書或出版的事……

難怪藍藍的書賣得不好、

難怪藍藍在美國沒名氣、

難怪去年勸誘藍藍簽了合作合約書，卻不敢承認、

難怪願意將《海邊的咖啡店》保證版稅降到五千本，還是滯銷！

因為你根本沒有把藍藍的書放在心上，

現在合約的問題擱置這麼久了，

好不容易等你回台灣了，
依然忙別人的事，
似乎擠出一點時間，談談藍藍的合約問題，
是給出莫大的恩惠！
相較於當初簽約前你的積極爭取、耐心解釋、情義相挺，
而今的冷淡、厭煩、抱怨、敷衍……，
真的令人心灰意冷！
不僅版稅懶於結算、報表不見蹤影
連滯銷書都可以違約自行決定樂捐，
你知不知道你已經違約好幾樁了，
如果藍藍卯起來告你，豈是幾個八十萬元賠得完？
醒醒吧！
以這種手法風格經營作家、出版社，
賺錢是意外、虧損是必然！
請勿牽拖無辜的作家陪葬！

沈律師

副本寄給漫畫家，本以為他會怪我沉不住氣，沒想到過半小時收到他親手繪製寄來的漫畫，畫著他們全家大小伸出雙手，臉上滿是笑意，電郵主旨：「擁抱」，顯然他認同這封信了。

出版社老闆收了信，也很激動，半夜連標點符號都來不及放全，信就回過來了：

去年九月我在上海連續三個晚上只睡兩小時

為什麼？因為要印藍藍的三本書

我從八月就去上海準備安排並特意找大陸知名作家幫藍藍的書審稿

還費很大功夫修改錄音（把不適合大陸口音的字修掉）

全公司兵荒馬亂連續忙了幾個月才搞定三本書為什麼你無法體會我們的付出就一味抹殺

我們團隊的用心和努力

多年來不惜成本把品質做到極致　如果作家看不見出版社的努力

只能遺憾彼此認知落差太大了

這下甭談和解了，雙方都受傷深重，無力修復關係或找到解決方案！經驗告訴我此時毋庸多言，當事人也需要時間消化情緒，一切靜觀其變，有時「不處理」也是一種處理。

果然事情自然而然往前推步，出版社老闆過兩天來電，希望重啟和解之門。

我當然樂意再度推動和解，只是怎麼突然事情有了轉圜呢？

「沈律師，不瞞妳說，那天收到妳的電郵提及我們出版社違約，又說幾個一百萬元都賠不完，我也很緊張，就找律師諮詢，這個律師跟妳作風完全不一樣，妳第一次跟我講電話就不斷勸我和解，說是這樣才能保全雙方的資源，維護形象，寧可把時間精力放在更有建設性的事情上，不要讓青春虛耗在法院之間。可是我找的律師絲毫不理會和解的提議，看過我的合約後，就建議我提告，說我們出版社一定會打贏，還叫我馬上簽委任狀付律師費，他可以明天就告到法院。我說再讓我考慮幾天，回家仔細想想，覺得妳才是真正要幫我們雙方解決問題的人，所以又回頭跟妳聯絡，雖然前兩天妳寫那封信說了重話，不過也讓我看到自己的另一面。可不可以請妳問一下漫畫家，他希望合約如何處理？只要不要立即結束，我想都可以商量，因為上禮拜在北京為了發行這些漫畫，我花了不少錢向審批單位掛號要出版，請人重新設計封面，又跟通路簽約，如果立刻解約，我會血本無歸！」出版社老闆一口氣講完這幾天的心路歷程。

唉！可是漫畫家強調時至今日，已經無法忍受再多一分或多一秒跟這家出版社合作了，怎麼協調雙方的差距呢？如果斷然拒絕和解，恐怕再也不會出現解決的曙光了。

「林老闆，謝謝你打這通電話來，身為律師，還是希望以和為貴，我先來問問漫畫家的和解條件，再轉告囉！」看來這樁和解還是難關重重，只能先接下出版社的提議，再看著辦了。

專注地思索幾個和解方案後，聯絡上漫畫家，他正為訴訟開戰要準備的相關證據發愁，聽到出版社態度軟化，也順勢找了台階下，聽聽我提供的和解方案，答應要慎重考慮，晚上和妻子商量後會儘快回覆。

沉寂兩天後，漫畫家正式列出和解條件：

合約可以再寬限一年；

出版社再付三百萬元作為今年的預付版稅及賠償精神損害；

海外版權即日收回；

出版社須提出簽約至今全部版稅報表；

律師費用都由出版社負擔，理由是如果出版社沒違約，漫畫家就不用花錢找律師了。

這種條件莫說對方不會答應，連我要提出也很尷尬，一般和解的律師費是一人一半，怎麼這下子全數都要求對方付，雖然出版社有違約的地方，可是雙方會有合約糾紛也是當初洽商合約時沒處理妥當，彼此都有責任啊！何況和解條件要求提早解約，出版社已經一個頭兩個大了，現在又要人家多付版稅及精神賠償，又要幫忙付全額律師費，怎麼可能？

漫畫家很無奈地說，這是家人的意思，如果對方不願意支付律師費，就不要和解了！真是意氣之爭，搞得我也有情緒了，一字不改地把和解條件轉給出版社，同時約了出版社老闆來事務所逐項討論，這種重大的和解條件談判必須面對面，注視對方的眼神、臉色、反應，才能掌握全局，因應時勢變化及時調整。

商談三個小時，到最後他反而對律師費的支付沒多大意見，願意承擔三分之二，但是表達前面幾項條件希望再調整，他要求回去與股東商量後再回應，臨走前他說：「其實這次和解我是不用付律師費的，因為律師是漫畫家找的，不是我找的，而且我認為對方出面就可以解決問題，不一定需要律師幫忙，可是這幾次書信往來及電話討論，妳不像一般律師，只站在自己當事人這一邊，強求別人答應妳的和解條件；反而會從兩岸出版業市場及漫畫發行的競爭現況分析利弊得失，讓我了解過去行銷的盲點，尤其點出漫畫家與我的心結，使我可以有機會省思這幾年來經營的失誤，雖然我是虔誠的基督徒，可是妳從佛法出發的因緣及因果看法，也解開我的疑惑，如果這回和解能談成，妳是最大的推手，所以律師費的支付我沒有問題，但剩餘三分之一應該由對方付，因為一個巴掌拍不響，雙方都該付出代價。」

看來對方體會到我的苦心了，反而我的當事人開始鑽牛角尖，對於出版社修正後的和解條件反彈極大，中間有一度真的難以為繼，無法溝通，漫畫家索性傳個簡訊說：「到此為止，不用再談了。」看了真是傻眼，功虧一簣，依他的作風，當然和解沒談成，更不可能支付律師費了。

心裡有氣，剛好星期天參加禪修中心的一日禪，心情沉澱後，在四念處的內觀修行中，讓這些嗔癡慢疑的念頭升起又消失，心中一片自在平靜，思慮通透澄明，就放下了。

回到家中，漫畫家來電，想要討論評估提告勝算的機會，我拿出合約一份一份分析，提到去年的合約，我說：「只有你單方面蓋章沒用，對方沒蓋章，合約還是無效。」他聽了差點抓狂：「可是我用印後，兩份都寄給出版社，他一直拖著不蓋章啊！又不是我的錯，而且事後他也付了幾期版稅呀！」

「出版社可以主張那些版稅是依以前的合約自動續約來付的。」我平靜地解釋，此時責怪當事人笨或欠缺法律常識，只是讓他更難受而已，人生很多傷痕不就是跌跤了、摔疼了，才會記取教訓麼?!

漫畫家不服氣，又提出第二題：「那他答應我每年要預付版稅八十萬元呢？總該可以求償吧！」

「訂在合約第幾條？」請他指出來，才有求償的合約依據。

「第五條啊！咦，怎麼沒寫，當初他提了很多次，噢，在第六條後面啦，找到了。」當事人的聲音透著欣慰之情。

「第六條只寫第一年付一百五十萬元簽約金，沒寫每年要付八十萬元啊。」我再提醒他……，久久沒出聲，沉默了三十秒之後，他像是自言自語，也像似在問我：「意思是我被騙了？……」

常常協助當事人回到簽約的場景，重建現場、回復記憶，才知道當時被欺騙、被蒙蔽。此刻一切話語都是多餘，只能讓當事人面對真實的狀況，憤怒、不甘、懊悔的情緒一一經歷，才清楚自己曾經做錯什麼，或錯過什麼。

確定這部分告不成之後，他說其他出版社的違約，似乎求償金額都不高，給他時間想想，再考慮如何處理。

週一進了辦公室，漫畫家又發電郵請我繼續處理和解的談判，面對當事人的起伏轉折與心念反覆，不再有情緒，只是靜靜地把他三度修改的和解方案轉給出版社，這次倒換成出版社反對了，不只預付版稅要求降至一百萬元，海外版權也希望延長為三年，才可能在中國市場回收利潤。

漫畫家當然不依，堅持海外版權頂多延長兩年，必須與經紀代理合約同步結束，才不會影響日後的授權。於是又是一番唇舌溝通，書信解釋，然而出版社吃了秤砣鐵了心，毫無讓步的意思。

深夜，在家裡加班，真不希望一波三折的和解功虧一簣，不禁又寫了封信給出版社，試圖做最後的努力：

Sent: Thursday, August 18, 2013 11:27 PM

主旨：為自己開一扇窗

林老闆：

合作多年必然有辛苦付出與欣然收穫之時，
否則怎會有當初的滿腔熱情與情義相挺?!
凡走過必留下痕跡，一切冷暖點滴在心頭。
只是時移事往，當年的熱誠一吋吋耗盡後，
雙方不再膠漆契合與交心信任之際，
是否學習放手？
放開別人，也放過自己
放掉無明，也放下不捨
得失之間，又有誰能算得清楚？
取捨之際，又何必苦苦相逼！
但求心安與自在……
這幾天仔細衡量你與藍藍各自表達的解決方案，
除了紓解部分情緒外，雙方都有退讓與調適，似乎交集漸漸增大了，是否容我從中找出你們的最大公約數，嘗試設定停損點，在彼此最少的傷害下，理出圓滿的協議，好嗎？

同時附上我調整後的和解方案。

兩天後，出版社同意了，終於在八月底前雙方簽署和解書，結束了這場紛擾多時的合約爭議。

當緣盡情了，要學會放手！與其將自己禁錮在憤怒、悲傷與怨恨中，不如忍痛切斷惡緣，清除無明，迎向新的人生風景。

名字與名利

清晨，穿越開滿杜鵑花的小公園，晴朗的陽光從春意盎然的枝頭嫩葉透出光亮，拎著《聯合報》，走進巷弄底的星巴克咖啡廳，樂聲迴盪的地下室空無一人，披頭四的〈Hey, Jude〉歌聲傾洩一地，啜飲著溫熱的拿鐵咖啡，仔細讀著今日的頭條新聞：「宇宙暴脹論美國科學團隊找到證據　愛因斯坦的『重力波』成為一百三十八億年前宇宙發生大爆炸的直接證據：美國研究團隊在南極透過 BICEP2 天文望遠鏡歷經九年的觀測，經獲證實宇宙誕生時快速暴脹的印記——宇宙微波背景輻射不均勻的極化；證實宇宙大爆炸後，的確在短時間內以超光速膨脹，從一個原子的大小，暴脹成太陽系那麼大，讓日月星辰和人類得以出現，若宇宙沒有暴脹，世界將是一片虛無。」

邊喝著咖啡，邊思索著，是否現代二十一世紀的科技也證實了二千多年前老子在《道德經》的講法：「無，名天地之始；有，名萬物之母。」宇宙天地的開始是一片虛無？

陷入沉思片刻，桌上的手機震動著，上面顯示電影公司的行銷主管來電，咦！現在才早上八點多，怎麼電影公司就有人上班了？接起電話是一連串短促急切的問話：

「律師，早！不好意思這麼早就打擾您，今天發刊的《X週刊》您看到了嗎？裡面有一篇文章抨擊我們公司最近推出的電影名稱有商標的爭議，說這個名稱侵害當時故事主人翁的隊名。可是我們拍這部電影，是在做口述歷史的改編呀！這樣有違法嗎？平面媒體的記者剛剛打電話給導演，導演在忙，沒接到，叫我先請教律師，法律上我們是否站得住腳？」

邊聽他敘述問題，腦海浮現上週一晚上參加電影首映會，瘦小疲憊的導演在電影劇終時站在出口處與來賓一一握手，告訴他：「很感動噢！」他精神奕奕地答：「好看呵！」言猶在耳，怎麼又變成八卦雜誌的箭靶？一邊快速地用 iPad 查閱 Google 網站即時新聞，找到《蘋果日報》同步報導這則消息，瀏覽概要後，一邊告訴行銷主管：

「原則上法律立場是沒問題，三十年前這支籃球隊並未將他們的隊名拿去註冊商標，縱使當年曾經作商標登記，商標權保護年限也已經結束，至於民法上人格權的保護雖然包含自然人就是一般個人，及公司法人的姓名、名稱，但是這是一支民間團體的球隊，並非公司法人，也不算是自然人，因此民法也無從給予姓名權的人格權保護，他們對於球隊出賽時的英文簡稱譯名，並沒有專屬的使用權，你們公司拍攝這部電影，劇情還原史實，使用這個球隊的名稱，當然沒有侵犯到這個團體的權益，就像當年台東的『紅葉棒球隊』這麼有名，也不能主張『紅葉』兩個字的專用權，因此台北這家很有名的『紅葉蛋糕』店用了相同的名稱，也不會構成違法啊！」

這位行銷主管聰穎靈慧，一聽到實際的例子就懂了。憑著兩年多來合作的默契，猜想他進一步會問後續媒體回應的方式，果真擅長危機處理的他立刻接著問道：

「您這麼說完全可以理解，可是那篇報導提到民間團體這一邊的狀況時，用了很多情緒性的字眼，稍晚如果其他報的記者跟進採訪導演，我們如何說明，才不會演變為法律糾紛？」

「電影上映前，你們不是已經適時將兩年前申請的商標權無條件轉讓給學校這個團體了？電影公司只保留永久無償使用在電影播映宣傳及周邊商品，上次我們為了那份轉讓合約還商量了兩、三個禮拜，你們又跟電影商及理事長『喬』了一段時間，才定稿簽下來，這個事件在情、理、法上，電影公司都已經仁至義盡，真不曉得那個團體為何又向雜誌社爆料？」說著說著，我也帶氣了。

「我們也搞不清楚，好像聽說他們要出書，出版社有意見，實際狀況如何，還有待了解。律師，如果平面媒體詢問愈來愈多，有必要發新聞稿或開記者會的話，我們可不可以強調法律上校方沒有權利阻止我們使用這個名稱？」行銷主管未雨綢繆，先想好因應對策。

「法律上電影公司可以使用這個名稱是沒有錯，不過，我建議採用比較『公關』性的溫和用語來說明，因為前一陣子不是有一些歷史學家跳出來分析這部片子的民族意識的問題，誤導觀眾，引發社會大眾的爭議，好不容易化解了，最近正逢電影在院線上映，最好不要使用過於強烈或對立性的言辭，以免刺激對方或引發媒體借題發揮，帶來負面影響，甚至影響票房。」先提出因應的原則，提醒當事人毋需過度強調法律立場，以免惹發反感。

面對媒體，不能單純從法律角度出發，否則一旦尖銳地提出權益觀點，擦槍走火，後果一發不可收拾。為娛樂界的名人處理十幾年來的重大新聞事件，「不對立、不強硬」是低調解決喧擾新聞的不二法門。

「律師，完全明白！我即刻告訴導演，請他把握這樣的精神來處理，感謝囉！」如釋負重的心情，在行銷主管輕盈簡明的結論中表露無遺。

喝完最後一口冷卻的咖啡，走出星巴克，陽光依舊燦爛，凝望樹梢吱喳的鳥兒們，牠們一定不了解為什麼人世間為了「名利」二字，人們可以不斷地爭奪攻擊，爾虞我詐，至死方休！

天下熙熙，皆為利來；天下攘攘，皆為利往。
問世間「名利」為何物？你爭我奪、機關算盡、貪愛執取……。

受騙簽約記
——當宅男作家碰上文化流氓

一日午後，正為著一宗民事賠償官司思考法官在庭上拋出的問題——繼承回復請求權與侵權損害賠償請求權可否合併請求？望著電腦螢幕上學者論文的結論時，忽然瞥見右下角收到新電郵的通知，點開來一看是一則合約的掃描檔，原來是唱片公司老闆捎來訊息，要我幫他的朋友看看合約有什麼問題，稍晚再來電請教。

咦！這位唱片公司總裁平日是空中飛人，忙碌異常，這陣子忙著洽談北京鳥巢演唱會的事，怎麼有空電話聯繫？平日公司的法律問題也都是透過各部門主管來諮詢，他很少直接出面的，想必這個朋友與他關係匪淺，才會如此重視。

於是把論文螢幕切換到電郵附件的合約，快速瀏覽全部條文後，覺得合約訂得真嚴苛，甚至對乙方相當不尊重，正準備看第二次時，唱片公司總裁來電了，立刻接起手機，話筒傳來低沉清晰的聲音：「沈律師，妳好！我是 David，現在在北京，有個急事要請妳幫忙，剛剛請秘書寄一份合約給妳，不曉得收到沒有？那是我女兒的好友兼客戶，一位作家去年簽的合約，今年爆發一些糾紛，他無法處理，我覺得一定要找專業律師協助他，不然他可能會被這個合約綁死，可不可以請他來向妳當面請教？」認識總裁二十年，不管發生什麼大事、急事、爛事，他始終不疾不徐，沉著以對。

「電郵剛剛收到，我已經看過合約，確實問題蠻大的，請這位作家直接跟我聯絡，我會當面跟他分析討論，他人在台北嗎？」我在越洋電話中簡單扼要地回覆。

「謝謝妳，作家住在台北，我會告訴他，妳的聯絡方式。真的要麻煩妳，因為他是我女兒很要好的朋友，我女兒很少開口要我提供法律資源，昨天她很著急地找我商量，說他們電影公司要跟這個作家簽約，即將改編作家去年得獎的小說拍成電影，才發現作家去年簽的合約可能解不掉，要我介紹律師處理。沈律師，請妳費心了。」總裁三言兩語道盡問題梗概，他是我執業二十年來最欣賞、最喜歡合作的當事人之一，遇事冷靜、尊重專業，危機處理時，永遠知道找到對的人，在對的時刻，化危機為轉機，甚至化為商業契機。

傍晚，這位受困的作家來電了，不知是害羞或天生拙於言詞，講完他的筆名跟去年得獎的書名，就停頓了，似乎不曉得接下來要說什麼。我提醒他：「你是不是想知道這份合約有什麼問題，要怎麼解約？」

「對啊！曾伯伯都告訴妳了喔?!」他聲音有點驚訝，然後變得比較放心了，開始要講故事的背景，先描述自己：「我住在拉拉山山上，很偏僻，跟我父親還有一隻柴犬住在一起，兩個禮拜才進城一次，很少跟外界溝通，朋友都叫我宅男，不過來我臉書留言按讚的，每天超過三百個人，有一百五十個人在追蹤，我不知道這樣算不算『宅』？我每天都掛在網上，接收很多訊息，經常半夜寫作，去年那本小說是寫我母親往生前的故事，沒想到會得獎，更沒想到遇到慕名而來的讀者，居然後來說要改編成電影，臨時叫我簽名字在備忘錄上，說要申請台北市文化局的劇本補助，還說如果沒通過，那份備忘錄就不算數，結果今年又叫我再簽一份，我覺得奇怪，小葉子很熱心說幫我問她爸爸，曾伯伯一看就說事態嚴重，囑咐我一定要請律師處理，不然可能會被綁五年，真的嗎？律師，真的會這麼嚴重嗎？」

當事人總是迫不及待要問答案，他們不知道律師是要綜合各項證據資料來作判斷的，不過這個宅男作家顯然沒跟律師打過交道，要先告訴他重點，才能讓他安心，於是我回答：「我看過合約了，條文的約定的確對你很不利，有可能會被限制五年，都不能再授權其他人……」還沒分析完重點，話筒裡傳來一連串咳嗽聲，連忙問到：「莊先生，你怎麼啦？不舒服嗎？要不要先休息一下？」

「沈……呃、呃……沈律師，呃……，沒、沒關係，叫我曉石就好，我沒事，現在好多了，妳是說我會被套牢五年喲？怎麼會這樣？他們跟我說，去年申請案沒過就算了啊！怎麼會這樣？他明明在 Email 上面有寫說：『曉石，你不用想太多，這個版權承諾書不是合約，沒有法律上的效力，只是讓我們對文化局有交代而已，對你不會有影響的，而且如果申請沒通過就無效了，當然我們希望能通過，因為補助款最高有八十五萬元，如果申請到補助款，我們就可以分給你一些授權費了。』」作家急著解釋他的體質，又希望我迅速解惑。

「曉石！你先別急，我必須先看過你們當時全部的往來信件，以及洽商過程雙方的約定，恐怕還是要見面談，才會清楚。請問你什麼時候有空？」

先安撫作家，看來他很容易激動，當面討論，同時檢視他的所有文件資料，才能給出正確建議。

「我現在就有空啊，我去搭公車轉捷運，到妳辦公室才晚上六點三十分，我等一下餵完狗，讓牠大便完，就可以出門了。」他興沖沖地說。

「曉石！對不起，我們事務所五點三十分就下班了，你這個案子可能要討論至少兩個小時，可不可以約明天早上碰面？今晚先請你 Email 相關電郵及書面文件，我晚上先消化一下，明天可以直接進入狀況，給你法律意見。」事務所配合法院上下班，很多當事人都誤以為律師樓跟一般店家一樣開到深夜，趕緊跟作家改時間。

「明天早上？不行耶，我都清晨五、六點才睡覺，中午才醒得過來，因為每天都會做夢，像我今天早上就做一個夢，夢見我的狗變成貓，跑到……」作家一說起故事沒完沒了，一定要立馬打斷，不然這通電話講不完，我說：「不然就約明天下午三點，方便嗎？你起床後，搭車過來，時間比較充裕。」

「好啊！那我先來整理去年到昨天的電郵，我還會重新列出大事記，附上日期，可能會很多喔，律師，會不會把你們的信箱塞爆？」他突然擔心起來。

「不會的，我們事務所有申請超大容量的電子信箱，請放心地寄吧！我們明天下午三點見。」終於可以掛上電話了。

發生法律糾紛的當事人，常常遇上律師，就認為找到救星，要一股腦傾倒出所有生命中的疑問，除了法律問題，還有人生的困惑，於是電話講不完、會議開不停……。有智慧的律師必須幫當事人找到循序漸進的解套方式，引導他想出解決問題的步驟，同時讓自己喘一口氣，思考下一步如何展開，否則跟當事人一起糾結在案子裡，永無寧日。

翌日到咖啡廳吃早餐看報紙時，隨手點按手機的事務所信箱，瀏覽當事人寄來哪些電子郵件，決定是否需要提早進入辦公室處理公務。沒想到一連串收進來的郵件多達二十幾封都是昨天聯絡的作家，他周全地標示第一到第二十八封電郵，第二十九封是他整理前面一到二十八封電郵的主旨項目分類表，有「洽談改編電影的合作」、「版權證明書」、「劇本補助案」、「新合約草案」……等等，其中還貼心地用不同顏色字體標示重點，第三十封信是他提出的各式疑問：

＊「版權證明」算是契約嗎？

＊我簽筆名，沒有寫本名，有效嗎？

＊我能解約嗎？
＊要不要再簽新合約？
＊他們會告我嗎？告了會贏嗎？
＊我爸的房子會不會被查封？
＊我可以不可以在臉書罵他們？
＊有人叫我不要理這個備忘錄，這樣好嗎？

顯然他有不少疑問，有些還互相矛盾，可見得身邊也有人給他意見，他自己也有一些想法……，看來下午見面會有一番激烈討論了。不過現在得先交代辦公室助理千萬不要全部印出這位作家寄來的所有郵件，否則影印機會發燒，只要列印最後兩封即可。

幸好上午辦公室沒有急件需要處理，只有兩份藝人參加中國草莓音樂節的合約及一份存證信函再審閱修改，就可以交差。十點得空開始仔細研讀作家寄來的事件始末，瀏覽他與電影製作公司的編劇冗長的信件，再上網搜尋作家得獎的書籍，發現他的敘事能力超強，文風特殊，以現實生活的故事結合中國民俗神祇，寫實與超現實交互輪替，嬉笑怒罵，信手拈來皆是經典絕句，字裡行間透露作家生死輪迴的觀點及人神交錯的情境變化轉折。

讀完所有他們一年來的往來電郵，第一個念頭就是作家被耍了！這麼一位才華洋溢的作家，居然被兩位名不見經傳的電影編劇與製片給耍了？

怎麼一年後才發現事有蹊蹺？最初的幾封信就看得出電影編劇與製片只是慕名而來，企圖利用作家得獎的光環去向政府機關撈錢，自己公司沒有資金、人才、拍片資源，只想藉由作家的小說聚集整合這些資源，成就一部電影。這對痞子二人組的不良企圖，作家看不出來嗎？以他在小說中剖析人性的透視功力，穿透人心險惡幽暗的掌握度，難道看不出對方的虛浮與邪惡嗎？

看來今天下午的會面，不只作家有一大堆疑惑要提問，我也有一些問題要提出。

下午三點零五分，作家背著個大袋子走進辦公室，令人發噱的是他身上大紅色的保安宮T恤，前面印上「國泰民安」，後面是寺廟剪影上面打著「保安宮」三個大字，高大的身軀顯得紅衣金字格外顯眼。一臉靦腆的笑容見到我就不住地點頭致歉，說他遲到五分鐘，剛剛在捷運站就開始胃疼，第一次見面就遲到很沒禮貌……，我遞上名片，告訴他：「沒關係，才五分鐘而已，下次打個電話來講一聲，就不會胃痛了。」

作家有時候活在自己構築的世界中，不太理解如何處理人際互動的社交習慣或禮貌，輕聲提醒他，免得他繼續折磨自己的腸胃。

「律師，您人真好！難怪今天中午曾伯伯怕我生平第一次來見律師會緊張，特別傳簡訊安慰我說沈律師會很親切地幫忙分析法律問題，找出解決方法。」他臉色舒緩了許多。

坐定後，作家雙手奉上他的著作送給我，含笑收下後，我翻開扉頁，看到他簽名寫著「書裡書外荒謬劇，書緣讓我認識妳」，真是有意思的作家，就請他先聊聊這本書的背景及寫作的心路歷程，讓他緊張的心情緩解下來。

果然他自在了不少，開始說到寫書的動機，在病房打字撰稿的心酸與趣事，穿插後來得獎的意外與出版社的際遇，特別提及出版社總編輯對他的眷顧，包括對方來信要求簽署備忘錄之際，總編輯請出版社法務幫忙檢查內容。

講到重點了，我連忙插話問道：「出版社法務有看出備忘錄的問題嗎？」

「沒有耶！就是這一份草稿，法務只是提醒我授權的利用方式要不要包括『改作』，我說不要，他就刪掉這一項而已，其他都沒改。」他老老實實地回答。

我迅速瞥過修改版本，接著問：「備忘錄的第四條授權金約定不明、授權期間長達五年，他都沒有提醒你，或直接作修改？」

「沒有哇！這裡有問題噢？我怎麼看不出來，法務那時說都沒問題，我就去簽了。」作家眼睛開始冒出問號。

我沒作答，先問他重點：「簽了的備忘錄在哪裡？今天有帶來嗎？我先看看簽約的版本，再分析給你聽。」他突然有點口吃，囁囁嚅嚅地說：「對、對、對不起，律、律師，那份備、備、備忘錄，我居然找不到，中午起床後翻箱倒櫃找很久，都找不到，好像不見了！又急著要帶小狗出去大便，才會遲到，對、對、對不起！」

什麼！這麼重要的文件沒帶來，那要討論什麼啊？那份文件要綁他的著作權五年耶，他竟然搞丟了，這個案子怎麼辦下去？我碰上天兵了嗎？

心頭一堆OS，差點火山爆發，早上趕時間看完他寄來的所有資料，中午吃飯還在思考他的合約糾紛，這下可好，關鍵證據沒帶來，是想來聊天解悶嗎？突然真想飆髒話，可是看到作家一臉歉意，於心不忍，只好換個方式問：「那你們簽約的版本內容跟這份草稿有什麼不一樣？」

「只有『改作』刪掉，其他好像都一樣……」作家努力回想著。

「這上面寫『授權金另以合約約定』，後來有再簽約嗎？」我開始研究備忘錄的疑點，看能不能找到解套的方法。

「沒有啊！到現在都沒有，所以前兩個禮拜有位文壇前輩很關心我，陪我去跟他們電影公司談，希望重新簽一份合約，因為去年簽這份備忘錄是草約，他們跟我說有申請到文化局補助再給我版稅，因為事後都沒有申請到，所以前輩建議我要重簽，可是我們到公司談的情形很不順利，而且他們後來重新訂出來的合約很失控，很多條文都對我不利，我很生氣，才請教曾伯伯，他叫我來請教律師。」作家拉拉雜雜地敘述。

「為什麼沒有申請到補助？他們請你緊急簽這份備忘錄不就是為了要向文化局申請補助？」我再切入重點。

「簽了備忘錄之後，他們就沒再聯絡，過了三個月之後突然發一封 Email 給我說申請沒過，好像是文化局告訴他們前案未過，後案不能申請，……我找找看，就是這封 Email，他說『因為去年公司申請劇本改編案還沒執行完畢，所以文化局說不可以申請新的補助案』……」他立刻找出電影公司的解釋。

「可是，電影公司常在申請劇本補助，應該知道這些規定啊，為何明知不能申請，還去送件？喏，你看，文化局確實有這項規定。」我邊聽作家的說明，邊上網搜尋文化局補助開發劇本的申請辦法。

作家看過之後，搖搖頭說：「我也不懂欸，他們當初有跟我說，他們公司每年都會申請，經驗非常豐富，一定沒問題。」

「是不是他們企圖要騙你簽下這五年的授權書，所以想出這個名目，事實上他們早就心知肚明，申請案只是個幌子，根本不會通過。」我開始合理地推論。

「不會吧！他們會這麼壞嗎？律師，妳看他們每次寫信來，都很熱情，對我的小說極感興趣，而且改編成電影很有信心，怎麼可能騙我？」作家露出不可置信的困惑眼神。

常常當事人不願意接受事實，驚訝之餘趕緊否認律師推敲的真相。

「你剛剛不是說，他們除了拿你的備忘錄及版權證明去向政府機關申請補助案之外，還會尋求金主投資，他們等於作無本的生意，騙你簽了備忘錄，拿去兜售，如果有募到資金，再付點錢給你，說不定他們已經募到了，也沒付錢給你，你也不知道。」我試著進一步分析。

「可是我這幾天有問同行，他們說改編劇本，很多都不會先付錢，等找到資金再付，不過前輩也告訴我，這種慣例通常只簽一年，我簽五年，實在離譜。」他老實地轉述行規。

「是嘛！不會有人半毛錢沒拿，就平白無故被綁五年，更何況你這本小說是有得獎的作品，而且得的又是大獎，怎麼可能免費被拿去套牢五年，萬一這五年期間有別家電影或電視公司要找你合作呢？你是要接還是推掉呢？」我提出假設性的問題讓當事人更明瞭機會成本的因素。

「律師，妳說對了，跟他們談的同時，就有一家電視傳播公司找我，那家已經製作很多電視偶像劇，去年也有拿金鐘獎，我立刻就給它推掉了，今年過年大陸有一家台灣過去的導演說他們公司想投資拍我這部小說，因為元月份北京總公司的製片看到在大陸出版的簡體版很喜歡，覺得用章回小說的體例寫現代故事，其中又有中國民俗的鬼神元素，一定會造成轟動，我也寫信婉拒了。」他正色地舉例。

我聽了心頭一驚，這兩家公司都很有名，人家主動找上門，居然謝絕合作，這個作家在想什麼？

「為什麼不接？這兩家確實有能力及資源拍出你這本小說的特色啊。」我實在想不通。

「律師，做人要講道義，我已經答應這家電影公司了，雖然另一家電視公司聯絡上我的時候，我還沒簽這份備忘錄，可是我有答應他們第二天要見面了，而且見面聊得很愉快，過一個禮拜就簽備忘錄了，我怎麼可以腳踏兩條船，這樣的事我做不出來。」作家義正詞嚴地表明心跡。

「做人要講道義沒錯，可是也要維護自己的權益呀！就我一個外行人的觀察，看完他們給你的所有電郵，我覺得他們一點都不深入你的小說，沒掌握住這本小說的特質，搞不好根本沒有從頭到尾讀完，因為他們連拍攝電影的初步構想，例如導演、男女主角、劇本改編方向、劇情主軸都提不出來，反而是你不斷地給他們建議，可是這些很棒的建議，比方：神鬼大戰及閻府大審的單元你說可以用動畫呈現，不要用真人拍攝，這個構想很務實，可是動畫成本很高，而且台灣在這方面技術還不是很成熟，他們面對你這個提議，毫無任何回應，反而接下來那封信顧左右而言他，我看來回信件很多是你自high，他們完全沒進入狀況，你怎麼放心把小說交給他們改編？」我索性直接點出作家感情上的盲點，免得他一直處在虛擬的世界中，無法判斷真實人生的是非善惡。

作家頓時像洩了氣的氣球，不知如何回答，我繼續解說：「這份備忘錄在法律上是有發生效力的，縱使他沒再簽事後的授權金契約，在民法上的契約關係而言，它已經生效，除非主張被詐欺而簽約，才可以在知悉一年內撤銷授權的意思表示，並不是對方沒申請到劇本補助案，就失去效力，你聽同行前輩說的意見，從法律觀點來看不一定是對的。」

作家聽完方寸大亂，急著問道：「那我可以要求解約嗎？可是前兩個禮拜見面時，他們還強調他們公司有五年的權利，扣掉去年一整年，還有四年。天啊！這幫人，我終於看清楚了，律師，怎麼辦？我在法律上還有救嗎？」說完表情痛苦，似乎一受到刺激，作家腸胃翻騰，就有激動的反應，十分敏感，趕緊請他喝口熱茶，舒緩下來。

趁他平靜後，我才提出建議：「對方拿到這種『免費』的權利可能不會輕易放棄，先談談看吧！你可否約他們見面，我陪你去談，看能不能要求解約，這幾天我再幫你想想有什麼法律上的理由要求解約。」

作家點點頭，答應了，他拖著疲憊的身軀走了出去，看著他T恤背上「保佑平安」的一排金字，顯得格外刺眼，他確實需要保佑平安，可是誰來保佑他呢？神明、法律、作家自己，還是我們律師？保佑得了嗎？再看看情勢如何發展吧！

過了一段時日，我還沒幫作家想出解約的理由，他就傳來壞消息了，電話中他的聲音略帶沮喪地說：「昨天我聯絡上那個編劇了，他說這個節骨眼不能解約耶，因為他們上個月又送一次申請補助案例到文化局，還沒審核完畢，不能撤案，所以不可以解約。」

這是什麼邏輯？政府機關怎麼可能強迫作者不能解約撤案，我一聽就覺得事有蹊蹺，想必是對方在唬弄這位老實可欺的作家。我建議他詢問業界同行是否確係如此？我也同步查閱影片補助法規的規定，他爽快地應諾，晚上就發電郵給我說沒這項規定，只是在這段審核期間撤回申請案，以後對申請的公司不利，我告訴他：「既然沒限制撤案的時點，而這次申請補助案又沒經過你的同意，你就直接請他們撤回，講明你要解約。這樣的處理最俐落快速，對你也是最好的解決方式。」作家恍然大悟，表示立即轉告對方。

沒想到對方警覺作家的作風與往昔迥異，立馬翻臉，拒絕撤案，作家頗感錯愕，思忖著為何局勢改變若此，合作的雙方居然無法溝通，過往對方表達的和善溫情似乎轉眼消逝……，看著他一臉愕然難過，我心裡想著，難道律師就是掀開潘朵拉盒子的那隻手，讓當事人打開所有的事實，看到真相與醜陋的人性?!尤其是這位涉世未深的作家，在遇見對方之後，始終懷著一份天真浪漫的夢想，期盼有一天看到自己的小說改編成電影，躍上大銀幕，與世人分享創作的結晶，而此刻事實真相出現在眼前——冷酷、荒謬、不堪，他的小說淪為對方營利的工具，而且極可能無法順利拍成電影，作家拒絕繼續合作的同時，對方原形畢露，作家此際必須面對自己人生真實的篇章了。

「律師，怎麼辦？影片補助案申請人是他們，我也沒權利去文化局撤案，萬一補助案審核通過了，我就更難提出解約的要求。」作家意識到問題的嚴重性，開始惶惶不安。

「你先別擔心，我昨天有查到文化局的補助辦法，裡面規定申請案必須附上劇本原創者的同意書，我猜想這個編劇應該是用你去年簽的那份同意書提交到文化局，你可以發一封正式的公函向文化局表明你是劇本的作者，對於補助案不同意授權，這樣文化局就不敢進行審核作業了。」我開始幫當事人思索解決方法。

「這樣會不會太狠了？會害到那個編劇跟製片他們公司以後不能再申請補助案，他們一定會恨死我的！律師，我再跟他們商量看看，看他們願不願意自動撤案，以後他們公司才不會變成黑名單上的一員。」作家宅心仁厚地幫對方設想。

唉！這位婦人之仁的作家顯然還沒體悟到「對敵人仁慈，就是對自己殘忍」的道理，在看到對方的貪婪嘴臉之際，竟然還要幫他們留一條退路，甚至覺得我提的方案太狠?!好吧！

既然當事人要寬大為懷，我們律師也不能強逼當事人變成鐵石心腸之徒，只能順著他的行事風格與心意去做事，至於是不是因此惹出更大的麻煩，那就看事件因緣際會的發展了。

作家交涉幾日後，音訊杳然，我撥個電話表示關心，他輕鬆地透露對方同意撤案了，只是文化局承辦人員正在受訓，無法立刻處理撤案事宜，須等候承辦人員回來上班，才能辦理撤案作業。

「受訓」？這麼巧，究竟是真的受訓，還是對方搪塞之詞，意圖用緩兵之計，拖到補助案審核通過，木已成舟，促使作家不得不接受事實？回想整個事件中，作家人善被人欺的種種際遇，我不得不朝壞的方向猜測，可是實在不忍心屢屢提醒當事人留意社會黑暗面，免得他承受來自律師負面訊息過多，不知不覺地影響生活與心情，不過，依往昔經驗，常常我的杞人憂天的預感，後來都一一靈驗，有些事發生後還能極力補救，有些情況就無力挽回天了。

於是取得作家的首肯後，我在一片憂心中，撥個電話給文化局的承辦單位，查詢承辦這樁申請補助案的承辦人，總機很熱心把電話直接轉到她手裡，我在詫異中，脫口而出問道：「請問您是葉專員嗎？您不是在受訓嗎？」她說：「沒有啊！今年業務很忙，股長沒排我去受訓，是另一位同事這陣子請公假去受訓，請問有什麼事需要我處理嗎？」我力持鎮定，請教她關於作家的小說透過某公司編劇申請案的進度。

「噢！那家公司喔，我記得，現在排入審核中，大概再兩個禮拜結果就會出來了。……

啊？作者沒授權？怎麼會這樣，……妳也不太清楚喔，如果作者不同意申請，我們通常的做法就會通知申請人主動撤回，免得後來被退件，對他們以後的申請案會有不良的影響。」承辦人員很熱心地說明，我考慮到還沒得到作家的同意，不能具體表示意見，匆匆詢問重點就結束通話。

看來有人說謊，騙了作家。

我立刻轉述這段通話內容給作家知悉，他一聽就激動起來，生氣地說：「編劇跟製片怎麼可以這樣騙我？我這麼相信他們，還答應要給他們時間處理，原來他們只是在拖，太可惡了！律師，我很後悔上次沒聽妳的勸，直接寄信給文化局，現在寄還來得及嗎？」

「這兩天寫好用限時掛號寄，應該趕得及文化局審核作業的進度。我下午馬上寫，草稿擬好，先給你看，如果沒問題，明天就寄。」我迅速訂出進度，當事人常常要到火燒屁股，東窗事發，才會下定決心，我也只能盡力配合。

律師函寄出的第二天，文化局的葉小姐立刻來電詢問事情的原委，並且確認作家的立場，我詳細解釋前因後果，轉述當事人的結論：「目前作家急著要解約，因為對方承諾只要文化局同意撤案，他們就簽署解約同意書。」

葉小姐不解地說：「我們局裡沒有同不同意的問題，如果劇本的原創作者不同意授權，我們會以文件不符規定，通知申請人補件；倘若逾期未補件，就通知申請的公司撤回補助案的申請。」果然兩天後我就收到文化局通知的副本，過了一週我再打電話詢問，葉小姐回覆申請人已經來文撤回了。

作家一知道結果，再度聯繫編劇與製片出面解約，沒想到他們惱羞成怒，出言不遜！後來是作家依照我建議的講法，如果不出面處理解約的事，只好對簿公堂，同步召開記者會公諸於世，他們才勉強答應下週見面，見面地點刻意迴避我的法律事務所，可能是對我發函給文化局非常反感，雙方最後約在一家咖啡廳談判。

一週後我陪同作家走進咖啡廳，編劇與製片已經端坐其中，身邊有一位年輕男子自稱是公司法務也一起加入會議。作家一坐下就表明解約的想法，明明立場已然確定，可是作家為人和善，一席感性話語，似乎又燃起對方的希望，編劇立即熱情回應，提到他們日前與北京的電影節策展單位接觸，很多導演與電影公司都對作家這本小說有濃厚的興趣，製片也隨之強調他已找到幾個金主，中國投資公司的資金湊足台幣七千萬元沒有問題，加上台灣這邊既有的三千萬元，要拍這部片子，綽綽有餘。他們一搭一唱，說得作家都不忍心拒絕合作，我看到作家原來黯淡的神色開始露出光彩，擔心他又掉入對方天花亂墜的謊言中，我開始切入現實的問題，首先質疑拍片資金的來源，挑戰他們募集資金的能力，同時舉例說明：「作家這本小說很獨特的地方，在於神鬼會合的描述，這部分需要耗費大量的資金製作動畫，小說裡面神明鬼怪的角色多達十種，不像《少年pi的奇幻漂流》只有老虎需要動畫呈現，這種鉅額集資非常困難，以你們目前的條件與企畫準備，恐怕在海峽兩岸都無法募集超過五千萬的資金。」

製片惡狠狠地瞪著我，一副不屑的口氣說：「律師，妳對娛樂圈不懂，就不要隨便批評，我父親在銀行擔任董事，我只要一提企畫案，就可以貸到款，募資絕對沒問題，至於中國的資金，我們也有管道接觸，不勞您費心！」

好大的口氣！誰不知道在台灣拍戲，導演、演員的人才濟濟，設備技術也一應俱全，缺的是資金與故事，即使連侯導、小魏拍電影時，都為了資金不足傷透腦筋，拍片期間上窮碧落下黃泉，還常受困於資金青黃不接，他們這對痞子二人組是什麼咖？過去沒有實績，未來缺乏展望，卻敢誇下海口，拍胸脯掛保證募資一億元，大概只有像我的當事人這樣的宅男作家才會信以為真，照單全收！

本來想再嗆這個井底之蛙的製片，繼之一想，何必浪費時間與他一般見識，還是解決正事要緊！話鋒一轉，我說：「言歸正傳，既然你們雙方合作已經不可能的事，也多次討論解約，今天就可以正式簽署解約同意書，其實你們原來的授權契約就簽得不是很完備，關於授權金隻字未提，那份原始的授權書是否有法律效力還說不準哩！聽說兩個禮拜前，你們曾提出具體的合約，雙方會面重談授權條件，也談不攏，終究是要解約。」

「妳又沒在場，怎麼知道我們談不攏，授權金都有金額出來了，授權範圍、改編小說的用途都詳細列出，我們從來沒放棄那份合約的機會，是因為妳上禮拜突然發了律師函給文化局，把我們的申請案打回票，整個弄亂我們的拍片計畫，事情才會走到這個地步……」製片把所有責任推到我頭上。

這一款人真的是能力愈差，愈看不到自己的缺失，只會派別人的不是！他顯然無法體會作家最終是對他們的專業能力與合作誠意不信任了，才走上解約的這條路，到現在還認定就是我出來攪局才害得他們不得不吐出嘴裡的這塊肥肉，我倒成了半路殺出的程咬金，這個黑鍋真是背得冤枉，可是這當下在談判桌上也不好去辯解反擊，免得節外生枝，功虧一簣！

還好關鍵時刻，當事人跳出來說公道話了，作家說：「律師函是我請律師寄的，你們不要無端抨擊律師。你們今年又去申請補助，事先也沒告訴我，我以為去年沒申請到，整件事就算結束了，沒想到居然授權書要綁五年，真沒道理，你們沒付半毛錢耶，前兩個禮拜才說要談授權金，五年開出一百萬元，你們又嫌太高，這樣就是談不攏啊！何況你們寄給我新版的合約寫得一面倒，非常不公平，我請律師修改過的條文，你們也不接受，新的合約當然簽不下來，舊的授權書就只好解約了。」

說著說著要我拿出解約同意書，這下製片著急了，連忙阻止道：「我沒帶公司大小章，沒辦法用印。」一存心要拖延嘛！我決意不想讓他們得逞，說：「你以代表人的身分先簽名，公司章後補也可以，讓這件事早日底定。」可是他們堅持不簽名，我也火氣上來了，直指他們沒誠意，拖延解約時效，他們更是趁勢憤而走人，作家追出去安撫，編劇居然在咖啡廳門口與作家相擁道別，作家進來時，感嘆那位編劇有情有義，擁抱時眼角還泛出淚水，弄得作家都有點內疚。

唉！文人心軟容易遭人欺負呀！今天好幾次作家都差點被對方拉攏過去，扭轉解約情勢呢，這下又讓對方溜之大吉，恐怕夜長夢多，事情又生變化了！

果不其然，我依作家的提議，把解約同意書直接寄到他們公司用印，苦候兩週，音訊全無，公司電話無人接聽，手機也關機，形同人間蒸發。作家覺得大事不妙，來所拜訪詢問後續處理方式，我說兩條路：一戰一和，如果宣戰進法院打官司，確認授權關係不存在，也許有一線生機，打贏了可以早日獲得自由，授權第三人改編劇本拍電影或連續劇；如果不走司法途徑，原本希望用和解方式達到解約目的，可是談判已告破裂，接下來只能靠時間解決，再等四年，授權期間五年屆滿了，才能再利用那本小說，看你想要選擇哪一條路？

作家沉默許久，最後無奈地作了決定：「那就讓時間來解決吧！」

打開潘朵拉的盒子之後，看到的是人性的醜陋與案情的黑暗面，究竟要再蓋回去避免真實的衝擊，或者勇敢面對，端視人生的選擇了。

金控總裁的背影

在台灣吹起紀錄片風之前，梅立導演早已投入紀錄片的拍攝多年，常因歷史圖片影像的授權受阻而影響拍片進度，一再受挫後，決定尋求法律專業協助。透過一位原住民攝影師的介紹，找我擔任紀錄片專案的法律顧問，有時導演的專案預算充足，我就領得到顧問費；如果盈虧不平衡，就變成義務幫忙，我也不太在意，因為合作多年，已有一種情分與默契，這幾年來透過法律上的協助，梅立導演針對台灣從日據時代以來一系列的詩人紀錄影像計畫得以一部部順利完成。

這一系列詩人紀錄片總共計畫拍攝三十部，梅立導演目前才完成三部，由於政府補助有限，文化部才爭取到三百萬元，地方縣市政府之中，只有台南市文化局有意願提供歷史紀錄片的補助，不過經費也才八十萬元，因此梅立的紀錄片工作室經常要接一些商業廣告片維持人事開銷，如有盈餘稍可儲存累積作為三十部台灣詩人紀錄片的基金，於是他只好擺盪在現實與理想之間，奔波在商業片攝影棚與詩社資料庫之間，時不時會發個 Email 詢問我關於影像著作權的法律問題。

上週週末正在咖啡廳讀著蔣勳老師的聯副文章，介紹新書《捨得，捨不得：帶著金剛經旅行》提到：「我們如此眷戀，放不了手，青春歲月，歡愛溫暖，許許多多『捨不得』……原來，都必須『捨得』；『捨不得』終究只是妄想而已。……無論甘心，或不甘心，無論多麼『捨不得』，我們最終都要學會『捨得』……」心中一片寂靜空靈，悠然間一封電郵飄然而至，不經意看到寄件人是梅立導演，許久沒有收到他的訊息了，有點惦念；又有些兒疑惑他究竟發生什麼事了來信詢問，於是點開郵件，他一貫溫柔敦厚的文字，在信裡寒暄之後，述說歲末年終一個人搭火車到花蓮海邊住個幾天，再到台東池上住在伯朗大道旁的民宿，每天清晨及黃昏遊客稀落時散步其間，思索即將逝去的二〇一七年種種，及收拾好心情迎接二〇一八年的種種，台北一〇一大樓的跨年煙火帶來的繁華燦爛已經不適合他的年紀，雖然他仍喜愛台北高空的絢爛煙火帶來城市取暖的感覺，但是站在池上稻田中遠觀北方的煙火，覺得更自在。

郵件第二段點到主題：

「律師，十年前我曾為國內某家知名的金控集團的銀行電腦全面上線拍攝週年慶紀錄影片，那家集團總裁看過我拍的詩社紀錄片預告，特別指定要我來拍這部記錄他們全省的銀行全面上線的艱辛過程，他囑咐要以銀行同仁為主角，不要說教、不要歌功頌德，更不用提到總裁，整部影片平實地記錄同仁當時奮力打拼、使命必達地在特定期限下完成銀行業務全面上線任務的真實故事。我回家後構思一個禮拜寫出腳本，只花三天就拍攝完成，影片後製交給總裁的特助後，過不到五個小時，總裁的公子就是集團總經理親自來電說：『週年慶我們準備了五支影片，只有您拍的這一支我父親看了之後落淚，他決定放在慶祝晚會開幕時播映。』去年總裁溘然長逝，總經理決定將集團的資料室改建為紀念博物館，存放展示父親生前創辦事業及經營五十年的歷程所製作的圖片影像，籌備小組篩選堆積如山的素材資料，後來想到這支影片最能凸顯總裁生前建立的企業文化——以員工為主的實幹精神，於是輾轉聯絡上我，希望我能授權他們永久存放在總裁紀念博物館，永久播映。

「可是十年前我還沒認識妳，當初沒簽什麼同意書，影片的臨時演員及配樂都只授權一年，律師，現在如果再度授權他們放在紀念館播映，會不會觸法？影片的連結一併寄給妳，請幫我看看，祝新年快樂！」

究竟是怎樣的影片內容，能讓國內重量級的金控總裁潸然淚下？我很快地下載梅立導演的影片，邊喝咖啡邊觀賞，喝了一口就全然被影片內容吸引，專注地凝視畫面，連續看了兩次，回神過來後咖啡都涼了。

那部八分鐘的影片以銀行的小小主管為主角，描述銀行電腦上線前的籌備工作，包括大小會議討論、熬夜加班、客戶來電抱怨、上司指責，來不及回家幫女兒慶生，半夜回到家裡自己一個人默默開冰箱拿出一片女兒貼心留的生日蛋糕，疲憊地吃著萬般感觸，等到銀行上線首日更加忙碌，匆促接聽兩個公務電話的空檔，突然接到妻子來電告知四歲兒子與阿公外出失蹤，妻子氣憤大罵，小主管匆匆開車焦急地大街小巷尋找迷路的祖孫二人⋯⋯

看到這一幕我眼眶也濕了，聯想到多年前，女兒才小學三年級，在學校上自然課，老師帶到校園的池塘觀察小蝌蚪，全班小朋友乖乖地蹲在池塘邊看，只有好奇的女兒跨過欄杆想抓那隻蝌蚪，結果跌入池塘，全身濕淋淋地被前來救人的警衛拉起來，送到保健中心，導師焦灼地來電：「小玉媽媽，小玉剛剛不小心掉落池塘，現在已經沒事，待在保健中心，可不可以請您帶一套衣服來給小玉更換？」

當時我正與一位重要的客戶討論大陸的廣告代言合同，一個小時後客戶要帶去機場，飛到上海簽約，不過我有交代助理只要是小孩學校通知，一定要讓我接電話，不論我正在進行什麼重要會議或工作，於是會議中見到助理驚慌失色地推開會議室的門，示意要我出來接電話，立刻問導師女兒的身體狀況，得悉女兒已安全後，我告訴導師：「我十五分鐘後就趕到學校，請不要讓我女兒受涼，我會帶衣服過去。」掛斷電話後，再回到會議桌，將剩餘的三個條文討論修改完之後，送走客戶，我立刻衝回家抓了女兒一套便服及內衣褲後，用跑的趕到附近的小學，直接衝到保健中心，女兒淚汪汪地用毯子包著，我快速地抱緊她，再擦乾眼淚，立即換上乾爽的衣服，旁邊一包濕透的衣服放進公事包，牽著女兒回教室，交代女兒繼續上課，看到她坐回教室課桌椅上，開始聽課，我才安心地離開。

所以看到影片中那個抓狂的母親、焦灼的小主管的神情，我完全感同身受，影片最後小主管終於在幼稚園附近的麥當勞找到祖孫二人，抱起小兒子，摟著妻子的肩，男主角的眼角也有淚光，載著父親妻兒回家後，小主管再趕回銀行，繼續開會，影片最後一幕是總裁關燈緩緩走遠的背影，嘴上喃喃說出十秒鐘的話語：「感謝這一群不眠不休、犧牲奮鬥的同仁，以及他們背後偉大的家人。」

隨著影片的播映，心情起伏震盪，看到最後一幕，仍是一番感觸。把涼了的咖啡喝完，心情平靜後，撥電話給梅立導演，詢問他影片的權利歸屬，他說：「當初只有給廣告公司估價單，沒提到影片權利歸誰，反正就約好授權給那家金控集團播一個月，週年慶紀念活動結束就不能播了。」

我解釋著：「如果沒有特別約定，依著作權法的規定，影片的視聽著作權就歸你，當初約好授權期限只有一個月，現在你當然可以再度授權給這家金控集團，只是影片中演員的肖像權及配樂的音樂著作權及錄音著作權必須取得演員及作曲人的同意，如果找不到或拿不到，授權可能就會有問題。」

梅立導演沉默一會兒，說道：「那麼我還是不要授權好了，免得以後挨告，因為那時候也沒想到十年後的事，只跟幾個主要的演員簽一年的同意書，至於配樂我根本忘了請誰作曲，只記得時間很趕，拿到樂譜後，找不到人演奏彈鋼琴，我就找我女朋友彈琴，我錄下來當配樂，後來發現效果還不錯，就直接用Demo帶作背景音樂。」

一部影片裡，其實含有很多種著作權，包括視聽著作、腳本或劇本的語文著作、配樂的詞曲音樂著作及演唱（奏）的錄音著作、演員的肖像權及表演著作等，必須全部合法授權或取得完整的權利才能再授權給第三人使用，倘使擁有了影片最重要權利——視聽著作，而其中的音樂著作超過授權期限，還是不能轉授權，除非把配樂抽離捨棄不用。我問導演更換配樂的可能性，他說：「可能找不到更適合的音樂了，那時候是請人量身定作，那個詞曲作家完全抓住我要的感覺，律師，妳剛剛聽到背景音樂了，是不是很棒?!」

是啊！那種主角忙碌、焦灼、內疚、釋懷、認真的心情轉折，配樂都適得其所地表達了，如果換了背景音樂，就呈現不了那種效果了。

這下換我靜默不語了，導演兀自下了結論：「沒關係啦，律師，影片就擱著，不要授權就沒事了。」

「可是影片很感人啊！一點都沒有商業氣息，完全表達銀行那時候對於業務全面電腦化的期許與任務達成的快慰，更令人感動的是那個過程的犧牲與親情的流動，如果可以放到過世總裁的紀念博物館，一定會喚起很多人的回憶與溫暖的感觸……」我不忍放棄，只是略過自己看了也落淚的場景不提，不敢讓導演知道影片也深深觸動自己的心事。

「是呀！總裁的兒子，現在升任為董事長在電話裡也提到他母親叮嚀著一定要放上這部影片，我也很想授權給他們用啊！可是我也怕日後演員或作曲家看到了，跳出來告我，豈不倒楣？」導演還是憂心忡忡，約莫是這幾年我常常透過很多合約提醒他著作權的法律知識，已經習慣把授權的問題列入首要考量。

「導演，我們想辦法促成這樁好事，不是為了賺錢，而是有意境的影片值得永久保存，時時放映觸動人心。」我不死心，依然抱持正面看法。

「只要我不違法，以後不會有人告我，律師妳教我怎麼做，都行！」導演也樂觀其成。

於是我建議：「影片的視聽著作權在你手上，這部分授權沒問題，配樂的歌曲音樂著作權現在找不到作曲者，你可以建議金控公司在網站上載明歡迎音樂著作權人出面洽談授權事宜，表明不是故意侵權，縱使日後配樂作者出面也告不了你。而你在與金控公司的授權同意書上不要放上『擔保條款』，也就是不需要擔保影片的相關授權沒有問題，這樣你就不用承擔音樂著作權的授權責任，至於影片中擔任小主管的主角以及妻子、阿公、孫兒的配角我記得你提過應該是從金控公司的員工挑出來的，演起來更貼近實際的角色，我想這些員工與家屬對於影片放在總裁這位大家長的紀念博物館，應該會倍感榮幸，倘使公司可以找到他們來簽肖像權使用同意書，是最保險；如果已離職，一時找不到的話，也可以在網站上說明感謝他們當時的參與，我想他們感念昔日總裁的照顧，在中國社會的人情考量上，應該不會計較甚至追究法律責任的！縱使出面追究，也是由金控公司負責處理，不會連累到你的。」我試著找出兩全其美的解決方式。

導演聽了安心地說：「這樣一來就可以圓滿解決了，元旦假期後回台北我就告知總裁的兒子，一切沒問題了，律師，謝謝妳，我要去伯朗大道騎單車享受稻浪與冬陽了！」

當生前勤於布施，離開人世後，人們不會再記得大企業家生前的叱吒風雲、大權在握或萬貫家財的身影，只會回憶起他曾經給的關心與付出……。

紀錄片與歷史的仇恨

紀錄片導演梅立在山窮水盡的窘境中，居然把日據時代詩人的紀錄片拍完了，在一個寒流來襲的午後，他約我在咖啡廳碰面，想諮詢影片後製時期，歷史圖片影像取捨及授權的法律問題，我們約在二二八和平公園的咖啡廳，因為靠近法院，開完庭我可以直接走過去，在那裡討論，藝文界當事人比較沒壓力，可以暢所欲言。

從法院走到和平公園，只須穿過總統府，沿著凱達格蘭大道，就可從側門進入，當我在咖啡廳迴廊見到梅立導演，覺得他又更蒼白清瘦了，寒暄後，他解釋說三個月前拍攝影片，為了節省攝影棚及硬體設備的租金，沒日沒夜的趕拍，整個劇組每個人每天睡覺不超過三小時，在極大的時間壓力下，預定三十日的拍攝期，雖然順利達成，「可是殺青那天，大家都快癱掉了！」梅立補上一句結論，從他消瘦的臉，我可以想像當時超時工作的疲累與心理負擔。

「為什麼經費這麼節省？文化部跟企業界的贊助不是都談定，補助金也開始發了嗎？」我覺得很疑惑，企業界的贊助還是我半年前幫他引薦撮合的呢！當初就是不忍心見到導演壓縮紀錄片拍攝期，才幫他介紹企業界有位熱愛紀錄片的科技新貴，雙方見面一拍即合，企業家慷慨解囊，解除梅立燃眉之急，怎麼又有財務壓力？

「沈律師，妳有所不知，文化部對於紀錄片的補助審核很嚴格，第二期款核撥前就要看到影片內容，而那時我們主要的影片段落根本還沒錢拍，也沒錢請人配音，有些片段使用蒙太奇的手法，審核委員覺得跟傳統紀錄片的拍攝方式差距太大，難以接受，後來審核結果認為不符合約要求，就通知我們解約，連第一期款都得退還，造成我們元氣大傷，所以正式拍片時，就能省則省，拍得完是上天保佑！」梅立輕描淡寫，而我愈聽愈覺心酸，忍不住又打抱不平。

「這種史實式的紀錄片本來就應該由政府機關負責，政府沒創意、沒想法，民間跳出來做了，政府只是補助一部分經費而已，為什麼要求這麼嚴苛呢？第二期款當然還看不到作品的全貌嘛！有一部分影片提供審核，已經善盡導演的職責了，怎麼可以強求要用影片有聲音、紀錄片要寫實拍攝的標準作為核發第二期款的標準？等到第三期或第四期驗收時，再好好審查影片嘛！政府做不到，又要刁難民眾，他們不知道紀錄片導演都很窮嗎？有心做事，留下珍貴紀錄，卻常被補助機關逼得彈盡援絕！咦，你當時怎麼沒找我去向文化部陳情呢？至少我可以跟承辦人解釋合約規定，避免解約的下場，你們這樣一解約，就少了三百五十萬元的補助，真的很傷耶！」我憤憤不平地抱怨，梅立導演倒是一副逆來順受、禍福相倚的豁達心性，帶著笑意透露另一項機緣：

「我當時也沒想到可以請律師去幫我們協調，而且這個專案從去年找劇組成員、簽約執行到現在，妳都義務幫忙，我已經很過意不去了，怎好意思再請妳出面協商。況且會走到解約這一步也要怪我自己，當初沒把核撥補助款的條件看清楚，也沒配合準備充分，才會讓審核委員不滿意，這次的經驗是很好的教訓，以後就知道怎麼避免了。上禮拜剛好接觸到另一個管道，算是我們的貴人，他把影片的初剪秀給BBC的節目製作人看，那個製作人從英國過來，是要跟新北市政府及國家地理頻道討論平溪天燈及菁桐鐵道之旅的影片製作，他看了我們的影片後，很感興趣，他說沒想到日本殖民時代，台灣就有這麼豐富的文學作品，還有悲壯的作家故事，回英國後，他會向公司建議向我們買版權，在歐洲播映，到時候授權發行合約再請律師幫我們看，國外的授權合作我還是第一次碰到，律師，我記得上次聊到紀錄片發行的事，妳有提到曾經處理過法國授權合約，應該條件都差不多吧！」導演蒼白的臉終於泛出一些血色，天無絕人之路，在台灣紀錄片導演可能算是影壇最熱血的一個族群，前仆後繼，追求奇特史事，創造璀璨奇蹟！

「今天來請教妳的是另一件事，是關於影像圖片的授權，我們後來有找到作家的家屬，詢問他們關於一位歷史學家提供給我們的一張行刑前的相片，當初是在二二八事件之後，進入白色恐怖時期，作家與幾位醫生、教授一起被抓，行刑前有寫遺書，還有拍照，多半遇難的烈士都視死如歸、仰天大笑，只有這位作家沉思不語、神色抑鬱，我覺得似乎另有隱情，懷疑是不是這位作家有冤屈，與其他義士的情形不同，我們正在努力尋找更多史料，也建議家屬向保管檔案的單位申請領取作家的遺書原件，看是否能幫作家平反，澄清歷史事件。」梅立先說明法律疑義的背景。

我有感而發地說：「這種面對歷史真相的勇氣與歷程在現階段的台灣是亟為需要的，大家從表面上看到台灣的藍綠惡鬥、族群對立，常常以為是民主政治的後遺症或是政治問題，其實背後深藏著歷史的傷痕，來自二二八事件本省人與外省人的抗爭與流血，累積造成後來本省人組成黨外團體街頭抗爭，延伸為今日的藍綠對決，倘使當年政府能真實面對這些歷史的恩怨，公開事件的檔案真相，讓家屬了解史實，減少想像與渲染，嘗試著消弭族群之間的仇恨，就像德國政府誠懇面對二次世界大戰對於猶太人造成的創傷痛楚，毫不掩飾地揭開當時曾經發生的真相，在各個集中營留下原貌，建立猶太紀念館，紀念館的陳設，令人有重回歷史現場的感覺，館外是一個個類似墓碑的灰黑石柱，高低併排，間距僅容一人通過，行走其中，不自覺心情沉重下來；館內一間間檔案陳列室，透過特殊的設計，以圖片、文字、數位投影，告訴人們當年這個國家曾經犯下如何令人髮指的滔天罪孽，尤其最底端有一區地上布滿一個個象徵當年受難者進入毒氣室前哀傷愁苦面容的臉型銅板，走在其上，喀喀作響，聲音凝重、氣氛蕭瑟，是紀念、是哀悼、也是省思，反省歷史的錯誤與罪行。當一個民族願意真誠面對過往的犯錯時，才能再往前走；而不像亞洲的日本宣告戰敗投降至今，仍矢口否認發動戰爭、屠殺生靈的歷史罪惡；在台灣依然不敢徹底公開所有白色恐怖時期的歷史檔案，連受難家屬都無法得知先人到底做錯了什麼？或是可能遭遇冤屈而行刑。」

梅立導演眼神聚焦地問：「律師，妳去了柏林的猶太紀念博物館？聽說那裡的建築設計及檔案的管理公開都做得很特別，一進去就讓人超有感覺的……」紀錄片導演說起歷史事蹟或建築，忍不住的好奇與感想就冒出來了。

「三年前自助旅行特地到柏林參訪，看了之後感觸很深，心想為什麼德國人面對民族仇恨與歷史犯行，可以如此勇敢地揭示一樁樁歷史事件，讓世世代代的國民了解這個國家到底做了什麼，曾經如何傷害荼毒了其他族群，如此透過司法審判、國際譴責之後，獲得世人寬恕及後代子孫良心的平安。而對照我們在台灣的紛擾喧囂，歷史的傷痕繼續存在，後世子孫看不到完整的歷史真相，感受不到施暴行凶者的懺悔反省，諸多冤屈石沉大海，為什麼我們不敢面對？如果沒有踏出這一步，我們如何走出歷史的陰影，坦然迎接明天？」我提出久藏心底的疑問。

「是啊！當我們訪問作家的遺屬，他們堅決反對影片中放上那張我們近日找到的行刑前的相片，說太殘酷了，他們家屬的傷口彷彿又被撕裂了一次，他們希望留在世人心中的影像是作家正常的形貌身影。我還試圖再說服他兒子，那張相片訴盡作家的委屈與憂心，是很真實的寫照，倘使能向保存檔案的單位要到作家行刑前夕寫的遺書，也許能提供平反的依據。」梅立導演有他的執著與歷史直覺。

「你不妨再勸勸家屬，那種傷痛確實難熬，一般人都會選擇逃避或遺忘，可是嚴重的傷口沒有處理，就不會自然癒合，反而有可能惡化，現在有這個機緣，透過你的紀錄片說出這個故事，讓世人有機會看到白色恐怖時期，生活在那個時代的人如何自保，文人作家如何將憂國憂民的文思筆之為書，躍然紙上，而家屬可以獲知事件真相，理解先人的作為，才能寬恕人間不得已的罪孽，生命才能獲得洗滌而重生。」我也贊同導演積極的態度，不過，站在律師的立場，依然需要提醒當事人權益的保障：

「相片的使用，除了相片拍攝者享有攝影著作權，必須徵求他的同意之外，被拍攝者有肖像權，它是民法人格權的一部分，與生俱來，人過世後肖像權依舊受保護，第三人不可以任意使用他的肖像，造成醜化詆毀，否則他的子孫家屬可以出面請求侵權賠償。因此究竟要採用哪張相片，除了導演紀錄片的專業考量、製作層面的規畫之外，還是要尊重作家的家屬最後的決定。」

「這是必然的，我會留意，再跟家屬溝通。」梅立導演的態度誠懇敦厚，相信可以說服家屬的。

臨走前我提醒授權的範圍：「現階段簽授權書盡量擴大授權使用的範圍，不要只限於紀錄片的重製、發行，最好能包括日後電影小說、詩集的出版，不然等紀錄片上映後，想要出版小說或其他周邊產品，又要請家屬授權一次，很麻煩的，而且又要付一次授權金，現在他們多數願意無償授權，你就把握機會把授權使用的用途全部寫進去，縱使日後沒用到也沒關係，因為那是你的權利、不是義務，若最終沒出書，也不會構成違約。」

梅立導演露出一貫的憨厚笑容，揮揮手說：「律師，能順利拍完紀錄片，做完後製，找到發行商爭取上院線放映，我就謝天謝地了，怎敢奢望再出書？而且這種題材只適合拍紀錄片，不適合出版文字，合約上授權書範圍我想就不用再改了，謝謝妳的叮嚀。」

唉！當事人常常只看到眼前的狀況，無法預料未來的發展與可能的法律需求，尤其目前在台灣，特立獨行的紀錄片導演常被製作費壓得喘不過氣來，只能走一步算一步，紀錄片能順利上映已是上天恩賜，不敢規畫其他周邊商品。看著梅立導演瘦削的身影，揹著沉重的背包緩步走在二二八紀念公園的樹林中，往著捷運站的方向前去，我沒再說什麼……。

半年後，梅立導演來電邀請我到沖印廠看紀錄片的試映，我驚訝地問：「後製都做好了噢？」他一貫開朗的笑聲敘說拍片艱辛的經過：「片子剪好之後，合作的發行公司看了很憂心，覺得影像呈現方式很難行銷；加上我請的外國音效師做的音效不如預期，我只好跳下來自己做，因為製作費早已耗盡，我也不好再跟家人借錢，只能拜託我女朋友幫忙繕打整理字幕，沒想到她花了一個月時間打好的中文字幕在颱風夜電腦當機全部檔案不見了，又得重作。一堆的意外，頻頻出現，還好最後還是完成了。」不知為何，腦海中忽然閃過兩千多年前孟老夫子的那番警語：天將降大任於斯人也，必先苦其心志，勞其筋骨，餓其體膚，空乏其身，行拂亂其所為……。

試映那天，我特地邀了台北一家藝術電影館的執行長一起欣賞，希望日後院線上映時能幫梅立導演多爭取幾家電影院放映機會。可是試映過程中，長達三小時的片長，畫面呈現手法非常獨特，我就暗呼不妙，劇終時那位執行長匆匆告辭，一種悲觀的感覺更油然生起，不知道這部紀錄片何時可與世人相見？

果然經過一番折衝樽俎，梅立導演的合作片商遲遲爭取不到熱門電影院的上映允諾，最終央求那家藝術電影館放映，執行長二話不說，立即排定熱門的時段。我不禁疑惑地問：「那次看完試映，執行長不是很快就離開了嘛，我以為她不喜歡這部片子，沒想到這次如此情義相挺！」梅立導演笑著說：「我也這麼覺得，昨天拜訪時，執行長提到那天看完片子心情激盪，無法言語，故而匆匆離開。」迄至年終歐洲二個知名的影展傳來入圍的佳音，令人振奮，雖然沒得獎，但已是高度的肯定了！

影展結束返國後，梅立導演認真思索海外發行的可能性，接觸幾家負責國際發行業務的代理公司，他決定與其中一家合作，代理發行合約草稿寄給我看之後，梅立導演興沖沖地問可否簽約了？我期期以為不可，分析不利之處給他聽：「合約條件對你很不好耶！你必須出一筆服務費，發行公司卻沒承諾每年至少幫你這部紀錄片報名幾項影展，而且歐洲、美國、亞洲幾個重要的影展合約條文都沒明確列舉，這樣的約定很不對等，對你的權益保障不太完整……。」

「律師，可是前幾天我跟他們老闆相談甚歡，他說我這部影片很難推，他們公司準賠錢的，他願意接，是想給這類紀錄片一個走出去的機會，我覺得他很有誠意啊！我可以用上個月在台灣得獎的獎金來付發行的服務費。」梅立導演維持一向對人的和善與信任，充滿希望地表達合作意願。

我能阻止他們簽約嗎？台灣代理國際發行的公司也就這麼幾家，梅立導演目前居於市場劣勢，欠缺好的籌碼，只能配合對方的合作條件了。可是沒料到對方比我想像中的還要強勢，我修改合約文字，微調幾項條文，試圖幫梅立導演爭取一些權益，竟然全被對方否決，梅立導演只能照單全收，還反過來安慰我：「沒關係，先簽約，他們會感受到我的誠意的，他們一定會盡力推廣。」

我想梅立導演一路走來，可以屢屢克服逆境，不畏艱難，勇往直前，很重要的因素應該是他的樂觀天性與相信人性本善的信念，我何忍不斷提醒他人心險惡、江湖陷阱，只能以祝福代替層層的擔憂了。

終於他的紀錄片獲得國內重要獎項，頒獎典禮上卻未見梅立導演出席上台領獎，只是雲淡風輕地傳一則 LINE 與我分享殊榮，倒是一個月後紀錄片在得獎光環的加持下，開始在島內巡迴映演，到了紀錄片傳主的故鄉放映時，家屬扶老攜幼來看片，映後的座談會結束，有位八十幾歲的阿嬤特地找到梅立導演傾訴心中的激動：「幾十年從我父親被抓走的那一夜開始，我們全家就陷入白色恐怖的陰影，父親遇害後，我們家被貼上不名譽的烙印，子孫一輩子抬不起頭，我始終不敢回憶往事，今晚看了這部紀錄片，我才深深覺得當年的不幸並不是人生的污點，您在影片中幫我們家洗清冤屈的恥辱，梅導演！真的很謝謝您，以後我可以抬頭挺胸做人了。」

梅立導演轉述這段阿嬤的話語給我聽時，眼睛閃耀著奇特的光芒，這番感恩的告白想必是他拍攝這部紀錄片最大的安慰！

個人的仇恨，容易了結；族群的仇恨如何結束呢？世代延續之後，我們是否能在一層層史料公開過程中，透過理解與接納，將「世讎」化為歷史的一部分，留下經驗與教訓，讓仇恨隨風逝去……。

失落的小說

最近「台灣最美的風景是人」的講法響徹耳畔，許多作家相繼投入寫故事的行列，把台灣最美的風景——人的故事寫成小說，以文字出版，出書後如果適巧碰上好機緣時，進一步再把真人真事改編的小說搬上大銀幕，變成動人的影像。台灣的電影界深深體會到在台灣拍片，在資金的籌措、技術的提升、人才的整合各環節雖然困難重重，但還算可以努力克服；只有電影的劇本才是關鍵的致勝點，也是最難的一環，好劇本難求，是台灣電影界共通的煩惱，於是漸漸轉向文學界尋求靈感，暢銷小說成為電影界挖寶的首選，可是影劇圈與文壇作家似乎還沒發展出健全合法的互動模式，甚至亂象群起，居然當好的小說出現時，電影界的製片、導演不是以禮相待，善意交易取得授權；反而是白吃白用，甚至整碗端走、掠奪侵占，這些手無寸鐵的小說家如何自保？情何以堪？

去年剛處理一位年輕的文學獎得主的小說家授權改編劇本的糾紛，涉世未深的作家遇上電影圈的老千製片，被騙簽下了五年的授權同意書，無法解約，只能靜待時間的經過解決紛爭，敗筆在於那一紙授權同意書，逼得作家進退兩難，投鼠忌器，憚於訴訟，只好任由貪婪惡劣的製片不花任何代價拿著作家的暢銷書兩岸三地四處兜售，期待發財獲取暴利，作家徒呼負負，無力反抗。

這個月朋友轉介的這一樁授權糾紛更離奇，作家尚未簽下任何書面文件，導演已經急切向上海電影節遞案，入圍最佳劇本後，作家覺得不受尊重，拒絕簽署授權書，導演竟然一不作、二不休，向主辦單位自稱導演兼編劇，劇本改編自真人真事，語文著作權由導演擁有，保證完全合法，主辦單位及評審們相信了，為導演安排多家創投公司媒合改編電影的專案，投資金主提出鉅額資金爭取合作機會，中國大陸的媒體競相報導……。

等到台灣的作家得悉作品被剽竊盜用，已經是一個月以後的事了。

透過文創經紀公司的執行長介紹，年輕的女作家哭紅了雙眼來找我諮詢，不知還有什麼法律救濟途徑可以救回這本書。

我把女作家的小說連夜讀完，因為多年處理著作侵權的訴訟經驗，深知這種抄襲剽竊的侵害案，一定得事先作功課，不只要讀完原作，還須分析侵權作品抄襲的手法與侵權內容，原著與抄襲成品兩相比對，才能評估違法侵權成立的可能性，幫當事人找出可以採取的法律途徑。

當女作家翌日上午一走進我事務所會議室，看到那本書靜靜擺在桌上，不禁拿起來撫摸封面，一臉哀淒，聽到我徹夜拜讀，眼眶又紅了，我不確定她是聯想到作品遭侵權，悲從中來；或是有感於我事先作功課覺得「揪甘心」？不過她獲悉我讀完整部小說之後，似乎彼此又拉近不少距離，她毫不隱瞞地訴說原委，道盡心中的委屈：

「前年我失戀了，一個人跑到日本清水寺附近住一個月，天天走進清水寺庭院望著枯山水放空療癒，一個禮拜之後，在那裡巧遇一位台灣大叔，跟我一樣成天凝望枯山水發呆，我以為大叔也有傷心事，後來才知道他是來尋找靈感，他在台北經營殯葬禮儀公司多年，那一陣子台灣一家知名的墓園企業邀他合作，設計製作喪葬周邊產品，包括往生者追思儀式、音樂、影片等規畫及執行，到喪禮墓園的洽商交易維護，在兩週密集的閒聊中，他斷斷續續告訴我投入葬儀業的初發心及故事，我聽了很有感觸，因為那段失戀的療傷期間，我也曾考慮到死亡的事情，觸及生死的議題，人在『失去』的時候，似乎特別想要進入不可知的死亡境界。於是在居酒屋酒酣耳熱之際，我流淚寫下故事的前言，他讀完後就央請我執筆把他的故事寫成了小說，我回國後在臉書上一篇篇不定期發表，很快地國內就有出版社與我接觸，幫我出書，很幸運地去年得了文學獎。接著就有朋友引介幾個導演表明改編為電影劇本的意願，可是我擔心自己的作品被改編得失去原味，索性就自己提筆把這部小說改編為電影劇本，其中有位剛出名的新銳導演非常欣賞，我們談了一個月後，他建議先用這個劇本向文化部申請輔導金，如果通過再商量具體合作拍片的計畫，我答應了，就簽了一份同意書，律師，就是這一份……。」

她一邊抽出資料夾中的影印本，一邊解釋內容，我瞄了一眼就知道是一份再也簡單不過的授權同意書，是廠商向文化部申請補助的制式文件，我邊看邊以眼神示意請她繼續，作家總是多情、多言，談了一個小時還沒進入侵權案的重點呢！她喝了口自己帶來的觀音拿鐵之後，講出了關鍵的案情：

「我簽完就連同劇本交給導演，後來聽說文化部沒通過，我也不以為意，這種事本來就隨緣，再來我們就沒聯絡，以為事情就結束了，剛好第二份工作結束，我就搭火車到花蓮海邊找間民宿住下來，構思第二部小說，沒想到三個月後，導演有一天十萬火急地 Call 我，還記得我正在七星潭散步後，跑到松園吹風吃冰淇淋，接到導演的電話說，希望我立刻回台北簽授權書給他，他要拿這個小說跟上海的金主談投資拍片的事，我那時在趕稿，不想中斷，就告訴他，先去跟金主談，等談成了要簽約再說。導演雖然不太高興，也沒說什麼，一個月後我回到台北，才聽朋友說，導演拿我的劇本參加上海電影節，入圍最佳劇本，朋友都以為我這段時間不在台北，是跟著導演到上海參加電影節，沒料到我隱居在花蓮一無所悉。當天晚上我上網搜尋才曉得導演在參加競賽及入圍前後對外都宣稱是他自己寫的劇本，可是我看他寫的故事梗概，內容都是我小說裡的情節，這明明就是盜用我的作品，氣憤之餘我就開始打電話、傳簡訊、寄電郵給導演，沒想到他竟然搞失蹤，完全拒絕回應，好似人間蒸發，出版社建議我發存證信函，要求導演出面，而且很熱心地交代他們法務幫我寫好，我蓋章後就寄給導演，一個禮拜後，導演的回信令人難以置信，居然說我有口頭承諾，他是合法使用。怎麼可能?!我沒簽授權書啊!哪有口頭承諾?律師，我想告他，還要請媒體揭發他侵權的作為，讓大家知道這個偽君子。妳想我告他會不會贏?」

作家擅長講故事，連她自己的事娓娓道來都如此跌宕起伏，扣人心弦!故事說完，接著換法律人登場，回到硬邦邦的條文、冷冰冰的合約了，我開始分析:「去年妳授權同意導演向文化部申請長片輔導金補助，這是妳與導演互動過程中簽下唯一的書面，這份授權書註明係供申請文化部一〇三年補助之用，因此補助申請沒通過，這份授權書就失效了，導演不能拿這份授權書，主張他拿妳的劇本參加上海電影節劇本選拔競賽有合法的授權。」女作家點點頭，表示聽懂了，也認同我的法律觀點，我再解釋導演的行徑在著作權法的評價:

「導演究竟是拿妳寫的全套劇本去上海電影節報名或自行改編重寫?妳手上沒有導演的版本，我們無法確定，只能模擬狀況分析。倘若導演用的是妳上次給他的劇本，那麼很明顯他沒得到妳的同意，擅自拿到大陸使用，就會構成侵權，妳告他是合法的，可是台灣的司法機關會不會受理這種侵權案件是個問題，現在根據台灣法院實務做法，檢察官或刑事庭的法官對於犯罪行為發生在中國大陸的犯罪事實，通常會以司法管轄權不及於中國大陸為由，不受理此類案件。」

女作家驚訝地表示:「台灣檢察官怎麼這麼沒用?我是受害者耶，為什麼導演到大陸侵權，台灣的法律不能保護我?」

「不是檢察官不想辦，這是政治問題衍生的法律現實，檢察官縱使想調查犯罪事實也調查不來，中國大陸是不會配合我們的調查。不過這種情形也不是全然無解，妳在台灣可以改打媒體戰，這位導演小有名氣，透過媒體報導，他可能會在輿論壓力下，出面與妳解決。或者向大陸的版權機構投訴，也許在官方的介入下，他會想辦法與妳和解。」我趕快安撫當事人情緒，再提出另一種假設情況：

「如果導演心一橫，改寫妳的劇本，無法認出原貌，例如故事主角姓名、性格、情節都不同，妳就很難舉證他抄襲，可能就告不成了。不過看看導演入圍前後的媒體報導，似乎導演宣稱他是自編自導；可是接到妳的存證信函後，他又完全不談自行編劇的事，反而強調有得到妳的口頭承諾，可見得他後來應該有諮詢律師，律師認為他原本的說辭在法律上站不住腳，才提出口頭承諾授權的說法。」

「律師，這種說法就沒問題了嗎？我就不能告他嗎？我哪有什麼口頭承諾？」女作家憤憤不平地問。

「妳忘了妳上個月在花蓮時，導演緊急 Call 妳要請妳簽授權書，妳雖然沒答應要簽，可是最後妳說了一句：請他先去跟金主談。這句話他可以解釋為口頭授權，如果導演有電話錄音，或是旁邊有人聽到你們對話，出面作證，法官會採信的。」我提醒她那句話的解讀方式。

「可是那時我只是同意讓他去談，我又沒答應談好之後一定會授權，他也沒告訴我有去參加上海電影節，他這樣騙我就不對了呀！」女作家依然不接受「口頭承諾」的說法。

「是的，這可以區分為兩件事——同意導演跟金主洽談合作拍片及參加電影節的競賽，後者的情況如果導演用了妳的劇本，就牴觸了著作權法違法重製的條文，而他又沒列出妳是編劇的姓名，這樣同時侵害妳的著作人格權。」我作出法律上的結論。

「好，律師，那麼現在妳建議我怎麼做？」女作家大概聽得頭昏腦脹了，希望有具體可行的做法。

「妳可以先寄律師函，通知他出面解決侵權的糾紛；或是直接提告，告刑事侵權或民事賠償皆可；甚至同步打媒體戰。或是反過來，先打媒體戰，逼他出面道歉、賠償，承諾不再犯；倘使沒奏效，再提告。這些方法妳都可以採行，看妳的決定。」提出建議選項，讓當事人可以選擇。

「律師，我已經氣昏了，這些法律的方式我也不懂，妳可不可以幫我決定？」她無助的眼神，令人不忍。

「當然不行啊！這是妳的案子，妳的小說，妳的人生，我不能幫妳過妳的人生，代妳承擔決定後的後果，妳得自己下決定。」我堅定地回覆。

在這個會議桌上我不曉得已經無情地拒絕徬徨猶豫的當事人多少次了，每一次我都堅守律師的分際，絕對不幫當事人作決定，法律不是人生的全部，人生除了法律，還有感情、工作、生活、道德思維、人際關係，一個律師怎能去替當事人主導、決定一生呢？因果業力我如何幫當事人承擔呢！

她眼眶又紅了，低下頭沉思半晌，女作家很艱難地開口：「律師，妳說得對，這是我的人生，我必須自己抉擇。我回去好好想想，等決定了之後，我再來找妳。」

我點點頭，給她一個溫暖的擁抱，希望她能清楚地意識到自己究竟想要什麼，如何捍衛自己的權利。

當一個人三心兩意，舉棋不定，對於自己的權利無從定位，甚至進一步捍衛它，那麼虎視眈眈的掠奪者就會無情地下手了……。

孤獨的力量

從這部片子撰寫劇本、挑選演員、開拍、殺青、後製，經歷七、八年的時光，所有參與的工作人員、演員莫不耐心等候，包括身為公司法律顧問的我，大家都想要成就共同的夢想，女演員說：「等拍這部戲，我都等老了。」可是她與戲組們依舊靜靜等待，而我呢？八年前幫電影公司處理演員合約、工作人員合約之後，陸續完成台灣投資方合作協議書的審閱修改工作，雙方簽約後，接下來，關於這部電影公司很長一段時間沒再找我提供法律諮詢。

電影的拍攝當然隨著導演的節奏與計畫進行，可是常常計畫趕不上變化，除了拍片的靈感不斷變化之外，最主要的是資金因素難以掌控，當初公司有一筆經費，加上政府機關的輔導金，似乎拍片財務預算充裕，但很快地資金就燒完了，台灣的募資也已到盡頭，於是只好往國際市場募集，可是國外片商雖然肯定導演的功力，卻沒把握這部電影真能靠著他們的資金畢其功於一役，殺青完成，因此法國、日本的片商都只願意掏錢買影片的區域放映發行權，不敢貿然投資，而這些「Pre-sell」預付的發行授權金對於拍攝古裝武俠片而言只是杯水車薪，搭個景、做個道具、製作服裝隨即告罄，最後仍須接受「中資」的加入，雖然明知中國的資金挹注後，會有很多藝術以外的政治角力與訴求拉扯，可是電影拍一半，總是要繼續往下走，資金先籌募，政治問題留待日後再面對吧！

電影公司與中資廠商持續磋商兩個月，這時電影已經停拍超過半年了，劇組解散，演員各自回國執行其他片約，沒有人能預估這部戲的未來，能否殺青都在未定之天。

電影公司的導演與財務經理、製片輪番上陣，中資代表人精明幹練，財力雄厚，人民幣堆起來的魄力與談判優勢，難以抵擋，於是電影公司的權利一一切割，鉅額資金挹注的條款明定後，中資投資人就要求瓜分權利，電影公司只能守住最後的底線，因為電影權利的分配不能影響既有的台灣投資人的合約利益，中資的訴求來得強硬又凌厲，製片與財務經理差點擋不住中資的需求，談判桌上來回半年，終於投資合同草稿送到我這兒，中資代表等著第二天要簽約，返回北京向領導報告，我趕緊把三年前台灣廠商的投資合作協議的檔案調出來仔細核閱檢查，再深入分析雙方共有電影著作財產權的分配，包括地區、年限，確認新舊合約並未互相牴觸，台灣投資人及電影公司的既有權益獲得保障後，我只修改了幾條發行及利潤分配的條款後，電郵傳遞討論迅速定稿，讓雙方儘快安心地簽署合同，簽約一週後第一筆資金匯入電影公司帳戶，久旱逢甘霖，電影立即重新開拍，劇組大隊人馬浩浩蕩蕩啟程，從日本京都到中國湖北，一切似乎順遂，懸念許久的我也放心了。

不料中資的合同簽得霸氣，資金在第二期之後卻給得不乾脆，三催四請，匯款才進來，第三期更是離譜，劇組調集主要演員與一百多位臨時演員全數會合在湖北山上，好幾幕武打戲要在深山中拍攝，村莊布景全部搭妥，準備停當，沒想到預期的中資遲遲未匯入，財務經理急得跳腳，中午時分突然來電：「沈律師，導演從大陸發微信過來，情況緊急，今天連片場一百多個人的便當錢都付不出來，如果臨時停拍，這些布景必須拆除，臨演人員很難再調集回來，麻煩妳立刻撰寫一封律師函寄給中方的投資人，要求他們立刻匯款，不然就要負擔違約責任。」

這份律師函當然列為急件處理，不然大隊人馬在深山裡受困，電影怎麼拍下去呢！下午不到三點我就根據雙方上次簽署的投資協議，擬好催款的律師函，催告中資廠商收信當天立刻匯款，否則終止合約，並且訴請賠償，措詞強烈，立場鮮明，草稿寄給財務經理後，等待導演過目確認，就要以國際快遞寄出，我在辦公室等候指示，隨時準備行動。下午五點財務經理撥了手機回覆說：「律師，警報解除了，導演看過妳寫的那份律師函草稿，跟對方下最後通牒，剛剛喬了一個多小時，他們同意明天一早匯出第三期資金，附加兩週的利息，導演說相信他們的承諾，這封律師函就暫時不用發了，謝謝妳喔！緊急幫我們寫好，草稿請先留著，下次如果需要，還可以用，真是會急出心臟病來！」

在財務經理聲聲歉語中，我邊將電腦螢幕上顯示的律師函存檔，腦海中浮現導演焦灼的神情，想必他是一邊調度指揮大批臨時演員排戲，一邊與中資方十萬火急地溝通協商。光光聯想到這些畫面，心中就極為不捨，可這也是台灣導演的拍戲夢魘，經常得邊拍戲邊追錢，在台灣擁有世界上一流的導演及演員、一流的劇本故事、一流的專業技術，可是永遠缺資金，劇情片缺錢、紀錄片也缺錢，猶記得幾年前有部原住民的影片即將殺青前，製片突然打電話來滿懷歉意地問：「沈律師，很不好意思，請問妳有沒有現金二百萬元，或是可以幫我們商借一筆錢，我們今天支票軋不過來，很怕會跳票！」

另一部描述日據時代詩社的紀錄片更是匪夷所思，從開拍前就明知資金不足，導演憑著一股熱血堅持開鏡，開拍後好不容易申請到政府機關的補助，沒想到在第二期成果驗收的會議上，評審官員以兩個問題難倒了這位溫良恭儉讓的紀錄片導演，當下政府單位決定撤銷補助，於是導演沉寂一段時日，沒跟我聯絡。一年多前我在這位導演寫好劇本，透過朋友介紹來找我諮詢紀錄片著作權的問題時，得悉他的經費拮据，就承諾義務提供法律諮詢，於是導演不定期地來我辦公室詢問拍片素材授權問題及發行合作的合約注意事項，或是以電郵、LINE提問，我盡量在第一時間回覆，雙方Q&A往來持續一年餘，直到那段被取消補助款的期間導演音訊杳然，我心中隱隱不安，等到導演再度出現在我辦公室時，才告訴我公部門補助臨時慘遭取消，紀錄片差點停拍，近日遇見「貴人」才能繼續執行計畫。

消瘦憔悴的紀錄片導演坐在我會議室裡，毫無怨尤地輕描淡寫當初評審官員的提問：「為什麼第二期成果報告的影片是默片？聲音跟配樂呢？沒附到影片上怎麼看得懂？這些我們怎麼驗收撥款？而且你第三期的拍片計畫提到要用『蒙太奇』的手法拍攝，紀錄片怎麼可以這樣拍？紀錄片顧名思義就是要寫實，才能記錄真人真事，『蒙太奇』的拍法怎麼叫做紀錄片？」

導演一臉哭笑不得的神情，我好奇地問：「咦！當初你申請的計畫案不就寫明要用『蒙太奇』的手法進行實驗性的拍攝，他們也通過了啊！怎麼事後又有疑問？」導演說：「是呀！我也覺得奇怪，而且誰規定紀錄片不能使用『蒙太奇』的方式拍？這一部紀錄片是在談詩人的詩詞創作，本來就有很多想像空間的描述，我要反映詩人的靈感，才決定用這種方式呈現，不曉得為什麼評委要設限？再說到『默片』，我當然不是在拍默片，我也知道紀錄片要有對白聲音與配樂才看得懂，問題是補助金才發第一期三十萬元，我根本沒錢買配樂的版權，也還沒錢請人配音，如果核撥第二期款四十萬元，我就有錢做這些工作了，其實他們可以把這些項目放在第三期成果驗收啊！」

唉！這些官員平時施政報告信誓旦旦說要大力推動台灣的電影產業，等到這些熱血的導演義無反顧地競相投入拍片計畫奉獻後，又以外行觀點審視刁難導演的藝術發想，怎麼不令人灰心呢？我看著導演平靜無波的神情，事過境遷，他這廂轉述得雲淡風輕，可事情剛發生時，必然沉重辛酸啊！我不禁為他嘆口氣，才深深體會到原來律師生涯中，比提供法律專業意見更難的往往是，陪伴當事人度過每個灰暗絕望的日子。

再以這部古裝武俠片為例，好不容易歷經八年的因緣轉折，終於殺青，電影公司緊急後製一年趕上國際影展，導演以「台灣」的名義參展，中國投資方提出要求改為「中國」名義，導演婉拒，因為這部影片徹頭徹尾是台灣的產品，不論導演、主要演員、後製技術、劇本改編，甚至一半的資金都來自台灣，說什麼都沒有理由冠上「中國」的名義參展，中方使出撒手鐧，以最後一期資金的支付為要脅，如果參展人不改為「中國」，就拒付末筆經費。

財務經理只好來函求助：「律師，導演打心底不想掛『中國』的名義，而且當初投資合同也寫明國際影展由我方自行決定參展名義，可是昨天中資代表專程來台要求修改合同，這麼一改，我們公司就違反文化部的輔導金要點，必須賠償全額補助金，中資代表根本聽不下去，導演今天下午還要跟他們協商，又要去文化部開會報告參展事宜。妳可不可以幫我們想想中資修改的合同要如何改，才可以相安無事？我們公司有做最壞的打算，如果拿不到最後一筆中資的錢，導演就抵押房子去向銀行貸款，不過導演最擔心的是中資如果反彈，到時候電影在中國大陸拿不到審批，不能上映，這是我們最不願意見到的後果；可是又不想在參展名義上讓步，真是兩難，請律師幫忙想想如何突破。」

我立即調出電影公司檔案中所有簽署過的合同協議書，深入比對，擬出有利於我方的條文，寄給財務經理，他轉給中資代表人過目，幾經磋商，終於我方順利爭取到以「台灣」名義參展，孰料這些努力在影展消息曝光後，媒體又大作文章，批評導演親共媚中，竟然以「中國」名義參展！翌日媒體才發現是國外影展單位誤植，網站已改正。導演面對這些批評與波折，在影展開幕首映會始終沉默，在一週後得獎的記者會上，他才不慍不火地說：「文化到深層的時候，其實全世界的人都能懂得，因為文化是關於人的存在與人的生活種種長時間的累積，無關乎地域。」

幾十年歲月的淬煉，導演深深了解這個島嶼紛紛擾擾的聲音與焦躁不安的情緒，他不忍刺激這些忙亂慌張的人們，也不想把政治角力攪和入文化藝術中，只是平實地描述文化深層的真實底蘊，一如他電影中的長鏡頭，靜靜地收攝一切的景象，不批評、不介入，文化自然累積，讓藝術自由發展出來，最終成就出東方的、中國的故事與影像。我看著電視螢幕中導演手持獎座的畫面，心裡想著：「導演，您的孤獨與堅持，台灣有多少人能懂？」

當他盡心盡力為自己代表的國家爭取名分，只為了在國際影展中自己的國家能被看見，最終仍遭媒體抹黑，他選擇沉默，不再多言……。

不公平競爭？

出事的這家公司是中國企業來台投資的影片製作公司，五年前嗅出影片線上播映的商機，透過台灣在地的人頭成立公司，併購台灣最大的影片製作公司，擁有逾五千部台製電視劇的視聽著作權。公司合法登記營運後，持續代理進口韓劇、日劇及歐美暢銷劇集，營業模式不僅從事有線電視台的授權播映，還大力擴展線上放映的業務，不過由於人力限制、專業技術的考量，兩年前開始與台灣最大的影像匯流公司——WOW線上劇集平台合作，授權海內、外發行播映影片。

第一年收益就超出雙方預期，尤其中國大陸線上付費收視人口遽增，每月加入會員瀏覽量持續攀升，於是合作第二年WOW公司總經理索性提出獨家代理的要約，提出預付權利金高達一億元的極優厚條件，當時公司法務提醒執行長，可能會有公平交易法上聯合行為的違法問題，因為當時WOW已經取得台灣其他七、八家影像公司的專屬代理權，代表這些影片製作公司對外洽談，各家授權條件都掌握在WOW公司手裡，形成有競爭關係的影劇製作公司共同決定授權地區、授權金及交易價格的聯合行為，執行長於是交代法務在授權代理合約特別提防，切莫出現「專屬代理」或「獨家」的字眼，不過，WOW的財務副總為了保障他們的法律地位，還是堅持在合約上加了一段文字，讓WOW可以保有實質上專屬的權利，執行長為了雙方的合作關係及豐厚的預付授權金就同意了，沒想到為日後的商場鬥爭埋下了導火線。

這份高度機密的代理合約順利執行十個月後，線上播映的市場發展愈來愈興盛，WOW的授權金也隨之節節升高，不僅線上收視費率提高，連有線電視頻道播映也同步調漲授權金額，WOW的高姿態做法終於引發有線電視台的不滿，揚言提告，WOW的業務經理態度強硬，毫無調整交易價格的空間，雙方談判不歡而散，未幾市場上傳聞這家有線頻道業者出面檢舉WOW公司違反公平交易法，三個月後當事人及其他六家製作公司都收到公平交易委員會的公函通知，限期提出說明，包括各家之間有無契約、協議，及與下游廠商的交易狀況，最關鍵的事項就是當事人有無與WOW公司作成專屬授權？須一併提出相關契約文件。

當事人公司的法務憂心忡忡地來電：「律師，公平會的函我們怎麼回比較好？我擔心直接提出這份新的合約，恐怕很快就被認定是聯合行為，公平會一定會開罰，因為當初WOW的財務副總加上去的那段條文，一看也知道就是獨家代理的授權，這豈不坐實聯合行為的指控？」

我說：「確實公平會這種認定的可能性很高，如果構成聯合行為，裁罰從十萬元到五千萬元都有可能，對公司很不公平吧！」法務聽到可能的裁罰金額，忍不住抱怨了起來：「當初是為了讓WOW安心，才加上那段文字，結果他們對外授權時，在市場上姿態擺那麼高，難怪造成下游業者的反彈，現在出了事，卻要我們公司共同承擔，真是不太道義！」

商場競爭中，哪家公司會承認錯誤出在自己身上？遭受主管機關開刀的公司也只能自己設想脫困之道，如果冀望簽約的合作對象顧全道義，施力搭救，恐怕還得從商業利益及法律利害關係考量吧！果然法務透露了對方自保的心態，他說：「律師，執行長交代我來諮詢您，看看如何寫公平會的答辯狀，能避免被認定構成違法的聯合行為。我是想提出舊合約，比較不會有問題，就是去年那一份，反正它的效期也還沒到，只是我們後來又重簽新約。」

我邊瀏覽電腦螢幕上法務寄來的兩份合約，邊問道：「那麼WOW公司怎麼說？他們同意這種做法嗎？我比較起來舊約的文字是比較安全的；不過新約的寫法也不至於有什麼大的殺傷力呀！」法務立刻回答：「WOW好像不太認同，可是又沒明白講，只說過兩天開會面議。對了！律師週三有空嗎？執行長說要請您也一起與會討論。」

這種議題確實需要當面溝通，雖然WOW公司由於總公司設立在英屬維京群島BVI公司，沒遭檢舉，不過，如果主管機關或司法單位要求他們公司提供相關文件資料，還是會有法律責任，難怪他們慎重其事，需要內部協商後再當面商談。

週三早上十點鐘我準時抵達WOW位於敦化北路小巨蛋附近的總部，當事人公司執行長與財務長、法務剛好下車走過來，我先與執行長握手寒暄，法務連忙致歉說：「律師，不好意思，今天是應WOW的要求，到他們總部開會，因為他們公司的法律顧問也要出席，還有財務部門要核對相關合約與報表，所以請我們過來，說這樣比較方便。」

我邊揮手表示無妨，邊走進電梯，執行長低聲地表示：「律師，剛才在車上，我們有先討論，我覺得提供舊約給公平會，不是合適的做法，因為他們來函是指明要提出歷年及現今有效的合約，我想循合法管道，要不就提供所有合約，要不就提前終止合約，用這兩個方案來跟WOW談，看看他們有何想法？」

眼下大約只能如此商議了，於是我點點頭，剛好電梯打開，WOW的副總站在門口迎接我們，一行人魚貫地走入會議室，WOW的總經理及財務副總、業務副總、兩位律師及總經理特助一字排開，招呼我們一一入座，遞過名片後，當事人公司總經理先請法務說明來意，最後拋出關鍵問題：合約文件如何釋出？提出何項文件會有何法律責任？

WOW的總經理一團和氣地回應，表示在商業考量上，雙方一直誠信履約，順利執行，不論主管機關有何調查或認定，都不至於影響雙方合約地位與協定，至於此種狀況提供何種文件才能保平安，達到雙贏，須請律師分析。

WOW的法律顧問立刻接下話題，開始分析公平交易法上關於聯合行為的違法要件。他說明的當兒，我瞥了一眼方才遞來的名片，是××法律事務所的合夥人，擁有美國哈佛法學院法學博士學位及美國律師資格，他站在白板前，邊畫法律關係圖邊侃侃而談，結論是無論提出哪一份合約，都不會構成違反公平交易法的聯合行為，另一名年輕律師也暢言過去他們曾辦過聯合行為的案件，最後也認定不違法，因此WOW的總經理下了結論說：「原則上我們尊重你們公司的決定，如果你們提供舊約，我們不會主動提到新約；不過，如果公平會要求我們提供全部合約，我們也不可能隱瞞新合約的存在，剛才公司法律顧問趙律師也強調隱瞞有效的合約會阻礙公平會的調查。」

表面上聽起來誠懇合理，骨子裡卻只打算自保，於是我提出質疑：「請問張律師，您剛剛提說曾經承辦類似或相同的聯合行為案件嗎？結果是否公平會都認定不成立？其實新約中當初WOW公司財務副總要求加上去的條文，文字較敏感，可能會引起公平會的疑義，而且目前這個案子難道只涉及聯合行為嗎？依據公平會來函的問法，提到『市場優勢地位』問題，是否也可能牽涉獨占的違法態樣？」

WOW的律師顯然未曾考慮到公平交易法第九條濫用市場地位、箝制下游交易對象及交易價格的違法行為，一時語塞，而財務副總被點名，似乎有些惱火，立刻回應：「雙方的約定當然要白紙黑字，才有保障，這也不能怪我們，如果你們有這方面的疑慮，擔心這段條文會有牴觸公平法的風險，我們也可以刪除，另修新約給你們啊！」

執行長乍聽之下，覺得是可行之道，轉頭探詢我的意見，我搖搖頭解釋：「在這個敏感的時刻，雙方修改合約，反而會讓公平會懷疑其中必有文章，我不建議這種做法。」

ＷＯＷ的業務副總看到我們的反應，當下提出另類思考，說道：「顯然法律上走不通，那就回歸商業運作，我們去找檢舉的這家有線電視台業者協商，降低授權金，那麼公平會就不會認為我們違法了。」這個提議立即被他們律師否決，因為事後的補救行為無法改變檢舉的事實，公平會還是得調查當初事實的經過，最後還是要作成違法與否的判斷，事後的補救做法反而可能坐實檢舉的內容。

此時一直沒講話的當事人財務長不解地提問：「公平交易法不是規定依著作權法行使權利之正當行為，不適用公平法的規定，為什麼我們依商業慣例作影片的授權，明明是著作權法容許的合法行為，公平交易委員會就會來干涉？」

ＷＯＷ的律師沒吭聲，我只好解釋道：「公平交易法第四十五條確實有這樣的規定，不過那是單純行使著作權的行為，如果涉及事業的競爭行為，依公平交易法第四十六條規定，必須優先適用公平法。」這番說明似乎沒能為會議桌上非法律人解惑，因為執行長接著問道：「如果只有一家公司授權給ＷＯＷ，是單純的著作權的授權，有違反公平交易法嗎？」

「倘使這家公司授權的影片數量不至於影響市場交易秩序，而且ＷＯＷ也沒有限制授權金額，就不違法。」我回答。

「如果跟著第二家、第三家……一直到第十家都授權給ＷＯＷ呢？」執行長再往下追問。我說：「假設這十家授權影片的數量極大，家數也累積到十家了，量變引起質變，有可能因為干擾市場秩序，影響下游廠商自由締約，決定授權金價格的權利，公平交易委員會就會介入調查了。」席間非法律背景的商業人士都哄笑了起來，笑聲透出許多的不以為然……。我不禁思忖著市場秩序與企業利益孰輕孰重？法律制度或政府機關可否為了維護市場整體秩序，而犧牲或限縮個別企業的權益？

財務長也加入提問行列，問道：「可是你們剛剛不是講到公平交易法規範的聯合行為是『水平聯合』，不是『垂直聯合』，而我們公司與WOW之間的授權，應該算是『垂直』的產銷關係，怎麼可能被認定違法？」

會議桌上一片靜默，看來WOW的律師還是沒有回答的意思，於是我繼續釋疑：「因為WOW同時代理了其他好幾家影片製作公司，顯示他們對外有從事洽談影片授權業務，WOW的代理動作與我們公司的業務項目相同，各業務間具有競爭關係，就可能形成『水平聯合』的情形。」

WOW的財務副總此時突然想到一個做法，他說：「既然修法方式容易落人話柄，那麼我們就用原來的合約，不改日期，也不重簽，只是換掉那一條敏感條文，這樣你們提出合約，就沒有顧慮了。」

當事人公司的法務不甚理解，開口確認財務副總是否抽換條文之意？財務副總點點頭，我翻閱合約，那個條文剛巧落在沒有騎縫章的那一頁，如果抽換一頁，技術上似乎可行，可是畢竟合約是要提出給行政機關，倘使事後查出內文更替，仍有法律責任，心裡不由得忐忑了起來，執行長見我沉默不語，覺察其中有問題，他向WOW的總經理提議兩家公司先各自討論二十分鐘，再作決定，總經理立刻允諾，叮嚀特助帶領我們五人到隔壁會議室，一坐定總經理先抽了一根菸，邊聽我分析契約書更換部分條文的法律風險，他思索數分鐘後，問我這案子如果成立可能裁罰多少罰鍰？我說：「檢舉人一定會誇大他們遭受的商業損失，譬如因此減少訂戶，而公平會也會考量你們因為聯合行為獲得的利益，合約書上約定的授權金高達六千萬元，我想裁罰金額必定不低，也許逾百萬元之譜。」

財務長不滿地說：「市場上的授權談判還在進行中，尚無定論，檢舉人至今根本還沒發生什麼損失，硬是要拿這個檢舉案來壓我們，真是可惡！公平法不是規定如果成立聯合行為的話，要先命令我們改正？」我說：「要求改正的同時，可以裁處罰款，這是公平交易委員會的裁量權。」

執行長此時做了決定，他說：「雖然WOW擔心我們解約，不再跟他們合作，不過看來目前我們是無法搞定他們，說服他們選擇性地提出合約，而局部更換合約也有法律上的瑕疵，我們公司實在不需要為了這樣的案子背負法律瑕疵可能引發的法律風險或商業壓力。我想我們就遵照公平會的指示，提出所有合約，再向公平會據理力爭，辯解我們並沒有聯合行為或獨占市場的做法，如果公平會真的要裁罰，也只好讓它罰了。」我腦海中忽然湧現《易經》〈訟〉卦大象傳的警語：「訟，君子以作事謀始」，事件初始謹慎謀畫，才能避免後續的訟爭啊！

財務長不甘心地補上一句：「最後遭到裁罰，也應該轉給WOW幫我們承擔。」執行長苦笑地說：「商場上沒有白紙黑字的約定，你想對方會這麼義氣？既然作了，就得自己承擔後果。」

再度走進會議室，執行長已有定見，輕描淡寫地作個總結說：「我們已經決定正面迎敵，不迴避、不隱瞞，提供所有文件給公平會，再作充分的解釋，如此一來你們也毋庸有任何負擔或法律風險。」

WOW的總經理如釋重負，露出笑容，一場不確知的法律風暴瞬間消失無形，至於如何面對聯合行為或獨占的指控，就是接下來要克服的難題了。

面對一場不確定的法律風暴，我們需要以帶有法律瑕疵的做法去面對，或者以現有資訊坦然相待，避免日後會付出更大的代價，背負更沉重的法律責任。

遲到的影片合約

我擔任這家影片發行公司的法律顧問已經超過十年了，公司上上下下在我多年提點溝通中，都已熟知發行影片之前必先訂立合約，免得事後衍生不必要的爭議。可是去年執行長特別從國外延攬的行銷經理，衝勁十足，經常積極發掘出色的影片，爭取院線上映或授權國內外代理發行都能炒作得紅紅火火，卻沒把簽約程序放在心上，幾經提醒，他總是回答：「律師，安啦！不會出事的，我先搶商機，合約會補上的。」我不再多話，心中卻隱隱不安。

今年一部得獎影片終於採到地雷了！初秋梅姬颱風過後，執行長傳 LINE 給我：「律師，妳的擔心沒錯，David 真的出事了，前天首映會結束，David 跟紀錄片導演大吵一架，為了文化部的補助分配問題兩人意見不合，加上昨天遇上颱風，行銷的重頭戲——華山文創戶外行動劇臨時取消，究竟損失該由哪一方承擔，由於合約還沒簽，他們兩個又吵成一團，我這幾天要帶另一部影片的導演到歐洲參加劇展，請律師協助David善後，感謝！」

心裡有一絲不悅與無奈，平日多次叮囑，執行長未能切實要求屬下，一旦出事自己不收拾爛攤子，又要找我提供法律解決方案，唉！真不想蹚這灘渾水，可是能拒絕嗎？萬一紛爭解決不了，上了法院還不是要我出面處理更棘手的訴訟糾紛，一念及此，只好回傳「OK」的貼圖。

David很快就約時間來我事務所商議，臨至會面前一個小時又來電說：「律師，不好意思，導演也吵著要去您那裡一起談，我攔不住，因為案子虧損太多，導演不願意承擔，我們已經把開銷明細給他看，他就是不信，又來公司鬧，剛剛談得快撕破臉了，執行長已經上飛機了，怎麼辦？」

「那就一起來吧！雙方都在場也好，我幫你們把事情理清楚，看能不能達成共識，找出雙方可以接受的解決方式。」我提議面對面說明白，David立刻答應帶導演來我辦公室共同商議，顯然他也招架不住導演的攻勢了。

兩個人一前一後進來，臉色凝重，David不復平日帥氣瀟灑勁兒，手上拿一份合約草稿攤在桌上說：「導演如果早簽好合約，我們今天就不至於發生歧見無法解決了。」導演聽了火冒三丈，立刻回擊說：「我早就要簽的，問題是第三條利潤分配跟第八條行銷項目與費用，你們公司一直沒給我合理的修改條文啊！」

我連忙打圓場：「咦！合約那兩條我早就修改好了，怎麼還沒簽，還有什麼問題嗎？」

David解釋道：「這就是我們雙方爭執的關鍵，上次律師幫我們改好後，有再寄給導演，他認為文化部的補助費用應該分出一部分來 cover 這整個行銷費用，大約四十八萬元。可是這樣也沒道理，因為文化部的補助是我們公司去申請的，補助款跟導演無關，補助案審核通過後，我們公司去簽約，執行驗收結案都是我們公司自己處理，律師，您可以看一下這份採購契約，上面都沒提到導演這一方的事。」

導演立即提出質疑：「怎麼說跟我無關！採購契約的名稱已經寫明是我的影片的行銷採購案，如果沒有我這部影片，你們公司能申請到這筆行銷採購案的補助嗎？」

我還在看文化部的採購契約條文，David 已經按捺不住怒氣，又搶白：「這是雞生蛋、蛋生雞的問題，影片交給我們公司代理發行，我們站在行銷公司的立場去申請補助案，文化部是著眼於行銷方案具有創意，值得補助，才會審核通過；而費用撥下來要怎麼使用，應該由我們自己決定，在委託發行的過程中，導演是委託方，應該要支付所有費用，我們上次給你的草約就是這麼規定的，憑什麼要我們分擔你該支付的費用？」David 把上次在電話裡法律諮詢所獲得的法律概念一股腦兒完整表達。

導演咕噥說：「合約又沒簽，寫在第幾條又有什麼用?!」David 指著草約第二頁，正欲開口爭辯，我作勢阻止：「合約確實還沒簽，你們這樣的討論會回到原點，對問題的解決沒有幫助，我們可不可以冷靜地提出各自可以接受的方案，找出交集……」導演有點失去耐心，插嘴說：「合約沒簽，我也可以主張我們雙方都沒任何委託的合作，你們怎麼要求我負擔費用？最基本的委託關係都不成立了！」

導演索性全部不認帳，否定一切！眼下雙方對壘叫陣，恐怕只會產生愈來愈多的情緒，對話溝通淪為鬼打牆，根本無法提出對策。看來我得先說明遊戲規則，定出各方法律立場：「雖然合約書尚未簽訂，不過你們雙方委託代理發行影片的法律關係，也就是委任關係已經成立，因為法律對於委任契約並沒規定一定得簽書面契約，口頭約定也可以成立。而你們為了這部片子的代理發行已經開過無數會，尤其是行銷會議，在開會時作成的決議，或 Email 同意的事項，都算是雙方的契約，例如你們最早有同意由導演支付五十萬元作為行銷及代理發行的酬勞，或是院線上映票房收入分成，都是合約內容，而且都已付諸執行，時至如今，不能再去否認雙方的合作關係。」

David 點點頭表示理解，導演則半信半疑，我翻開民法委任篇的條文規定解釋給他聽，導演仔細讀過幾個條文，態度才緩和下來。我進一步分析：「聽起來你們之間的最大歧異點在於颱風造成的行銷活動取消，由誰承擔損失，還有文化部的補助可否拿來扣抵影片發行的費用，是吧？」David 應聲答是，導演又補上一句：「還有發行公司要給我看所有的帳冊憑證。」

我說：「由於缺乏書面合約，你們口頭上又沒約定遇上不可抗力要如何處理，因此要看民法有沒有規定，在委託的法律關係中，發生天災當然由委託人承擔後果，因此颱風來襲取消戶外宣傳活動，引發的費用包括廣告代言出席費、現場布置、租借場地等費用都要由導演吸收。」

導演立刻抗議：「這太不公平了吧！戶外行動劇又沒辦成，應該要一人一半共同分擔才合理！」看來導演極為欠缺法律概念，我必須再深入解析：「如果今天你們雙方投資合作，一人負擔一半的資金，承擔一半的責任，那麼導演您下這個結論是對的；可是目前以你們的約定方式判斷，應該是屬於委任關係，發行公司當然不用承擔不可抗力帶來的損失。倘使導演還沒辦法理解，那麼我請問您，假設影片上院線放映後，票房收入歸誰？是一人一半嗎？」

「當然不是啊！影片權利是我的，怎麼可能一人一半，我們講好八二拆帳，我分八十％。」導演急著澄清。「是嘛！發行公司只獲得二十％的利潤，為什麼有天災時，要跟導演一起承擔一半的損失呢？權利義務不對等，這樣不是很不公平嗎？」我強調法律的基本精神。

「可是前幾天我去請教別的律師跟發行公司，他們也是這樣告訴我，跟律師妳講的不一樣！」導演依舊嘴硬。

「那麼您覺得誰講得有道理呢？我們換位思考，如果您最後分潤是二十％，可是出事時卻要您承擔一半的責任，您願意嗎？法律的每一項規定，背後都有它的道理在，不是隨意定的條文，尤其是涉及契約關係，雙方權利義務必須是對等的。」如此簡單的道理，導演聽了沒再反駁我的講法。

David 接著轉移話題到他最關心的文化部補助款，他說：「當初向文化部申請時，是用我們公司名義申請，要推廣行銷影片，這是我們公司業務範圍內的工作項目，文化部認為企畫案很有創意，可以帶來新的行銷模式，才審核通過這項補助案，總共二百一十萬元，執行的過程我們也都用在這部影片的行銷上，完全用罄，結果導演要求移撥其中四十八萬元支付他的電影小說的出版費用，這樣我們就虧本了。」

導演火氣又冒上來，急促地反問：「如果不是我的影片，你們申請得到補助案嗎？雖然是用你們發行公司的名義申請，可是這筆錢文化部撥下來就是要作這部影片的行銷宣傳，電影小說的出版也是行銷的一部分，為什麼不能拿來挹注一部分出版費呢？我又不是要求全部要你們付！」

David 被激得也有情緒了，提高語調說：「我已經解釋一千二百次了，採購契約是我們公司跟文化部簽的，補助款一分一毫都要向文化部作交代，不然驗收通不過！補助案裡面根本沒包含出版電影小說，我們如何幫您報銷呢？難不成要我們作假帳?!」

我連忙接話打圓場：「我想導演的意思也不是要你們作假帳，David 你先不要那麼激動，這個案子你們已經爭執一個多月了，我們今天心平氣和地找出雙方的最大公約數，把所有問題徹底解決嘛！」David 沒再搭腔，拿出一包菸兀自抽了起來。導演喝了口茶，眼神望向窗外，雙方似乎都試圖克制情緒，不要再進入恣意攻擊的惡性循環中。

我趁這個稍稍平靜的片刻，說出法律上的看法：「依採購契約，補助款的法律關係發生在文化部與發行公司之間，發行公司要執行所有的契約義務，倘若違約或驗收不通過，必須自負其責，導演是不用來共同承擔任何責任的，是吧？」兩個人都點點頭，我繼續說：「既然是這樣，發行公司就不能隨意將補助款用在企畫案之外的項目，也就是服務建議書以外的事項是不能動支補助款，否則採購案驗收不通過的法律風險極高。不過話說回來，出版電影小說也算是影片的一種促銷手段，如果電影小說暢銷，必然帶動院線上映及DVD的銷售，雙方都會獲利，所以在法律上發行公司雖然無須以補助款分配予導演這邊發想與執行的行銷動作，我倒是建議如果補助款仍有剩餘，不妨基於合作的理念與情誼，撥付一部分支應導演的出版費，我想這樣的處理方式，在人情事理上還是說得過去的，至於收支帳務如何處理，可以請教會計師，總之不要影響驗收手續就好。」

David面露難色，正在遲疑時，導演倒是態度先緩和下來，說道：「律師的建議，有為雙方著想很感謝，我也明白法律上的認定方式，這樣吧！如果公司可以配合，幫我過關，以達到雙贏，我很感恩；假如公司為難，我自己再想想辦法，可能會去跟幾個基金會提案。」導演退讓的表態倒令David有點不好意思，急忙表示：「我會再跟公司商量，看看有沒有空間提撥一筆出版費挹注導演的電影小說。」

我順勢補充一句：「這下棘手的問題就可以解決了，最後我還是要提醒兩位，這幾天把影片發行的委任合約補簽一下吧！免得夜長夢多，日後又有什麼橫生枝節的事，找不到依據，到時候我可不管你們囉！」玩笑話沖淡原來的沉鬱氣氛，彼此握握手，一笑泯恩仇，又可以愉快合作，繼續前行了。

事情有規則可循，人心卻是幽微善變，做人永遠比做事難，可是如果沒處理好「人」的問題，最終「事情」也會一敗塗地，難以收拾；反之，如果人的問題解決，一切就都順暢了。

編劇的困境

每次在華山光點演講後，總會遇上正在受困中的年輕人，告訴我奇特的遭遇，這回是位才華洋溢的編劇，述說他在彼岸的經歷，想知道接下來如何突破合約的困局，他說：

「我本來以為這樣的發展是正常的，兩個月前大陸上海的公司請我拍一齣電視劇由我當導演，出發前他們已經先付給我一筆錢，我就依合同的約定先幫他們修改劇本，因為劇本改好，才能拍片嘛！他們主要是請我去當導演要拍電視劇的，可是很奇怪，合同明明寫的是製作公司要找個編劇寫劇本，我只需要協助編劇修改劇本就好，沒想到我去上海一個月，『編劇』始終沒出現，公司高層丟給我一份故事大綱，要我添加劇情內容，我寫了第一版，他們很喜歡，又叫我加些情節，改成第二版，這時候剛好回台北放春假，聽到老師您的演講，我開始覺得好像哪裡不對勁！因為我幫上海那家公司改寫的劇本已經完全脫離他們最初的故事大綱，而是參考前年我自己在台灣寫就的另一份劇本，原來想投文化部的劇本開發補助案，還沒投遞，就先拿來上海這邊用，他們原先編出來的故事大綱實在太平淡了，不夠寫實，戲劇衝突性也不強，這樣我拍起來效果欠佳，肯定不賣座，我不希望前進大陸的處女作如此黯淡，就把自己的作品放上去了，上海那邊他們很喜歡這個劇情，可是後來我聽了老師的分析，才曉得這份劇本的語文著作權應該歸我，當天晚上我立刻要求他們另外簽個編劇合同。」

顯然負責任的導演被利用了，還好有警覺性，加上運氣不錯，剛巧趕上這堂課，真該感謝光電華山電影館適時推出新導演法務講座，心裡正覺得欣慰，沒想到離譜的遭遇在後頭。年輕的導演說出重點：「他們認為沒有必要，堅持說依照原來的導演合約，我必須協助修改劇本，我就轉述了老師您的解釋，說明這份劇本已經脫離故事大綱，不算改寫，是新的劇本，公司應該另簽新約，而且要付授權金，他們居然翻臉，甚至還揚言他們早已另聘新導演，跟我的合作到此為止，要求我交出劇本的電子檔，否則要告我違約。老師，我該怎麼辦？他們實在欺人太甚！」

我反問：「你確定第二版的劇本與上海這家公司給你的故事大綱完全不同？」他點點頭說：「人物設置、故事情節都換了，原先他們寫的是家庭倫理劇，一家三口，兒子是主角，描述他與青梅竹馬的女主角出國留學，海歸後與父母親觀念、行為、價值觀衝突的個別故事串連起來，我覺得這種故事落於俗套，吸引不了九〇世代的年輕人，我決定改寫，把戲劇的時代背景鎖定在這十年，場景從北京改到上海，談的是男主角創業成為房產大商的歷程，著重在職場的江湖險惡與創業的轉折。」

我確認是全新的劇本後，再問他的立場：「你願意把這份新的劇本授權給他們找別的導演拍成電視劇嗎？」

「我本來是很不甘心的，當初之所以會把自己的作品放進劇本中，是考慮到自己要當導演，當然要有好劇本，可是沒想到他們這麼不守信用，找了別的導演，不過我也沒理由告他們違約，因為合同有一條特別約定，製作公司可以基於市場考量、審批手續更換導演人選。如今他們挑明要換導演，我很糾結，又不想與他們撕破臉，影響我去大陸戲劇圈發展的機會。老師請問我後續可以如何處理？怎麼做才能既可以保住我的權益，又不至於得罪這幫人？」感覺得到此刻他心中莫大的衝突。

「第二版劇本他們手上有文稿嗎？」我想把事情狀況先弄清楚，幫他找出談判的籌碼。「有紙本，可是沒有電子檔，所以他們昨天發微信跟我要。」他立刻找出微信確認對話內容。

我開始分析：「在法律上你享有第二版劇本的語文著作權，如果上海的製作公司要使用這一版的劇本必須獲得你的授權，雙方簽署合約、支付授權金，才能合法使用，現在看起來製作公司想要耍無賴，拿到你的新劇本之後，過河拆橋，找別的導演拍。因此我們要想想最壞的狀況，他們可能會主張根據原有的導演合同，你必須『協助』修改劇本，而他們可以使用第二版的劇本，同時把上次簽導演合約時支付的訂金當作修改劇本的對價，聲明立刻終止導演合約，不跟你合作了，反正他們手上握有新劇本的紙本，再找人打字、微調內容，或影印就可以使用，也不見得一定要你的電子檔。」

他聽了臉色更沉，急忙問道：「難道我都不能反制他們？」

我說：「當然可以，情理法上你都有立場要求他們重新簽訂編劇合約，否則可以表明不同意他們授權使用。」

「如果他們要求我先提供電子檔，再簽約呢？」他依然顯得憂心忡忡。

「當然不可以先給，這幫豺狼虎豹，你還要再輕易相信他們嗎？」我很疑惑為什麼有些人不怕被同一顆石頭絆倒兩次。

「可是我擔心自己沒辦法對付他們，老師您可以當我的代表律師去跟他們談嗎？我會付您諮詢費的，我也很希望在這整個過程中學到正確的法律知識。」他誠懇地道出心聲。

「既然你想學，就要學習自己站在第一線，何況你還年輕，日後一定會再碰上很多類似這種法律相關的授權問題，以及這一類的商業談判，如果你可以克服先前的恐懼與怒氣，靜下心來，想好談判步驟，參酌我提供的策略及法律主張，你會在接下來的實際溝通中學習爭取權益、保護自己的方法；倘使真的應付不來，我再幫你出面，好嗎？」通常這個時刻我會堅決地拒絕代替當事人踏上火線，反而鼓勵當事人親自面對法律談判，如此一來，他們才能累積經驗，把法律專業知識轉化為自己的能力，嘗試將危機轉為商機。

看到他臉上露出膽怯之色，我進一步整理談判策略：「你先告訴他們，第二版的劇本是全新的故事，法律上你擁有劇本的語文著作權，他們必須取得你的授權，才能拍成電視劇，否則就會構成侵權，你可以到國家版權局舉報他們的侵權。第二步要求他們擬訂編劇合約，重談授權金，之前付的那筆錢應該當作導演合約的訂金，他們既然悔約，你可以依法沒收；如果他們堅持那筆錢要列為劇本授權的部分款項，你又不想跟他們鬧太僵，就請他們補足授權金。倘使有談出眉目，他們提出編劇合約，我再幫你檢查內容，別擔心，你去談判時，我們可以隨時保持聯絡，我會當你的後盾。」

他定定神，允諾要鼓起勇氣親赴上海與製作公司談判，為自己的作品爭取合理的對待。我拍拍他的肩，期勉他跨出艱難的第一步，日後再也不怕法律爭議了。

渴望到中國市場闖蕩，又怕人單力薄，更怕栽在合約陷阱或人心險惡中，只能多多累積法律知識及社會閱歷，親上火線，勇闖江湖。

苦主的心聲
——失權的編劇

這位資深編劇來辦公室找我諮詢合約問題時，她寫的劇本已經交給製作公司拍成電視連續劇，上映一段時間，當然合約也簽過了，電話中她沒提到真正的訴求，只表明會帶合約來討論，想要請教劇本著作權的事。

見面前夕，恰巧公視重播那一齣電視劇，我看了幾個片段，堪稱清新小品，維基百科還介紹此劇獲得當年金鐘獎最佳戲劇、最佳女主角及配樂獎，網路搜尋的過程中，突然跳出好幾則 YouTube 電子媒體報導，畫面除了此部連續劇的經典橋段外，同時有編劇的專訪，主播以清晰的口音旁白：

「××編劇曾榮獲金鐘獎劇本的肯定，今天早上召開記者會，表明三年前她受××製作公司委託撰寫劇本，完成分集大綱、人物關係表及第一至五集劇本後，由於家庭因素，無法繼續完成六到十五集劇本，製作公司以申請文化部補助金為由要求她簽署劇本讓渡書，支付微薄費用後，即交給其他編劇繼續撰寫，事後她也曾與製作公司溝通，希冀再支付酬金，製作公司卻悍然拒絕，強調劇本權利已經在公司手裡，毋須另外付款；此舉引發她的不滿，認為該劇的權利應與她共享，稿費酬勞也應該付清。××編劇還特別指出這次站出來是要為台灣的編劇發聲，很多編劇完成劇本就讓製作公司、電視台、電影公司『整碗端走』，有時連錢都沒付，權利就不見了，這種不健全的現象，台灣的編劇們已隱忍多年，現在不能再忍下去了，不然編劇永遠被不平等對待，台灣的戲劇、電影產業永遠無法進步。」

原來這個編劇的爭議已在台北戲劇圈鬧得沸沸揚揚，編劇更曾出面向媒體控訴。可是時隔半年，為何這位編劇來電要請教這個合約糾紛？我繼續搜尋相關報導或訊息，除了平面媒體翌日跟進報導外，接下來六個月期間完全空白，後續發展杳無音訊，一般人可能會以為風波已經弭平，當事人解決爭議了，可是如此一來，她就沒必要來訪，為何還來電要求見面諮詢？這些心裡的疑團到了第二天才獲得釐清。

她進門第一句話就說：「律師，其實我很不想來，因為這部電視劇的導演是以前我念藝術大學電影所的指導老師，他從十五年前我在藝大戲劇系念書時，他就引我入這一行，後來老師鼓勵我轉電影系，一路念到研究所畢業，那段期間老師很照顧我，他接拍的片子都會引薦我去當編劇，一直到我畢業，還是經常與他合作，上次僥倖得到金鐘獎，也是老師給我的機會，所以這部戲後來鬧得不愉快，我心裡很掙扎，如若不表明立場，覺得製作公司以強凌弱，編劇永遠任人宰割。可是半年前鼓起勇氣向媒體揭露不公不義的事件時，老師在第一時間以臉書私訊我，為什麼鬧到媒體？難道不知道此種莽動的做法會傷害了這部戲的所有認真工作的人！當下我真的覺得壓力很大，當時圈內有些人出來跟我摸摸頭，積極地要幫我出面協調，也有好幾位律師熱心地主動聯繫，表明願意幫忙處理這個案子。我根本不知道要相信誰，索性就把這件事先擱在一邊，因為我不想進法院，更不想讓我的恩師難堪……。」

常常解決法律問題之前，當事人會被人情倫理、社會觀感、內心奉行的價值束縛，無法理性客觀地面對合約爭議，此時只能先傾聽當事人的苦衷，再試圖抽絲剝繭，引領他（她）走出困境。

「我可以理解妳的心路歷程，這確實是很困難的決定。那麼我現在可以怎麼幫助妳處理合約問題？」為了避免當事人過多的情緒發洩，我還是要導回正題，希望她能針對合約討論。

「我希望合約的執行可以得到合理的對待，包括酬勞與權利，可是我不要走法律途徑，我不想傷害恩師……。」她篤定地回答。

「不走法律途徑」，那麼來找我是為哪一樁？把我當心理諮商師，意欲紓解心中的焦慮與不滿情緒；抑或是當作向神父告解，冀求得到寬諒對方的路子，懺悔自己爭取權利的「罪愆」？為什麼憑著合約要求自己應得的權益就會傷害恩師？台灣電影圈的師徒制、倫理體系帶給後進晚輩竟是如此深重的人情包袱，老師一句話叫徒弟簽合約，徒弟就不得不從，遑論出面主張公司違約？其實這份合約是製作公司與她簽訂，「恩師」只是掛名劇集的總策畫，並不負責合約條件的制定或成為合約執行的權利義務主體，她為什麼有這麼大的壓力？

諸多疑問還在腦中流轉之際，正思索如何化為電影人較能理解接納的話語時，她解釋不想對簿公堂的緣由：「上次老師看到我在臉書的抗議，他要我『以和為貴』，所以我不想跟老師對立宣戰！」

為什麼採取法律途徑，就是「對立宣戰」？二十一世紀的現代人還停留在「訟則凶」的古老觀念嗎？容忍對方違約，掠奪權利而選擇隱忍，進一步造就對方的罪孽，成全自我的犧牲？

這種奇怪的道德觀，讓我聯想到上次來事務所諮詢的受虐婦女，在敘述施暴丈夫種種的惡行之後，完全忽略我提出要離婚或提告傷害的問題，只是喃喃自語：「佛法要我放下。」我提醒她：聖嚴法師開示世人，學習佛的智慧，必須清楚辨知煩惱的緣起，面對它、接受它、處理它、放下它。倘若還沒處理完就放下，事情能真正解決嗎？

這一回老師扣上「以和為貴」的大帽子，使得學生在沉重的壓力下無法動彈，然而「以和為貴」的真諦是什麼？沒經過理性處理的「和」，是表面的和諧，或是真正的和平？倘使一方巧取豪奪，另一方隱忍姑息，彼此之間戰事不發，即是人世間值得追求的「和平」嗎？如果是，為何時隔半年，她又來徵詢法律意見？是不是心裡那個坎依舊過不了，顯然和而不平！

我決定告訴她啟動法律途徑，不是發動戰爭，而是解決人生的僵局與困境，有時透過法律才能達到真正的和平——事理的和平，心裡的和平。

我說：「當時老師的叮嚀，只是希望顧全大局，讓整部戲能順利拍攝製作完成，準時上映，在製作公司提出合約給妳時，是第一個關鍵點，妳應該可以表明文化部的補助金申請只須授權，毋庸轉讓，『讓渡』的條文可以改為『授權』，這樣的要求不會阻礙製作單位的申請補助金作業，相信妳的老師不至於認為妳在從中作梗；這個關鍵時點錯過了，接下來就是領取酬勞的時點，妳也可以表示……。」

「領取酬勞？我根本沒領到錢！」她透露驚人訊息，我疑惑地問：「可是媒體報導說妳領取『微薄的費用』？」

「沒有啊！從來都沒有領過半毛錢，可能是記者聽錯了，報導有出入。」她正色地澄清。

「怎麼會這樣？半年前妳掀開這個風暴，幾乎每一家媒體都是這樣的報導。以至於社會觀感會以為妳已領了一次的酬勞，後來電視劇走紅，妳才想回頭分一杯羹，網路上確實有些鄉民如此下評斷……」我轉述某些評論。

「他們亂推測的啦！網民想像力很豐富，事實不是這樣。」她倒是不在意網路的負評。

「如果製作單位沒付過錢，解決方式更單純，妳只需要寫存證信函催告公司限期付款，如果逾期未付，直接解約即可。」我迅速提出一種解法。

「解約？意思是他們無權使用嗎？那後果不是很可怕，這部連續劇都重播好幾次了，連大陸愛奇藝都上過了。」顯然編劇無法接受「解約」的後果。

「是啊！在法律上『解約』就是一筆勾銷，當作未曾簽約，因此民法第二五九條規定，解約後雙方要『回復原狀』，妳的劇本電視製作公司要還給妳，完全不能利用，如果有收酬勞妳就要返還公司，一切歸零。可是因為對方還沒付妳讓渡金，因此妳沒有『回復原狀』的問題。」解析民法規定讓編劇理解法律的操作。

我繼續推敲模擬對方的回應：「如此一來，製作公司察覺解約的嚴重性之際，就會在妳發存證信函催告後，儘快付款。」策略的運用，存乎一心。

編劇露出不可思議的表情，驚呼：「為什麼都沒有人告訴我這麼簡單的做法？之前我在臉書公開這件事的時候，關心的人只是勸我『以和為貴』，莫要違背承諾，既然簽了讓渡書，就算是放棄原創劇本的權利，連那幾位主動幫忙的律師看了我的合約都說法律上我站不住腳，沒法兒跟製作公司抗爭！」

律師的看法見仁見智，我通常不會妄下評斷，只看眼下如何解決問題。聳聳肩，問她想要怎麼做？編劇說：「可是我覺得當初讓渡金定太低了，以這部電視劇後續的收視情形、得獎狀況，甚至授權線上遊戲、密室脫逃……衍生產品，簡直不成比例。我可不可以要求提高？」

「當然可以，妳有『解約』的籌碼，製作公司必然不敢冒『解約』的大不韙，斷然拒絕妳的訴求，因為一旦解約，他們勢必無法善後，對於公視、愛奇藝等等授權發行公司必須負擔違約賠償的責任。」《孫子兵法》早就揭櫫「知己知彼，百戰不殆」的道理，先推測對方的危機與做法，才能凸顯自己的優勢，善加運用手上的籌碼。

「可是錢不是重點，我比較在乎權利可不可以要回來。」編劇終於道出最後的訴求。

「要回什麼權利？妳是指當初讓渡給製作公司的劇本嗎？在和解談判的過程當然任何訴求都可以提出來，只是我不明白妳既然如此在乎這部劇本，為何當時願意簽『讓渡書』？通常這種情形編劇只會同意授權，不可能輕易轉讓，更何況讓渡金這麼少……？」我指出全案最令人疑惑之處。

「他們拿讓渡書來，說是文化部的規定，否則申請不到當年度的補助，我不想害公司申請不到，聽說補助金額很高……」她說出當時的考量。

「確實很高，四千五百萬元，喏！妳看這是文化部公布的補助名單，××公司就在第二行。」我指出筆電的螢幕畫面。編劇點點頭：「是這家公司沒錯，沒想到金額這麼高，比我想像的高很多……」她神色頓時黯淡下來，我猜想她是聯想到讓渡書上低廉的讓渡金，不過，下一個畫面她會更震撼。

「來，妳看文化部的補助要點，這裡有第六條關於劇本的規定，它規定只要取得語文著作權人的授權，沒有強制規定編劇一定要轉讓劇本的權利，『讓渡』跟『授權』不一樣，妳知道吧。」真相是殘忍的，我還是得讓當事人親眼確認，免得下一次她又歷史重演。

「那……，為什麼公司要騙我？律師妳的意思是其實我只要簽授權書，他們就申請得到補助金了嗎？」真相揭露的那一刻，面對受傷的當事人，律師依然必須堅定明確地說出事實，然而此際誰會知曉律師堅定平靜的神情下，內心也正起伏翻騰不已？

「是呀！妳當初可以上網查詢文化部的規定，看看公司的說詞是否可信，文化部這些要點規定在網路上都查得到。」這已經不是首例了，幾年來陸續處理好幾樁類似的糾紛，幾乎都是編劇吃悶虧，我不明白為何編劇擅長使用電腦記錄文字，卻吝於花費三分鐘時間上網查證一項明確的官方規定。

「倘使妳簽了讓渡書之後，發現了這個規定，也可以依民法第九十二條規定，主張妳是受詐欺而同意讓渡，要求撤銷這份讓渡書，那麼製作公司也無法取得劇本的著作權。不過我有算過妳簽約已經超過一年，無法再撤銷，因為想要撤銷受詐欺而做的意思表示有一年的法定期間限制。」無暇陪著當事人繼續哀悼過往的傷痛，我迅速提出另一項法律規定。

「那現在就沒救了嗅？」編劇更沮喪了。

「倒不是！剛剛就說對方迄今沒付讓渡金，妳可以催告製作單位後，以主張解約為籌碼，來跟對方談判，目的是提高讓渡金，或變更讓渡書的內容，重新簽一份授權契約。」我再重複一次解套方式。

「如果他們直接付款呢？」編劇提出另一種可能。

「那麼妳就無法進行後續的談判了。除非妳寄發存證信函時，直接主張事後才發現被詐欺，因為妳確實剛剛才知悉被騙了，民法關於撤銷的『除斥期間』是從妳發現被騙開始起算，只要距離簽約不超過十年即可撤銷。」我想出另一條路。

「律師，我現在心好亂，一下子接收這麼多法律資訊，前塵往事一一湧現，人情、法律、事理及人性，壓得我透不過氣來，我回去好好消化，仔細思索律師的分析及建議，等決定了再來拜託妳，好嗎？」她同時起身，走到門口，她再回頭深深一鞠躬：「律師，謝謝妳給我上一堂寶貴的法律課。」

拍拍她的肩，希望緩和她的心緒，更期盼這一次痛苦的法律震撼教育，能換來日後編劇生涯的平靜與安寧！

常常法律權利的喪失，不是全然肇因於當事人對於法律的無知或誤解，而是人情的考量或人心的逃避，因而造成失權、讓利；事後縱有委屈不滿，已然無法挽回頹勢。面對當事人已經讓渡的權利，律師必須尋求突破合約困境的方法，才能協助當事人扭轉局勢，徹底解決難題。

師生之間
——劇本侵權糾紛

就讀藝術大學的女兒上了大四要忙畢業製作，索性住在學校宿舍，每天沒日沒夜地在劇場排戲，連週末也無法回家，只能電話報平安。不過，我還是要求至少一個月要回家一趟，對於擔任畢製導演的她，每日迎接劇組大小狀況不斷的挑戰，每個月回家坐上餐桌嘗嘗母親的家常菜，似乎有難度，然而在母命難違下，這週六她回來了，開心地吃完晚餐，一家人坐在客廳吃水果配炸年糕時，女兒突然神色嚴肅地提到這週系上發生的怪事，戲劇系的多年訓練，她唱作俱佳地敘述，連坐在一旁看網路小說的妹妹都被她吸引，湊過來聽箇仔細：

「聽室友說我們降轉的學姊前兩天上必修的劇本課時，老師突然發飆，把我學姊那堂課交出的報告用力摔在桌上，斥責學姊那齣舞台劇的劇本抄她的作品，而且還警告學姊如果敢拿這份劇本去演畢製的戲劇就要告她！我學姊當場差點崩潰，立刻表白說她絕對沒有抄，老師就翻開她的劇本，凶狠地指出幾個地方，然後不聽學姊的辯解，就走了，留下掩面痛哭的學姊及錯愕的同學。最慘的是那是這學期最後一堂課，大家都猜學姊這學期一定會被當掉。」

「結果呢？結果呢？有沒有被當掉？」剛結束期末考的么妹正在等待成績，對於學期分數特別敏感。

「還好！老師讓她低空略過，拿個六十二分，不過學姊要考研究所大概會受影響，因為劇本可是重要科目，而且最慘的是他們的劇組已經拿這份劇本排練一個多月，本來打算下個月校際聯展要在剛開幕的衛武營實驗劇場演出，這下連導演都頭痛了。」女兒搶到最後一塊炸年糕後，完全不理會么妹翻白眼，連珠砲地說完後續發展。

「當然就不要演了，不然下學期再碰到這個老師，豈不死定了！」兒子下班剛進門，盛一盤咖哩飯從餐桌走到客廳，加入討論，剛進職場的他立刻提出務實的建議。

「為什麼這樣就不能演？不是要看老師講得有沒有道理嘛！老師說抄她的作品，是抄哪裡？真的有抄嗎？我們智慧財產權的老師說抄襲要符合『實質近似』跟『接觸』的要件才會成立。」么妹這學期剛好選修著作權法，抬出法律要件，站在反對立場發言。

「哎呀！妳不懂啦，妳才修完一個學期，妳不知道那個劇本課的老師多凶、多古怪，她去年當掉三分之一的學生，大家上她的課壓力超大的，還好我有搶到另一個劇本老師的課，倖免於難！」姊姊訓斥少不更事的么妹。妹妹當然不服輸，繼續發揮法律人的性格：「什麼不懂，妳才不懂嘞！妳上學期修妳們系上的著作權法不是都蹺課，還差點被當掉咧！」

「老師有說劇本什麼地方抄她的作品嗎？學姊有看過老師的作品嗎？」為了避免話題失焦，淪為姊妹茶餘飯後八卦，我及時提問。

「妳看媽媽一問就問到重點，哪像妳半桶水響叮噹！」姊姊還是不忘先譏刺妹妹一下，再回話：「好像是第一幕女主角回家跟父親吵架的部分台詞及摔道具那一段，老師反應很強烈，還有第三幕男、女主角溝通當年分手的緣由，也說有抄襲。詳細情況我不是很清楚，不過學姊有託我室友問我，可不可以來請教媽媽，因為室友上一次有到光點華山電影館聽媽媽演講，講過電影《目擊者》改編劇本的侵權案例，她想說問媽媽應該可以更清楚些。」

「媽媽最近要出書，比較忙；你們系上不是有著作權法的老師嗎？怎麼不就近請教？」

兒子一直都很貼心，先為媽媽著想。

「我們系上那個老師只會講法條，配合一些理論，對於實務案例他不懂啦！不然我們怎麼上一、兩堂課就蹺課。媽媽妳有空嗎？我們那個學姊很可憐，聽說這幾天都失眠，很怕憂鬱症又復發……。」女兒不愧擔任過系學會會長，對於系上事務非常熱心，又樂於助人。

「可以啊！妳請學姊寫電郵給媽媽，描述事件概況，特別說明老師指出抄襲的點，還有要附上劇本老師的作品，只要網址就好，媽媽可以上網去看，應該有公開演出過吧？」面對子女的同學好友的法律問題，我通常是不忍拒絕的。

「好喔，那學姊的劇本要不要一起寄給媽媽比較看看？室友昨天有拿給我翻過，不會很多。」女兒從小到大經常聆聽母親分享案例，深刻明瞭資訊周全有助於法律判斷。我點點頭，全家就準備出門看電影《范保德》了。

週一進辦公室，就看到助理把那位學姊寫來的電郵及劇本都印好放在桌上，我大致看過後，立刻回覆請她針對老師指出的抄襲點做成比較表，析述她的創作動機及劇本意旨，順便為她打氣。學生在這種壓力下必然有極大的掙扎與煎熬，亟需有力的支持與撫慰，尤其細讀她的劇本後，感受到一個才華洋溢、靈感豐足的美好作品正在形成；倘使在這困頓糾結之際不趁勢拉她一把，可能一個美麗的藝術生命就此委靡頹唐，多麼不值。

兩天後，她果真作出一份詳細的比較表，電郵裡寫著：「焦慮失眠了好幾天，謝謝律師阿姨願意抽空相助，收到您的信，給了我很大的安全感。真不懂為什麼劇本課的老師不能耐下性子聽我解釋，我根本沒看過她的舞台劇，會有相似之處可能源自生活體驗共同的感受，我的劇本每一字、一句都出於自己生命的體驗，不可能去抄老師的作品，真心希望這部劇本可以在舞台上被演出來。」

學生槓上老師，老師又撂重話，可以想見學生壓力之大，我迅速檢視她作的比較表，再研讀她的劇本電子檔案，一面點閱瀏覽老師的舞台劇影片，定格比對老師指出的「雷同之處」，一張張影片截圖列印出來，發現主角對話雖有部分相似，角色特點亦有近似，不過創作動機及劇情走向完全不同，應該可以透過著作權法中「平行著作」及「必要場景」的原則來解釋，於是電邀學生來事務所討論。學生很訝異我直接撥電話給她，聲音有點哽咽：「阿姨，我真的很害怕，到現在都不敢讓我爸媽知道，怕他們擔心下學期老師不讓我畢業，這件事只有劇本課的同學跟導演知道，因為導演正在排練這部戲，有必要讓他明瞭這個意外狀況，……我真的壓力很大……。」

「不要難過，阿姨會幫妳。聽說妳決定要走編劇這條路，從事這個行業難免會碰上類似的難題，可能被侵權或遭人指控劇本抄襲，不要擔心，事情碰上了，就去面對；雖然是無妄之災，不過，這種事情愈年輕遇上，付出的代價愈少。早點培養經驗，增加法律常識，對妳未來的實務工作更有幫助，嘗試著正向面對老師的指控，想出好的解決方法，才能讓你們師生關係圓滿。」二十出頭的孩子如驚弓之鳥，需要多加關懷，才能冷靜下來應付外在壓力。

果然聽完一席話，她聲音不再顫抖，試著提出關鍵的問題：「阿姨，我有上網查抄襲的問題，有文章寫說除了內容要相似之外，還要有接觸的狀況，可是我都沒看過老師的舞台劇或劇本，這樣應該不算侵權吧？」

「對呀！著作權法的侵權必須符合『著作實質近似』及『接觸』兩個要件，妳在寫這部劇本之前沒看過老師的作品，就不符合抄襲的要件。」詳細說明法律的規定後，接著提醒她舉證的問題：「何老師知道妳沒看過嗎？」

「她知道啊！因為這學期第二堂課要開始報告劇本，我就交這一份出去，老師上課時說我第一幕的台詞有點奇怪，問我有沒有看過她那部舞台劇，我答說沒有，她還很生氣，提到那部戲劇列為劇本課的參考作品，為什麼我修課之前沒準備！其實不只是我沒看過，班上很多同學都沒看過，因為那個舞台劇題材很冷僻，有點像似改編蘇格蘭劇作家哈洛維的劇本

《黑鳥》，可是又不是在談性侵、老少戀，我修課前有看網路系上學長的評價都很差，就沒去點閱。」看來老師要舉證學生有「接觸」被侵權的作品，應該是有困難度。不過學生的疑問不是未來的訴訟舉證，而是眼前我給她的建議：「阿姨您要我作比較表，意思是要我去看何老師的舞台劇，可是我擔心日後老師說我有『接觸』她的作品……」顯然學生被老師威嚇後，草木皆兵，連證據都不敢輕易接觸。

「現在去看就沒關係了，因為老師的指控已經提出了，妳要辯解，當然需要進一步比對，而在當初就是半年前妳完成劇本提交給老師時，老師跟同學都明知妳沒看過。對了，這部分有證明的資料嗎？萬一日後老師真的提告，班上同學可能礙於師生關係不敢出庭作證，妳有其他證據嗎？當然這種『積極事實』就是證明妳有事先接觸過老師作品的證據，依照舉證責任分配的規定，應該由老師提出，老師可能會說這部作品很有名，妳又是戲劇系學生，既然來修她的劇本課，一定有看過，所以妳要先準備『反證』來推翻她的講法。」進法庭前先分析檢視有利證據，有助於日後的訴訟攻防。

「有證據啊！那天下課，老師叫班代問問看班上有多少同學沒看過她那部舞台劇，我有舉手，老師叫班代寄網址聯結給我們幾個同學，因為上課老師在責罵我為什麼沒看過那部戲時，就有同學上網搜尋，根本查不到資訊，老師說YouTube上面有，也沒查到，後來班代拿到舞台劇錄影的網址聯結寄給我們，CC給老師，主旨還註明『給沒看過的同學』，那時候我還很氣班代有夠白目，哪壺不開提哪壺，幹嘛還加上這些字眼！現在反而可以當證據了，我等一下就去把電郵找出來。阿姨，那我現在看就沒關係了，是嗎？前幾天沒問過阿姨，我還不敢看，比較表上舞台劇的相似之處是託導演幫我看的。」學生的疑惑解開更有助於事實的釐清，我立刻回答沒問題，叮嚀她先看仔細。

一週後學生邀集導演及幾位班上同學一起來事務所討論。學生排排坐，好像上課一般，我拉開會議室的白板，先寫下「平行著作」四個字，解釋：「著作權法認為創作本身可能產生完全相仿的著作，而由不同的創作者完成，例如兩個人在同一時間、同一地點、同一角度拍攝自由廣場的牌樓大門，可能相片景像雷同，但拍攝者各自擁有攝影著作權，這就是所謂的『平行著作』。今天莉真的劇本跟何老師的舞台劇有幾個情節相同，雖然乍看之下，主角的肢體動作及台詞似乎相似，不過它闡述的心理層面並不相同，劇本想要傳遞給觀眾的觀點也有差異，例如在第一幕女主角在父親斥罵後砸破瓷花瓶，是氣憤加上羞愧，而以暴力破壞道具之方式呈現，但是何老師的舞台劇是女主角要掙脫父親的阻攔，不小心撞破花瓶，雖然外觀近似，但內心層面的情緒引發的肢體動作，呈現人物角色的心態實有差別。又如第三幕男、女主角談判當年分手的原因，莉真著重的是兩人多年後重逢，想要解開當年不告而別的心結，進而重燃舊情；何老師的舞台劇則是男主角解釋當年劈腿而被分手的悔恨，雖然兩部戲的場景都設定在酒吧，男主角都一邊抽菸一邊唸台詞，也都穿著皮外套、牛仔褲，但人物的互動及事件發展並不雷同，因此從外觀場景及肢體動作似有相近之處，但都是在『獨立創作』的前提下，偶然近似的橋段，有點類似平行著作，不過仍然不構成『實質近似』。這樣可以理解嗎？」這一段算是著作權法中較艱澀難解的理論運用，真沒把握這群戲劇系的大孩子可否掌握精髓！

不過，他們似乎可以推敲出重點，從導演下的結論就可知道了：「律師的意思是莉真的劇本並沒有抄襲，只是部分情節跟老師的舞台劇形成平行創作？那麼我們就可以繼續排練，下個月正式演出，老師也不能告我們了？」

我點點頭，幾個學生不約而同嘆聲「酷耶！」莉真還是忐忑不安，想再確認：「可是老師也有指出來說最後男、女主角盡釋前嫌之後互擁落淚，這也是抄她的最後一幕，是不是這一段也有問題？」

「我覺得這是劇本中真情流露，很自然的呈現方式，不然男、女主角要互相打一巴掌嗎？」先開個玩笑，再引入正題，學生聽了不禁噗嗤笑出聲來。我繼續解釋著作權法在美國法院實務發展的一個重要原則：「美國判決發展出『必要場景原則』，是指在處理特定主題創作時，不可避免必須使用某些事件、角色、布局或布景，可能這些素材或表達方式會與他人雷同，但因為是處理那一種特定主題所不可或缺，或至少是標準處理方式，因此縱使與他人著作內容相同，仍屬於獨立創作，這種情況也不會構成侵權，例如黑道故事，就可能有械鬥、火拼、槍枝等場景布局。在莉真的劇本，男、女主角溝通到最後，兩人把數年前的誤會釐清，化解心結，激情重現，很自然地擁抱，激動落淚，這是必然的情境與歷程，可以解釋為這類題材的必然發展情節，符合『必要場景原則』，當然不會成立侵權。」

莉真的臉終於綻開笑容，導演興奮地揮一揮劇本說：「我們明天又可以繼續排練了！」還不忘加一句：「律師阿姨，下個月正式演出時您一定要來看喔，是您救了這部戲呢！」

後來趕到的班代卻若有所思，似乎還有心事，我直接問他：「班代有哪裡不了解嗎？」他立刻搖搖頭：「沒有，律師解說得很清楚，都聽懂了。只是我不明白身為老師不是應該傳道、授業、解惑嗎？特別是在劇本發生疑義時，應該好好分析或勸告，而不是恐嚇要提告……為什麼我們老師給學生這麼大的壓力？」少年老成的班代聯想到師生關係、教育倫理的議題了。

「這個問題我也想不通，也許是老師太在意她的作品，或是不明瞭法律的規定，對於『抄襲』的要件有誤解，或是純粹課堂上抒發情緒……，不過倘使老師無法冷靜地面對這個問題，你們真的要搬上舞台演出，縱使老師提告不成，會不會影響下學期的成績？你們可能要仔細思考，或是央請系主任幫你們跟何老師緩頰解說一番。」有必要提醒單純的學生，在老師握有成績的生殺大權之下，演出與否須作務實的評估，否則為了校外公演一齣戲，賠上了一學期的科目成績，甚至因而延遲畢業，得不償失。

學生們面面相覷，顯然沒想到後續可能的發展及老師的情緒變化，一番熱烈討論後，決定回學校請教系主任，再作定奪。

送走這群青春純真的學生，我明白律師只能解決他們的法律問題，師生倫理的糾結，還是要回到校園尋求解法了。

當老師強迫學生修改作品，甚至禁止學生創作、發表作品之際，學生應該接受老師的威嚇，抑或勇敢地堅持自己的創作理念？

輯三

鎂光燈外的真實舞台

——演藝經紀及演出合約

好聚好散
——心碎的經紀人

在我陸續為藝人或模特兒寄發存證信函或提供法律諮詢表明「解約無罪，道別有理」之後，經紀公司也找上門，請教我收到藝人的解約函之後續回應及危機處理，於是我得想出方案，破解藝人的解約訴求。在對立衝突的角色之間來回游移，似乎是律師的宿命：時而為原告、時而為被告，這麼一來是會加速律師的精神錯亂？抑或是要磨練律師從對立的立場，易地而處，尋求更圓融的解決方案？這麼多年來，細細思索，我依然解不開這個謎題。

今天下午來訪的經紀人就是帶著這般苦楚的心情來事務所諮詢公司藝人解約的法律問題。約好下午兩點見面，我在辦公室等到兩點半還不見蹤影，他的秘書滿懷歉意地來電：「沈律師，我們總經理身體不舒服，可否延到三點半？」我立刻提議改期碰面，因為中午盤算過兩點的會議，頂多談到四點半，應該可以趕到光點華山電影館看剛上檔的院線片《真相急先鋒》（*The Truth*），於是午餐時就交代女兒上網訂票刷卡，準備看五點二十分的電影，這下當事人延到三點半，會議想必會談得很忐忑，甚至無法及時結束。

當事人的秘書婉言表示總經理為了此事已苦惱多日，今晚要給對方答覆，恐怕無法延期到下週再來商談。好吧！只好提醒這位盡責的秘書，說四點半我有事必須結束會議，秘書爽朗地回答一個小時內諮詢完畢沒問題！

結果總經理拖到三點五十分才走進會議室，在有限的時間內，我先說明藝人解約目前法律的規定及法院實務處理方式，我說：「往昔在娛樂業或音樂界，唱片公司及經紀公司通常挾其市場優勢，要求藝人在簽訂合約時，承諾絕不提前解約，否則得賠償鉅額違約金，於是這份承諾化為契約條文，成為動輒十年、二十年的『賣身契』，鮮少藝人膽敢以身試法、違約離開，除非新東家願意花大錢支付『贖身費』般的違約金，因此過往娛樂圈只看到大牌藝人敢解約走人，但是這幾年經紀糾紛持續發生，一些無法善了的案件進了法院，承審法官找不到合適的規範套用在娛樂界複雜的經紀合約關係中，只能適用性質接近的法條，認定演藝經紀關係是委任契約的一種，藝人提前解約可以適用民法第五四九條的規定：『當事人之任何一方，得隨時終止委任契約。』法院高度保障藝人的自主權，引用此條文判決後，藝人來去自如，無所牽掛，導致這些年藝人權利意識高漲後，隨時寄發存證信函告知經紀公司合作結束，經紀合約即日起失去效力，經紀公司多年的投資毀於一旦，人財兩失，無法挽回。」

解釋法規背景之後，原本想勸他接受現狀，妥善收拾後續問題就好，因為大環境法規的限制，經紀公司無法獨力突破，只好接受現實。而且這樣他們可以迅速討論完畢，我就可以脫身衝去電影院。可是當他吐露下面一段心聲後，心底那份「不平則鳴」的習氣，讓我決定改變策略，他說：

「律師，謝謝妳精闢具體的解說，不過我想我公司的情況跟妳上次代理出庭的經紀公司不太一樣。妳說的那個案子經紀公司很大，藝人很多，他們投在這個解約藝人身上的心力與資源有限；而我的公司只有這個樂團，這間公司也是前年特別為他們成立，想要全力推展他們的演唱事業，去年好不容易製作一首單曲得獎，受到樂壇矚目，開始有廣告代言及表演的機會，公司期盼可以轉虧為盈了，因為在開這家公司之前，為了栽培這個樂團，我已經投入好幾百萬元的積蓄，幫他們買樂器、租錄音室，每個月補貼兩萬元給每個團員，讓他們五個人可以專心做音樂，沒想到今年年初樂團一走紅，年中就鬧要解約，八月份還寄存證信函給我，我雖然覺得痛苦，還是要面對，後來我們談了幾次都不歡而散，現在我也累了，不曉得接下來要怎麼辦？」

他邊訴說事件的背景，邊拿出普拿疼吞了一顆說：「對不起，律師，剛剛在車上量體溫還有點燒，現在覺得頭更熱，我先吃退燒藥。剛剛講到跟樂團哪裡？噢，對了！講到談判，其實之前朋友有幫我找一個律師跟這幾個團員談，可是好像拖很久都沒進展，律師只是叫我這邊不要違約，該付給藝人的表演酬勞要趕快付，免得被他們告違約，可是針對解約的部分，這個律師似乎都沒轍。昨天我去唱片公司找老闆聊到這件事，老闆很關心，認為我那位律師可能無法幫我解決，叫我來找妳諮詢，他說妳經驗很豐富。因為我這幾年來為了打造這個樂團的品牌，請了知名設計師幫他們設計演唱會主視覺、海報、Logo、專輯封面，還找了音控、燈光、造型服裝各方人馬組成團隊，磨合很久才有今天的默契，結果這些團員揚言離開，就帶走這些班底，連我訓練三年的經紀人都被他挖走了，我現在要面對廠商的演出開天窗、違約賠償，以及錄音室各種費用債務的追討，不僅會搞得一無所有，還可能債台高築，真是沒想到他們就這樣惡搞，聽說昨天耶誕夜，他們在台中開唱，用的都是當初我請人設計的海報、動畫，更別提現場表演的音控、燈光這些工作團隊，也都用我訓練的人。律師，一個人背叛已經讓人心痛了，我是被一群人背叛，都不曉得公司能不能度過二〇一七年？」

啊?!人要走，連表演的工作團隊與樂器、海報等等生財工具都帶走了，那不是擺明讓公司無以為繼？藝人紅了，難道就真的不知飲水思源，毫不回想回首來時路的貴人相助嗎？還是覺得一夕爆紅完全是自己才華洋溢，市場造就，與經紀公司毫不相關，毋需回報恩義？抑或認為走紅歌壇，未來願景無限，原來的經紀公司已無力扛起日後大好江山，必須及早換手？唉！縱使是換人做做看，也該好聚好散，理性善後，怎能一紙解約存證信函，說走就走，還把經紀公司資源淘洗一空？

抬頭望一眼會議室的大鐘，我只剩下短短二十分鐘可以提出法律意見的時間，必須迅速想出解決方案，思緒千折百轉之間，想到每一個當事人都是帶著一顆破碎的心走進我的事務所，傷口需要療癒與撫平，而我只能為他們緊急止血，設定停損點，包紮縫補傷口，無法安慰受創的心，常覺力猶未逮；不過，如果適時提出正確的法律意見、合用的解決方法，通常已經可以達到五成以上的療傷效果了。於是我說：

「我認為你應該先寄出一份書面文件，宣示公司立場，包括：公司不同意藝人提前終止經紀合約，如果藝人違約，堅持提前終止合約，就必須賠償所有損害。因為從八月你收到藝人的解約信函，到現在已經四個月了，雖然雙方在持續溝通中，可是看來目前談判陷入膠著，毫無具體進展，倘使日後這個案子進了法院，法官會以為你們公司默認這項解約，因為你們與藝人商談過程都沒簽會議紀錄，無從透過書面文件了解你們公司的立場，這樣你們就給法院造成錯誤的印象，可能官司就先輸了一半。法律糾紛過程中，兩軍交鋒，不論是戰是和，當然要先宣示立場，表明對方違約行為，日後宣戰或和談才有中心思想與目標可以明確依循，一旦宣戰可以師出有名；倘使和談也能明快訂出和解條件的界限。」

法庭如戰場，任何紛爭都有可能走進法院對簿公堂，紛爭爆發時，當然要先弄清楚：為何而戰？為誰而戰？眼前這項經紀糾紛擺明就是藝人違約背叛，不論是要弔民伐罪、揭竿宣戰，還是和解談判，都要先列出藝人違約事項，才能朝目標前進嘛！為何當事人往往連這些基本動作都忽略了呢？經過諄諄解說後，總經理似乎才開始進入狀況了。

望著當事人一臉大夢初醒的表情，我趕緊建議：「現在補發一封宣示公司立場的書面文件還不遲，接下來要先確立和談籌碼，才能在下一輪談判中給對方壓力，包括你剛剛提到的專輯母帶權利及過往你幫他們設計製作的 Logo、海報及周邊產品的智慧財產權，應該都有簽約吧？」開始替當事人搜索談判的籌碼，看來第一波的和談，似乎都沒用上這些秘密武器，我先一一列舉，希望能幫他扳回頹勢，不過運用籌碼之前，得先確認當事人是否手上真的握有利器，否則一旦坐上談判桌，才發現兩手空空，豈不空談一場！尤其這幾年的實務經驗，有些貌似精明、江湖氣重的老闆常常只會博感情，不懂得簽合約，拿不準他們口袋裡有何武器，還是先問清楚再謀畫下一步。

「簽什麼合約？母帶是公司做的，專輯封面有標示，應該沒問題啊！其他像海報、Logo 為什麼要簽約？跟誰簽約？我都有出錢啊，這樣還不夠嗎？」當事人乍聽我的提醒，一臉茫然，不過開始回應之後，愈講愈理直氣壯，似乎覺得我的提問很可笑！

天啊！聽了真是五雷轟頂，腦門突然有五隻烏鴉飛過去，接著浮現女兒早上發現上學遲到在公車上傳來的 LINE 貼圖「屎定了」，我想這個天兵老闆是死定了！不過在震驚中，我還是力持鎮定地開始解釋法律規定：

「要簽著作權的轉讓合約呀！著作權法規定創作者擁有著作權，除非出資者跟他簽特約，要不然像這些海報、專輯封面的權利都歸設計師。雖然你公司有出資，但也只有使用權，而無著作權，你說的出資聘人的情況在民國八十一年著作權法修改，已經不是出資者取得權利了，而是創作者，因為著作權法鼓勵創作，所以如果公司沒跟設計師另外簽署特約協議，海報的權利就歸設計師。在你們這個案子，倘使藝人央求設計師授權給他在演唱會使用，或是賣斷給藝人，日後甚至你都不能再用，譬如你剛剛說的明星商品上面有這些圖案，設計師或藝人還可以反過來告你侵權。」

一口氣解說完畢，這下換當事人五雷轟頂了，他喃喃自語：「怎麼會這樣？都沒有人告訴我有這樣的規定，這幾年我都一直認為那些東西的權利是我的，沒想到還要簽約，可是現在再去要求設計師簽，他一定覺得很奇怪，隔這麼久了……。」

「去試試看吧！記得一定要低調進行，不要讓藝人知道，免得他們捷足先登，到時候你是出資者，還拿不到權利，一定很嘔！再來我要請你回去好好計算，你從栽培這些團員到去年他們的單曲紅了，這段七年的期間，總共花了多少經費，計算的時候要盡量量化，例如他們剛從南部上來住在你家，就計算租金，還有買吉他、鼓、錄音設備等，一筆一筆算出來，有找到憑證更好，另一組數字是他們八月寄發解約信之後，沒有執行合約通告的項目造成的違約賠償，以及未來你們已經談定簽約的尾牙、跨年表演，還有明年的廣告代言等等，一起算出損害的金額，包括法律規定的『所失利益』，就是指應該收到而因他們解約不能收到的預期利益，不過這部分的損失法律規定比較嚴格，要有憑據才能要求，例如已經簽好演出合約，而且到時候依法院的算法還得扣除成本，包括交通費、化妝費等，因為藝人沒演出，公司就不用支出這些費用了。」我一一說明，建議當事人先做好準備工作，才能順利展開下一階段的談判。

當事人認真地記下重點，回應說：「我知道怎麼做了，我先試著去把這些文件拿到，下禮拜再來請教律師具體的做法，剛才妳的分析都很清楚，雖然大部分都是我生平第一次聽到，不過，我覺得都是當頭棒喝，我回去會照律師的建議算出所有的數字。」

謝天謝地！總算聽懂了，再抬頭看時鐘已指向五點，我得在一分鐘內結束會議，我邊起身示意要送客，邊下結論：「總經理，真的很不好意思，我必須出門了，請你趁這個週末仔細想想究竟持續談判或是要透過訴訟討回公道，因為很多事情今天你第一次聽到，需要回去消化思考，這裡頭不只牽涉到法律問題，還有你的事業經營如何繼續走下去，以及人性可否再信任的議題，你都得沉澱下來，再做決定。」他點點頭道謝後，背起了黑色背包，一手抓起黑色風衣，臉色平和地離開了，望著他昂首闊步離去的背影，只能祝福他早日找到答案。

法律爭議通常變化詭譎，需要讓經紀公司的老闆自己掌握情勢、消化心情，才能做出最後的決定，因此我在提供法律分析及建議給當事人之後，會刻意預留一段時間給他們思索是否委辦後續事務，加上中國人傳統觀念認為「訟則凶」，對於訴訟案件的承辦，我一向以較為被動的態度面對，因為一樁訴訟可能影響當事人一生，為他（或她）的事業、婚姻、財產、感情帶來截然不同的際遇與變化，律師只能從旁提供法律協助，而不宜介入當事人的因果業行，執業多年，始終秉持這樣的原則，於是從上次與經紀人見面討論三個月以來，我沒再進一步詢問他後續的決定。

接著元旦假期、農曆年假，當事人音訊全無，我自己也忙著事務所年底結案的訴訟業務，以及一月底計畫前往英國參加女兒研究所畢業典禮，順道赴歐過年兼自助旅行，無暇聯絡當事人詢問他的決定。

不過，命運中該發生的事還是會發生，二二八連假後收到的第一封電子郵件就是這位經紀人交代公司行政經理發來給我的，電郵中只詢問經紀公司未支付版稅或表演分成收入給藝人是否構成違約？我到辦公室調出他附件檔案的經紀合約檢視後，回覆須視唱片發行公司的版稅報表及支付時點而定，至於表演收入如因經紀公司的遲延支付可能會「構成違約」；但在雙方談判終止合約過程中，可以與藝人違約賠償的金額進行抵銷，因此不一定會構成違約。

收到這封回覆電郵後，經紀人親自來電說：「謝謝律師的解答，可是我不明白為什麼之前公司委託的另一位律師與解約的樂團洽商和解過程中，一直提醒我們沒付版稅就會涉及違約，叫我們先付清，才能繼續談和解。難道他搞不清楚我就是因為藝人跑了，沒辦法表演後面通告的場次，才收不到錢啊！怎麼付錢給藝人？」

一聽就知道這位律師不太理解演藝行業的生態，也不擅長和解談判的策略，不懂得將自己當事人的劣勢轉為談判籌碼，才會不自覺陷入泥淖中，被對方掐住要害，動彈不得，只好反過來要求當事人執行合約，造成談判桌上節節敗退。他不曉得一旦當事人依約付款，對方立馬拿錢走人，會害得當事人喪失談判籌碼，人財兩失，將是最悲慘的結局！其實在合約提前解除的階段，又逢單方面解約，雙方不歡而散，合約的履行邁入非常時期，當然不能用一般時期的方式履約，對方已經翻臉無情、六親不認了，我方還執著於誠信履約，豈不成了笑話！二千多年前《孫子兵法》早就提出戰爭最高原則：「以正治國，以奇用兵」，法庭如戰場，依循正道不一定能為當事人獲得最大保障，和解談判亦須講究策略，出奇制勝才是兵家必須掌握的精神。

這些心中的想法全沒有明講，孔子不是早就提醒世人：「成事不說，遂事不諫，既往不咎。」（《論語・八佾》）事情已經成了定局，多說無益。我只輕聲回了一句：「每一個律師的行事作風不同。」

當事人急急地問：「我請曹律師不必再幫我們談和解了。我們公司想正式委託妳提告，妳願意接這個案子嗎？」

我答道：「接下這件案子沒問題，不過我會建議先發存證信函給對方，表明公司不同意樂團終止合約，以及這幾個月樂團停止執行合約造成的損害，要求賠償，因為從收到樂團解約函迄今，你們雙方都是口頭溝通，公司並未以書面表明立場，日後訴訟法官會以為經紀公司早已默認或同意解約。」

經紀人接受我的建議後，我立刻撰擬存證信函草稿，從情理法各層面表達經紀公司對於藝人突然解約的反對立場及累積的損害。以電郵傳送草稿，經當事人確認內容，我就以限時雙掛號寄給樂團的每一個藝人。在等待對方回應的幾天裡，我叮嚀當事人盡量收集前面幾個月對方違約的事證，從網路報導、對方臉書、官網、海報宣傳到購買新專輯等等，一方面準備下一階段起訴的證據資料，另一方面讓當事人在忐忑等待的時間裡，有個行動方針可以依循，不至於茫然無依。

過了幾天後，對方委託律師來電詢問和解的可能性，我說：「經紀公司已經決定要提告了，前一陣子委託曹律師跟您談和解，不是宣告談判破裂了嗎？當然接下來就要訴訟了。」對方律師語帶驚訝地探問：「沒有破裂啊！我們有提出和解條件希望公司同意雙方終止合約，積欠的版稅我們樂團這一邊可以放棄，曹律師有說要再溝通，後來就沒聯絡了。沒想到換了律師！那也沒關係，雙方都可以繼續談，是不是請妳安排個時間雙方律師坐下來談出結果，讓和解告一段落？因為妳的當事人也同意終止合約了嘛！他都向文化局報告了，現在只剩下結算版稅這件事情而已。大律師妳在存證信函上寫的種種違約行徑可能是誤會，藝人終止合約已經是既成事實，經紀公司也表明同意，您剛接這個案子，很多地方都不清楚，應該多去了解過去的狀況……」

我不客氣地打斷對方律師的武斷猜測，說道：「我雖然剛接這個案子，但並不表示對於案情不清楚，請不用幫忙下指導棋，前一段時間談和解，你們提出的條件一直沒有回應，就表示我方當事人不答應，難道還要明講嗎？藝人說走就走，丟下爛攤子給經紀公司，要怎麼善後呢？違約賠償一件一件發生，你們只用兩百三十萬元的未付版稅來抵銷，根本不夠支付公司要面對的違約賠償金，這樣的和解條件未免過於天真吧！如果要重談和解，可以！雙方當事人同時出面，大家把一樁樁、一件件的具體問題攤在會議桌上談，看看怎麼解決？不過時間要快喔，必須趕在這星期五之前，否則到了下禮拜，我知道你的當事人要發新專輯，如果到時候和解沒談成，我們會先向法院聲請假處分，禁止新專輯唱片上架，同時樂團不准作任何表演，再提出賠償訴訟。」

對方律師不悅地表示：「妳的作風與之前的曹律師完全不一樣，既然要談和解，何必如此強硬？我會先徵詢樂團團員的意見，盡量在明、後天安排碰面時間。」

值此存亡之秋，不強悍怎麼解決爭議！最理想的和解黃金時間——解約後三個月，都已錯失，出走的樂團已有新東家，即將發行新專輯；而我的當事人落得一無所有，身為他們的律師，態度不強硬，如何挽回頹勢?!

果真對方律師很快就回覆談判和解的時間——明天下午四點，地點希望由他們指定。經紀人獲悉後不滿地問為何地點不在我事務所？我解釋道：「也許是他們心虛吧！不敢到你的律師這邊，或者是他們想要全程錄音，在他們指定的地點比較方便。不論如何，地點在哪裡不是重點，這次會談重要的是和解條件能否順利談成？何妨我們就先遷就他們的需求，如果還有第二次的談判，再回到我們指定的場地吧！」當事人聽了就釋懷接受了。

我進一步討論明天的談判方式，以及我方的條件，經紀人沉默半晌後說：「律師，我們要不回公道了！從他們寄出存證信函要解約，我就知道我們要不回公道了。」

話語沉重、無奈，聽在我一個法律人的耳裡，顯得分外刺耳！「要不回公道」？法律不該是這樣虧欠一家兢兢業業的經紀公司啊！如果法律只能保護無情無義的人，那麼誰還願意守護著法律、遵守著合約？人們尋求律師的協助，不就是企求透過律師專業的腦、冷靜的心、善辯的口來實現公平正義嗎？怎麼和解談判還沒開始，就判定公理盡成灰、正義喚不回？這樣的結論必然觸動我們法律人最敏感的神經，我決定先把和解條件放在一邊，向當事人弄清楚「公道」這件事。

我問道：「你要的『公道』是什麼？」他沒料到我竟然反問起他心底最深的痛，愣了一下，他緩緩地梳理情緒，述說心路歷程：「這個解約案前面一個律師談得零零落落，當時我就覺得凶多吉少，後來向妳諮詢，提到民法那一條規定藝人可以隨時終止經紀合約，更發現法律是不公平的！這幾天聽到這些團員已經跟新的經紀公司合作，新專輯要發了。律師妳知道嗎，這張新專輯原本是我們公司向文化局申請補助案的一部分工作項目，當初領到的第一期款兩百五十萬元，都投入給團員安心去創作詞曲，買錄音設備，好不容易詞曲一首首做出來，也開始錄音了，最後是拿去別的公司發專輯，我們怎麼跟文化局交代？這下變成違約，不只下一期的經費領不到了，甚至第一期的經費還得賠回去了，更別提到去年到現在我們公司接的演出工作都開天窗，還有廣告代言，全都無以為繼！律師，請問公道在哪裡？」

我知道此刻附和著怨天尤人或批評法律不公、咒罵對方惡有惡報都無所助益，只是撩撥當事人更多的負面情緒，我要的是解決問題，而不是同仇敵愾、發洩怒氣，於是我再問一句：「目前公司的傷害已經造成，你要怎樣的『公道』？」

當事人在遭遇不公不義的時候，常覺得法律不公平、對方罪該萬死……，可是要他具體說出如何討公道、被彌補，卻無言以對，可能是還沒調適心情，接納變局，只能數落與批評。身為律師必須即時幫助當事人回歸現實，心碎了如何修復、約毀了如何賠償、錢虧了如何補足，所有的變化都無法回到當初，只能收拾殘局。在雙方合約關係變調走樣時，「公道」是什麼？不是最初的完整無缺、誠信履約，而是面對殘局的補救，在補救中求取情理法的衡平。

當事人思索片刻，依然沒有答案，我直接挑明：「如果要求對方公開認錯道歉、賠償損害、終止合約，這樣是否算是『公道』？」

經紀人似乎清醒一些了，問道：「可以要他們賠多少？」我試著教他計算求償金額，解釋說：「法律上的損害賠償包括受害方的『所害損害』及『所失利益』，你要計算從去年樂團寄出存證信函終止合約到現在，沒執行的項目造成公司的損失有多少？包括文化局的五百萬元，以及沒去演出的活動所減少的收入，還有廣告代言的酬勞，如果對於廠商必須作成違約賠償，那麼這部分實際的賠償金額，也得算進來。另外，『所失利益』是指合約期限到一百零八年，還有三年期間可能的收益，例如預計製作發行的專輯及演藝活動，當然如果上法院，『所失利益』的舉證是需要合約或其他證據來支持，現在處於和解談判的階段，只需要原來經紀合約有明確列出就可以主張，例如未來三年預定要完成三張專輯，專輯的收入可以參考過去三年合約期間所發行的兩張專輯的平均收入作為計算標準，可以包括CD實體與數位（New Media）的收入。」

經紀人說：「這樣大概可以抓三千萬元。」我追問：「那麼底線呢？最少你希望可以拿回多少，願意簽和解書？」

經紀人有點遲疑地回答：「五百萬到八百萬元吧！」我作了一個結論：「好！明天就先提三千萬元的賠償金，並且要他們在官網公開道歉，這兩點他們同意做到，我們才答應終止合約。」

經紀人理出頭緒後，心情平靜不少，我們約好明天見面時間。電話掛斷後，我再整理相關資料，預備明天上談判桌攤牌了。

第二天準時赴約，對方團員已在他們律師事務所的會議室，想必事前沙盤推演，研究一套教戰守則。一一寒暄介紹後，發現除了五個團員之外，多了一位陌生臉孔，我不客氣地問：「你是誰？為什麼進來這裡？」對方理直氣壯地答：「我是他們的經紀人，我來了解狀況。」

真是囂張！舊合約糾紛還沒解決，新的經紀人就來示威，當然不能讓他得逞，否則我的當事人尊嚴擺在哪裡！

「經紀人？合約還沒終止，怎麼冒出經紀人？你們簽約了嗎？哪時候簽的？」我提高音調衝著他問。

「簽了！」團員快速回答，顯然不知我提問的目的，那個傢伙警覺性高，立刻否認，答稱：「還沒簽。」還算聰明，沒掉入我的陷阱，不過，我還是質疑：「一份合約怎麼有人說簽了，有人說還沒？到底怎麼回事？如果簽了，你是合約上的經紀人，當然可以在場列席；如果沒簽，你算是外人，很抱歉！今天是團員跟經紀公司的談判，外人不宜在場，請立刻離開。不過，如果新合約簽了，團員舊的未了，新約已簽，恐怕違約背信又加一條！」

團員們面面相覷，立即改口道：「其實還沒蓋章，只是在談而已……」那位自稱「經紀人」的男子主動表示願意離開，我盯著他走出會議室關上門才開始會談。

對方律師已然不悅，又沒理由發作，只能挑釁地劈頭問道：「你們的和解條件是什麼？」

我神閒氣定地說：「顏律師，不著急，時隔六個月雙方當事人好不容易見面了，讓他們先說說各自的心聲吧！我倒是很想知道為什麼團員要離開，大家一起打拼了這麼多年，經紀公司為你們籌錢開公司、爭取每個上台表演的曝光機會，借錢幫樂團發專輯、買樂器，多年來按月給你們生活費，為什麼一首單曲走紅樂壇之後，第二年五月一得獎，六月就寄存證信函要終止合約？難道人情薄如紙，船過水無痕？」

對方律師作勢要開口，我搶先阻止：「大律師，讓團員自己說說話嘛，您又不是團員，怎麼表達他們的心聲？說不定這是他們雙方最後一次面對面暢談，下一回合可能就在法庭上對簿公堂了。」

團長忍不住發表感想，激動地說：「沒感覺了嘛！當初我們樂團都想解散了，得獎那個晚上慶功宴我只想大哭，一路走來，覺得失去最初的熱情與對音樂的執著，走不下去了，只好離開！」

「沒感覺了」，這不是情侶分手常常用的台詞，原來藝人與經紀公司解約也流行這句熱門用語，我突然想到上禮拜有個離婚案的妻子在我辦公室幽幽泣訴說：「我老公跟我說他沒感覺了，還說他不舉，無法行房，可是徵信社怎麼就查到他金屋藏嬌，還生了個兒子，偷偷報戶口在我家戶籍裡呢？」說起來橫豎提個理由，還算是用藉口掩飾心中的內疚，不過，實情揭穿後，受傷的這一方不是更不堪嗎？

忍耐著把心裡的OS擱在一邊，我平和地回應：「沒錯！做音樂需要熱情，對人、對社會、對土地有深厚的連結，強烈的感覺才能創作，可是我不懂的是，你們說沒感覺了，為什麼這幾個月能作十二首新歌，還趕在昨天發行新專輯？你們說沒熱情表演了，為什麼臉書上不斷Po出你們在南部演唱的活動相片，還有線上直播的收費訊息？難道你們面對觀眾自己收費就有熱情，面對經紀公司就沒感覺？」

團長啞口無言，鼓手趕忙支援，說道：「反正我們就是解約了啦！法律也支持我們，在這個前提下，看看怎麼處理。」典型年輕人過河拆橋的思維，完全忘卻當初幫他們搭橋的人有多少辛勞與負擔！

「解約是你們一廂情願的講法，經紀公司始終沒接受過，法律的規定也明文提到不可以在不適當的期間終止委任關係，否則要負損害賠償責任，既然你們一心求去，那麼所有的賠償責任必須承擔，公司這邊計算出到目前為止，所有遭受的損失加上民法規定可以請求的

『所失利益』總共兩千五百萬元，如果你們願意賠償，並且在樂團官網上連續刊登道歉函一個月，公司同意雙方終止合約。」面對已無情義的團員，我直接提出和解條件。

團員們露出不可置信的表情，對方律師立刻表示：「這是不可能的，我們頂多公司欠的版稅一百五十萬元放棄，要團員賠兩千多萬元，是做不到的。」

「如果是這樣，只好上法院讓法律來判定是非曲直了。」我也不囉唆，指明下一個步驟。

貝斯手激動地抗議：「你們為什麼只講錢、錢、錢？錢是大人的事，我們的任務只在做音樂！」

「你們鬧著要出走，不就是為了錢嗎？認為公司付的錢太少，資源不足，無法為你們紅了之後規畫未來，哪裡只是專注在做音樂?!」我毫不客氣地反駁。

「大律師，您說要讓當事人表達心聲，您的當事人都還沒說話呢？到底這些條件是誰提出來的？」對方律師反過來要逼我的當事人表態，一副強烈懷疑我是強勢主導，毫不尊重當事人真正意思的態勢。

「我的律師剛剛提出的條件都是我的意思，情勢發展至此，我也不曉得還能說什麼，這一段時間是公司的黑暗期，債權人紛紛上門逼債，公司的信用名聲一夕破產，我只能期待儘快設定停損點，其他我不敢奢望，走到這一步，我只能說自己經營失敗，所有的努力付諸流水，我無話可說。」經紀人沉痛地說。

我起身道：「既然雙方無法和解，今天就到此為止，下週全案會進法院，到時候媒體關注、社會矚目，情況如何變化就不是我們可以控制的了。」

經紀人默默地隨我身後出來，表示要開車送我回事務所。在車上他一直沉默不語，我說：「自己帶出來的子弟兵，這樣就走了，一定不是『傷痛』兩個字可以道盡一切。」他無神的雙眼突然瞪得筆直問道：「我真的不明白，為什麼當初從大學帶著他們，打理一切，把屎把尿，到最後是這樣的下場，難道我錯了嗎？」

「是的，你錯了，你教了他們一切關於創作音樂與舞台演出，也極力將他們推向舞台發光發熱，唯獨漏了一件事沒教他們，就是『感恩』！他們眼裡只會接受別人的付出，而從沒機會學習『感恩』這件事，於是年輕人紅了之後，忘了往日奮鬥過程公司的付出，以為今日的掌聲與喝采者都是實至名歸、理所當然，不知感恩為何物，八年來你傾全力創造出一個音樂天團，卻忘了教導他們『謙卑』、『感恩』……。」我點出事情的關鍵，經紀人點點頭，看著我下車，隔著車窗拋出一句沉重的話語：「律師，謝謝妳，至少我曉得錯在哪裡了。」我走上人行道，回首望著車子緩緩駛離，心想經歷了今天的過程，恐怕他今夜難以成眠吧！

和解過程中，安排雙方當事人的會面，有時候並不是期盼可以解決什麼爭端，只是讓當事人在面對面的接觸中，看到真實的狀況，知曉雙方過往的關係已然變質或破碎，必須採取新的方法修復或補救殘局。因為有些當事人在遭逢變局心碎之後，無法接納對方的變化與新的局勢，依然以舊思維面對新爭議，這種狀態絕對無法解決當下的困境，甚至會影響我們律師的法律作業或決策，因此我往往藉由和解機會讓雙方直接接觸，有時雖然場面令人心寒，卻能快速促使當事人進入變局中，頓時清醒覺悟，痛下決定。如同今日的會面，看來心酸又沉痛，不過當事人在會議桌上剎那醒悟這些他辛苦拉拔長大的樂團團員去意已堅，不可能回頭，他必須面對現實，設定停損點，思索下一個可行的步驟。

和解破裂的那天深夜，當事人不再有情緒起伏，只是傳個簡訊給我，請我準備進行訴訟程序，我回覆：「這幾天春假要陪家人到日本京都賞櫻，等連假結束返台，立即著手撰擬起訴狀。」同時提醒他抽空整理樂團違約的證據資料，便於起訴提告時一併呈送法院，他應允後，提到「可能會先打媒體戰」，我不以為意，認為不至於影響日後法庭攻防即可，當事人有權利為自己發聲，縱使透過媒體傳遞訊息也是他的選項之一，可是沒想到接下來的一個禮拜掀起如此巨大的波瀾……。

在飛往日本旅行的途中，我不斷思索這場可能引爆的媒體戰是否恰當？樂團團員背信忘義、過河拆橋，一夕爆紅就忘卻多年提攜的老東家，當然應該受到譴責；可是「媒體」如同波濤巨浪，水能載舟，也能覆舟，在媒體強力報導下，必然會讓對方赤裸裸地被放大檢視，遭受輿論批評攻擊；但反觀提供訊息的這一方也會遭遇對方反撲，以極端方式窮追猛打、鬥倒方休！當事人真的要付出這般代價？

京都賞櫻行心頭不斷湧現這些疑惑與擔憂，擔心自己的當事人慘遭反擊，再度受傷；也為是否要下這般重手，運用媒體與論痛批剛冒出頭的樂壇新秀，感受疑惑掙扎……，走在賞櫻景點「哲學之道」時，當事人傳來簡訊詢問可否出示合約及律師函給採訪媒體看？我曉得戰事即將開啟，回覆他：「媒體是為了查證報導的事件是否屬實，所以需要確認相關文件，你們可以斟酌提供資料，但涉及個資部分須留意，請勿輕易公開。」

特意讓自己不要介入媒體運作，因為律師是法律人，不是媒體人，對於媒體的生態及運作方式不熟悉，自然不適合提供意見。但是打媒體戰是否師出有名？價值判斷如何？這些疑問就成為我個人的思考範疇了，不論如何，自己還是要獲取心理上的平衡，於是旅程中思量數日，漫步在南禪寺庭園中，靜靜坐在「枯山水」前深思，想到佛法中因果業報的思想，這些年輕樂團藝人不思感恩圖報、飲水思源，做人基本道理都已揚棄，空有才華，又有何益？日後成就愈大，豈非益加自我膨脹，不可一世，視他人付出為理所當然！個人造業個人擔，他們既然種下惡因，只能自食惡果，何況法律程序只能判明是非善惡與公平正義，無法教會人們感恩謙卑；或許透過媒體揭露，才能讓這幫年少得志的舞台明星看到命運的警示吧！

旅行結束，收假上班第一天中午就接到經紀公司經理寄來的媒體週刊報導，聳動的標題令人觸目驚心——××樂團挨轟無情無義，跳槽爆黑暗內幕，迅速檢閱報導全文，確定與日後提告的法律立場無影響，就先擱在一邊，觀察後續發展。沒想到過了四個小時，對方立即反撲，在臉書貼上聲明稿，不僅為樂團的離開提出各項合理化的說辭，還痛批經紀公司管理欠當、經營不善、週轉失靈，翌日甚至發動粉絲網軍聯合批鬥經紀公司，用大量投書、留言及批批踢看板一波一波欲置經紀公司於死地，當事人匆忙回覆、澄清解釋，似乎疲於奔命，在喧鬧數日之際，最後一個重擊居然是一週後同一家媒體再爆料刊登的樂團專訪，內容除了盛讚樂團的音樂作品及創作才華外，蓄意多處貶抑經紀公司，充斥負面評語。

當事人讀畢怒不可遏，一來對於樂團的說辭痛心疾首，二來深覺被媒體耍了！凌晨他傳LINE過來，寫著：「律師，媒體戰我搞不過他們，背後支持的新東家太卑鄙了！請妳啟動司法戰吧！」當事人二度傷害的心碎沉重，差點讓我那晚一夜無眠。第二天到了辦公室，調出前一天擬妥的起訴狀，再加上一段話，讓法官明白這些走紅的藝人如何糟蹋昔日的合作夥伴，當事人看過起訴狀之後說：「律師，請直接送法院，我希望公道最後能在法庭實現。」

人生最難的一課，就是道別，偏偏學校忘了教、父母親不知道怎麼教，我們只好跌跌撞撞，在親人、情人、夥伴離開後，看著他們的背影，學習擦乾眼淚，面對心碎的自己，收拾殘局……。

緋聞案與律師函

星期五午後趕著下班前，把合約看完修改幾個條文，寄回給等候簽約的當事人，再整理好下週一開庭要進行辯論的所有文件書狀，交代助理幾項公務，看著辦公桌上整齊的卷宗，關上電腦，準備回家度假了。

晚餐後，母女蜷曲在客廳沙發，看完韓劇《記憶》後，再度翻閱「台南風格之旅」的旅遊書，跟女兒討論這陣子規畫數週的古蹟之旅，考慮再增加什麼行程，女兒提議明天下午逛完台南孔子廟之後，先到附近文創商店晃晃，也許會與台北華山園區的創意商品有不一樣的特色，邊說邊用 iPad 上 Google 網站搜尋，發現孔廟旁邊「窄門」咖啡廳隔壁的二手書店與小店都不錯逛，聚精會神地瀏覽網站評價……。

突然手機嗶一聲，有簡訊進來了，是藝人經紀公司的總經理特助傳來：

「沈律師，不好意思這麼晚打擾您，剛剛電子媒體持續報導藝人×××的緋聞，藝人很生氣，要求總經理立即提告。請問您明天早上有空嗎？可否到公司緊急會議商討訴訟程序？」

啊?!明天九點的高鐵班車要到台南旅行，怎可能去公司開會？一看時鐘深夜十一點了，趕緊打電話給特助，表明要立即危機處理，我可不希望籌畫了一個月的旅遊泡湯或受到打擾，同時打開電視看看新聞台是否繼續播報這則緋聞，電話接通了，特助迅速又簡要地說明事情原委，剛好電視螢幕跑馬燈轉播：「藝人××驚爆婚外情，十年的婚姻恐不保，小三入住豪宅威脅正宮，元配已出國散心……」。

藝人是近年來紅遍兩岸三地的電視劇一線演員，拍片十餘年，去年爆紅，經紀公司以天價簽下三年合約，沒想到簽約不到半年就傳出緋聞，經紀公司當然要立刻滅火，否則上個月連續接下的三家廣告代言勢必被取消。

趕緊告訴特助，明天一早要到南部，無法與會，可否今晚緊急處理？特助一聽傻眼，表示總經理目前人在香港出差，原本預訂明早搭第一班飛機返台會商，這下子時間湊不在一塊兒了。

聽得出一向幹練俐落的特助沒轍了！

合作多年，不可能公司出事時，臨時丟下撒手不管，叫當事人去找別的律師，更何況這種牽涉知名演員的緋聞案，新聞媒體嗜血，律師見獵心喜，雙方一拍即合，常把滅火搞成放火，危機處理變成火上加油，紅了律師，卻苦了藝人。

緊要關頭，沒理由棄當事人於不顧，可是更不樂見週末旅遊被干擾，得要想出變通之道……。

「可否立刻安排三方通話，我跟總經理分析法律立場，看是要提告或寄發律師函，或發聲明稿給電視台或報社就好？」分秒必爭的關鍵時刻，給特助一個提議，聰慧高效率的她，立即照辦。

趁她聯絡的當兒，迅速收取電郵，閱讀特助剛剛寄來的電子媒體報導影片及平面媒體電子報，處理娛樂圈緊急狀況十多年，三、五分鐘讀下來即知緋聞全貌，新聞影片剛看完兩家報導，手機響了，特助接通香港總經理電話。

總經理剛接任，第一次碰上藝人緋聞案，顯得有點慌張，他說：「下午兩點爆出新聞，藝人在上海的律師就上法院提告了，因為導火線是上海一家小報未經查證，也沒做平衡報導就登出來了，所以上海律師告這家報社妨害名譽，而台灣的媒體看到網路上這則新聞就跟進，根本沒問過經紀公司或藝人，剛才我一直在電話裡安撫藝人，他正在北京八達嶺接通告，要拍一個代言影片，現在情緒很不穩定，非常生氣，要求台灣律師也要同步提告。律師，妳的看法呢？是不是明天一早就到法院按鈴申告？」

「總經理，我能理解藝人的心情，他十多年來形象清新，夫妻恩愛，乍聞這種報導一定怒不可遏，不過始作俑者是上海報社，台灣的平面媒體只是因循舊習，疏於查證採訪，直接引用網路消息，而電子媒體又會抄平面媒體，於是一路以訛傳訛，雖有作業疏失與誇大渲染，但似乎還不具有誹謗的犯罪故意，如果直接提告，恐怕法律上反應過於激烈，控告不成，反而得罪媒體，得不償失！可否先寄發措詞嚴厲的律師函，讓媒體知悉可能涉嫌誹謗刑事責任，明天不再繼續報導，同時可以警示其他蠢蠢欲動的媒體切勿跟進，倘使媒體不予理會，下週一再提告也還來得及！」在最短時間內提出明確的因應方案，讓經驗不足的總經理有個方向。

順帶讓當事人明瞭我一向的風格——不要用大砲打小鳥，法律程序是激烈的手段，刀劍出鞘，必有傷亡，訴訟也要符合比例原則。

「可是藝人還在震怒中，會不會認為我們的處理方式太溫和？」年輕的總經理雖然採納我的建議，不免憂心藝人的反應，很怕一旦侍候不了當紅藝人的情緒，藝人轉向大中華地區的高層訴苦時，他的總經理寶座就保不住了！尤其藝人走紅時，常會自我膨脹，或承受不了排山倒海的壓力，經紀公司就成為情緒回收桶，必須小心翼翼地侍候藝人所有的心情起伏……。

「那麼你就告訴他，明天是週末，法院沒開，雖然緊急刑案可以法院門口按鈴申告，可是娛樂線記者星期六都睡很晚，一般民眾週末出遊或休息，也不太看娛樂版，只要先寄律師函警告即可，先禮後兵，免得造成媒體反彈，全力封殺藝人！」轉述過往處理娛樂圈新聞事件的心得，同時給予說法，讓總經理可以對藝人有了合理的交代。

可是總經理還是不放心，追問着：「那麼我們哪時候才要告？」

我再進一步解釋：「誹謗案要成立，必須查明媒體報導之新聞是否符合事實，因此在法院調查程序中，常常牽涉被害人的實際狀況，例如工作內容、家庭生活、夫妻關係等隱私情形，在這個案子裡頭，如果提告，檢察官勢必要調查藝人與緋聞對象之關係、是否有報載各種情況，在傳訊證人或被害人的過程中，法庭上會造成多次的二度傷害，加上媒體推波助瀾、嗜血渲染，八卦滿天飛，我想這是藝人與經紀公司所不樂見的。」

「喔！好的，我先來安撫藝人，轉告律師妳的建議，那麼律師函請問何時我們可以看到？」總經理終於聽懂輕重緩急與利害關係了。

「一個小時後，我把律師函草稿傳給您與特助，如果藝人不滿意內容，我可以隨時照他的意思修改，改到你們都可以接受為止，明天一早就傳給各大媒體，防止他們追蹤報導或加碼跟進。」當下速戰速決，寧可犧牲睡眠，也不要影響明天的旅遊行程。

一看牆上的鐘，子夜十二點，一邊呼喚孩子們整理完行李早點上床，一邊開始撰擬律師函，共要發給三家平面媒體及四家電視新聞台，先快速地再看一次他們各家的報導，內容大同小異。思考幾分鐘，再確認刑法第三一〇條妨害名譽罪及民法第一九五條的侵權規定，草稿就在 iPad 上一字一句打出來了，第一段敘述藝人的平日良好形象作風，接著簡要轉述媒體報導，下一段指出報導內容與事實不符之處，同時列出涉犯的誹謗刑事罪責與民事侵權賠償的責任，末段明白提出經紀公司的訴求：「請電視台與報社立即停止前揭不實報導，並撤除網路新聞，同時公開致歉；否則追訴民、刑事責任，絕不寬貸！」

半個多小時後草稿擬就，寄電郵予特助，她正徹夜守候，收到後立即轉寄此刻在北京飯店等待的藝人。十五分鐘後，特助說藝人與總經理對內容無意見，但藝人希望第一段引述報導標題可以全部刪除，免得看了刺眼，他的妻子會有二度傷害之感。

「我可以刪除第三句到第六句，但是第一、二句還是要保留，不然如果這個案子不能善了，下週要上法院打官司時，律師函引述不明確，未指出何項報導，無法建立新聞台或報社持續報導的犯罪故意，到時候可能會有爭議，請你們再解釋給藝人聽，好嗎？」人情事理要顧及，法律立場也要守住，如果一味迎合藝人的需求，最終告不成，當事人會認為律師的法律專業不足，而不會省思自己當初的要求造成進退失據。因此我寧可多費唇舌與當事人溝通，而不要全面迎合或討好當事人。

特助的法律敏感度高，一聽即懂，半小時後回覆，藝人已然理解，律師函內容可以定稿了，預定明天九點先傳真給媒體，觀察後續反應後，再決定下一步做法！

「律師，感謝適時相助，哎呀，已經半夜兩點多了，您趕快休息吧！免得耽誤您明早的行程，祝您旅遊愉快！」總經理特助的簡訊讓今晚的加班暫時畫上句點。良好的團隊合作會令人忘卻疲憊，特助的忠誠、善盡職守與積極聯繫，讓我樂於熬夜配合危機處理，終於暫告一段落，可以安心上床了。

沒想到十點多一到台南，剛抵達第一個景點——海安路街道美術館，逛到神農街巷弄中欣賞古老宅院斑駁的木門時，手機響了，劃破古蹟巷弄的寂靜，我走到巷底古廟旁接聽，傳來經紀公司特助急促的詢問：「律師，很抱歉！又要打擾您了，今天早上我們在公司要傳真您寫的律師函時，打開電視發現電子媒體似乎耳聞藝人要採取法律途徑，清晨趕緊做澄清報導，穿插播出昨天晚上藝人在北京接受採訪做的一段三十秒聲明，強調昨天的新聞部分有新的進展。律師！這樣我們還要傳真這封律師函到各報社或電視台嗎？」

法律爭議，瞬息萬變，當事人常常舉棋不定，過猶不及，此時除了提出法律見解，還得分析情勢，幫他們擬定策略，否則會緩不濟急，錯失良機……。

立刻上網看完特助寄來的電視台影片，快速分析：「我建議還是要發傳真，因為他們的追蹤報導並無澄清或認錯之意，雖然台灣媒體居於強勢的地位，縱使接獲律師函，也不可能認錯，但是經紀公司還是有必要宣示立場，以正視聽，不然也很難掌握其他家媒體的動態，而且公司剛巧可以趁昨天的緋聞報導，措詞嚴厲地警告媒體，日後他們對於你們公司藝人的相關新聞，會更小心！如果今天不發，下午或明天又有其他媒體持續報導，觀眾或一般民眾不明就裡，會被誤導，到時候要做澄清，就更花力氣了，況且廣告代言公司也不容許緋聞像滾雪球般地鬧得沸沸揚揚！」此時一定得堅持立場，才會讓猶豫不定的當事人及時止血，當機立斷。

特助又問：「那律師函的內容需要調整嗎？」

「不用！因為媒體最新的報導都還沒符合律師函提出的訴求，其實目前的狀態是跟昨天半夜是一樣的，如果內容改得溫和或減少訴求，反而讓媒體弄不清楚經紀公司的立場。」我再度堅定地回答。

特助迅速應諾，立刻傳真昨天深夜定稿的律師函，我也繼續未完的行程。

午餐正在永樂市場排隊買金得春捲，收到特助傳來的新聞影片連結，我立刻連上網看到電視台的新聞影片播報經紀公司寄發律師函一事，主播還神色凝重地朗讀信函末段的刑法誹謗條文與要求停止不實報導的訴求，螢幕上赫然出現畫上紅線框出末段「……追究民、刑事法律責任，絕不寬貸！」的內容。

顯然收到嚇阻的警告效果了，到了晚上在民宿就寢時，特助傳了簡訊，貼心地告知：「律師，感恩，從中午報導律師函之後，電視台都沒再報導藝人的事，總經理要我轉告，還好早上採用您的建議，適時傳真律師函與新聞稿，藝人心情也好多了。謝謝您喔！」

律師的堅持，常是決勝關鍵，在危機處理中，促使事件圓滿落幕！

有時，法律爭議一爆發，當事人急得跳腳，危機處理中只冒出情緒，全無章法；此時律師的堅定態度，可以引導當事人掌握方向，事件才得以圓滿落幕。

音樂會的抉擇

她，一位娟秀靈幻的女子，因著一股對於中國音樂的喜愛，毅然拋開外商公司誘人的高收入，十年前在團長殷切的期盼中，義無反顧地投入這個國內唯一由民間自組的大型國樂樂團，擔任執行長。接任之後，立即進行柔性改革，為了徹底變化團員的氣質與內涵，她親自帶領團員定期到台北書院上課，吸取中國傳統經典的智慧，學習花藝茶道中的定靜禪意；平日積極與企業界合作，打開樂團知名度，推動另類行銷手法，爭取樂團指揮成為廣告代言的商機，積極打造耳目一新的跨界合作，到日月潭與布農族八部合音在中秋月夜合唱演奏，在台東池上農田之間演誦《詩經》的遠古心聲，邀搖滾樂團前往花蓮太魯閣合力演唱蘇東坡的〈赤壁賦〉，悠揚清亢的國樂聲，伴隨原住民、搖滾樂團的演唱，每每帶給樂迷不一樣的新奇感受！每次音樂會，執行長委託我幫樂團審閱或擬訂合約，除了法律文字及合約架構的嚴謹思考之外，總有一份驚豔與感動。

於是除了法律建議之外，基於十幾年來對於表演藝術及流行音樂的掌握，常給執行長策略性的提醒，而她屢次欣然接受，也給擔任法律顧問的我極大的肯定，就以上一次與原住民歌手合作為例，歌手的經紀人轉達對合約的看法，希望刪除所有違約罰則，執行長聽了忐忑不安地來訪，諮詢可能的履約風險。

「律師，這樣不是對我們樂團很沒有保障嗎？主辦單位指定我們樂團跟這位歌手合作，只因為前兩年她得了金曲獎，可是聽說她的經紀公司很難搞，如果違約條款拿掉，歌手到時候出狀況，不來彩排，或演出遲到，甚至任意更換曲目，那我們怎麼辦？違約賠償的責任會落到我們樂團的身上耶！因為是樂團與主辦單位簽約，我們要對主辦單位負責……」雖然憂心忡忡，滿口怨嘆，執行長依然氣質優雅，散落額前的髮絲偶爾蓋住靈動深邃的眼睛，令人心神盪漾，差點忘卻要討論嚴肅的法律議題。

「這倒是很特別的要求，經紀人有沒提到歌手是怎樣的考量？為什麼要刪掉所有的違約條款？是他們對於執行合約太沒信心，怕違約賠償；或是太有信心，認為絕對不會違約?!」先了解對方的心態，再決定如何因應，既然主辦單位指定人選，對樂團來說使命必達，不能更換歌手；合約方面就要找出既須讓步，又能保障我方權益的方案。

有些律師堅持合約條文，一路開到底，絲毫不退，最後受苦的是當事人，不是談判破裂，就是造成對方合作僅此一次，下不為例的回應。自從去年學了老子之後，「天下之至柔，馳騁天下之至堅」、「弱之勝強，柔之勝剛」，懂得「退後」的哲學，反而可以幫當事人找到變通折衷之道。

「我不知道欸，聽到這個要求都傻眼了，當下就不想跟他們合作了，哪會再去問這麼多！」執行長嘟起嘴來，訴說不滿。

在表演藝術界效力十年，想必她也具備某程度藝術人的性格——觸動某一條敏感的神經時，卯起來就一拍兩散，老娘不幹了！擔任表演團體的法律顧問，有時也得好聲好氣地哄哄他們，分析利弊得失，甚至幫他們想出解決方案，免得一場曠世鉅作從此束諸高閣。

「經紀人是不是有說這些條文加上去，歌手會覺得不信任他們？」我嘗試著分析對方的心態，洽商合約如同戰場練兵作戰，知己知彼是首要急務。

「咦！好像有聽她經紀人提到這種說法喔，律師，妳不在現場，怎麼會知道他們的心態？」執行長臉上出現另一種疑惑。

「原住民的個性是這樣沒錯，他們重視承諾，一答應就會做到，他們很難理解為什麼漢民族談合約時要加那麼多但書，搞得契約厚厚的一疊，前幾年我幫唱片公司去談一張原住民唱片專輯，在台東的部落待了三個月，跟一群原住民日夜相處，比較了解他們在想什麼。」族群文化的差異常會造成合約的隔閡，藉著實際的經驗，順勢對執行長機會教育，接下來建議：「你們可以打聽一下這位原住民歌手平素參與演出的風評及經紀公司的作風，如果是可以信賴的，就順他們的意思，拿掉違約條款承擔一些風險，就我對原住民的了解，及去年金曲獎頒獎後的介紹資訊，這個歌手不會情緒化，私生活也沒有負面報導，應該會守承諾。」

執行長果真去業界打聽後，決定冒險一次，簽一份沒有違約罰則的合約，結果演出順利，佳評如潮！

這幾天她又發 Email 來諮詢一份跨年表演的合約問題，我循例逐條檢查，對方是一家頗負盛名的基金會，在一系列的耶誕跨年公益活動中，將重頭戲——一〇一大樓跨年特別節目委託這家樂團擔綱，可是合作條件嚴苛，不僅酬勞低，還要求正式表演前要「試演」，而且表演後樂團要寫結案報告，通過驗收才付尾款五十%。一看完合約，簡直改不下去，情緒不斷冒出來，本想立刻聯絡執行長，叫她不要簽了！這個基金會簡直是不上道，十幾年來審閱過不下上千份的表演合約，從來沒看過要求樂團「試演」的邀請單位，更別提驗收的條款了，樂團演出又不是設計衣服、電腦程式，或是商業服務，驗收標準怎麼訂？是不是要以演奏時沒錯音、指揮沒恍神、票房全滿、演出謝幕指揮出場三次或觀眾掌聲高達多少分貝、鼓掌長達幾分鐘、全場多少人起立、翌日媒體正面報導幾篇來決定驗收通過與否？真是滑天下之大稽，藝術價值與成就豈可量化？

可是正當情緒上來時，多年執業的經驗告訴我，律師的情緒，尤其是負面情緒很容易造成渲染，甚至影響當事人的重要決定，如此一來，將會違背自己一直恪守的信念：法律諮詢只做客觀理性分析，切勿幫當事人做決定或影響決策，當事人的人生必須由他們自己做決定。

於是在辦公室先讓心情沉澱下來，花五分鐘練習四念處內觀修行法門，讓腦海中的各式念頭升起又消失，心裡平靜後才打電話給樂團執行長，想知道她對於這個合約的看法，再決定要幫樂團修改合約到什麼程度，沒想到她已經經歷一段煎熬……。

「律師，這幾天我也陷入天人交戰中，樂團同仁聽到首度要演出跨年節目，而且我們排在倒數計時前三十分鐘表演，到最後十秒鐘由樂團指揮引領全體觀眾跨年倒數，東風電視台全程實況轉播，大家都樂呆了，可是您也看到合約真的訂得很苛刻，這個合作從暑假以來，已經談了三個月，好幾次我都想放棄，可是昨天我專程請教業界資深前輩，他勸我盡量接下這個活動，因為國內沒有一個樂團，不管是管絃樂或國樂有此殊榮——擔綱跨年倒數，當晚表演實況錄影會隨一〇一大樓的跨年煙火傳送到世界各地，樂團的能見度立即在全球展開；更重要的是這家基金會在中國大陸有極大的人脈與影響力，這一次合作成功後，可以經由他們敲開西進中國的門戶，樂團就可以順利登陸了，實現樂團多年的心願！前輩說出我們樂團的夢想，立足台灣、前進大陸、巡迴全球一直是樂團設定的階段性目標，這一次與基金會合作，機不可失，所以我才會考慮接受如此不平等的合約……」執行長幽幽地訴說合約背後的考量。

「我完全同意這位前輩的忠告，可是圓夢之前要先保平安，我們律師的任務就是讓你們在每次合約的執行全身而退，如果合約有後遺症或損害你們的權益，律師一定得先把關，台灣多少表演團體心心念念前進大陸巡迴表演，結果不是陣亡，就是被騙，你們樂團有上百人的規模，絕對禁不起這種冒險。我只問妳兩件事：如果這次跨年演出後『驗收』不通過，樂團承受得了五十％尾款收不到的損失嗎？過去五年這個基金會幫了多少台灣表演團體成功地在大陸二線以上城市演出？」我回歸現實面，問她數據。表演藝術界的人常常看到夢想，就忘了實際數字，我得先把她拉回現實世界。

「說真的，基金會過往對台灣表演團體西進中國有哪些成功的案例，我也不知道，不過可以肯定的是，五十％尾款如果收不到，明年一月份樂團的薪水就發不出來了，因為目前我們打算只接這一檔活動，全力演出。」執行長馬上醒過來，回應我犀利的提問。

「所以，妳要承擔這個風險嗎？」再次逼她面對現實問題。

「律師，我們可不可以把驗收通過的付款比例降低一些，譬如二十％，而在演出前一天先付三十％的第二期款？」韌性絕佳的執行長依舊不放棄合作機會，嘗試想出變通的方法。

「不妨一試囉！至於『試演』的要求一定要刪除，不然就把『試演』與『彩排』合併，當然試演的錄音錄影還是要把錄音著作、視聽著作的權利歸你們樂團，這一點沒問題吧？」我再度提醒，面對強勢的簽約對象，總是要殷殷叮囑當事人守住防線，免得羊入虎口，落得一無所有。

「好，我再去談一次看看，如果對方太堅持，我也不排除放棄合作，律師您說得對，所有的犧牲必須有代價，一廂情願的期待只是傷害的開始，我會拿捏分寸的。」聽得出她聲音中的釋懷。

三個月後，帶小孩到台東跨年，迎接二〇一六年第一道曙光時，在池上稻田邊靜蘊的民宿看著台北一〇一大樓跨年煙火實況轉播，赫然看到倒數計時之際，主持人牽著身著高衩旗袍的美麗執行長的手走上舞台，一起與樂團指揮、團員大喊「十、九、八、七……」，砰！一〇一大樓煙火璀璨中她接受TVBS電視台採訪說：「很高興我們樂團圓滿地與現場及電視機前的觀眾朋友一起跨年，迎向美好的一〇五年，新的一年祝福大家更勇敢追夢！」

任何機會，都有風險，簽訂合約也要承擔人心變化及商機風險，商業風險可以被量化、被控制；人性風險就靠天道與人心來掌握了。

導演與小模

清晨還在丹堤咖啡啜飲著熱熱的拿鐵，翻開《聯合報》，頭版頭條新聞「日月光污染後勁溪罰鍰新台幣陸拾萬元」，重罪輕罰，引發群情激憤，難怪某大唱片公司老闆在 WeChat 微信上立即 Po 文：「當年在小巨蛋舉辦演唱會超時演出立即慘遭環保局罰錢壹佰萬元，而日月光 K 七廠大量排放強酸廢水和含重金屬污水至後勁溪，污染良田千頃，卻才開罰六十萬元。幹！」企業界的不滿，政府罰鍰的比例原則與政策威信何在?!

看完微信的 Po 文，再回到報紙社會版，一個熟悉的紀錄片導演姓名赫然映入眼簾，標題極為聳動──「導演遭冒名，小模險被性侵」，原來是一位惡名昭彰的攝影師假冒這位導演的名義，在臉書發布徵求新片女主角的消息，藝名 Lily 的模特兒立即在臉書回應，雙方約見面後，攝影師以評估新片女主角身材為由，請 Lily 在工作室更換清涼泳衣，拍攝重點部位，還藉機觸碰身體，模特兒察覺有異，奔出工作室，直接到附近派出所報案，媒體獲悉向導演查證，導演表明新片雖在籌拍階段，但從未與此位攝影師合作，更未委託選角，證實全案是冒名行騙的事件。

這位導演近年來連續拍攝黑社會系列紀錄片而名噪一時，日本NHK電視台及美國CNN新聞台多次報導，幾個月前曾透過另一位資深電影導演來事務所詢問紀錄片授權的法律問題，才華洋溢的作品及衝撞急躁的性格留下深刻的印象。看了這則報導，猜想導演一定會有所行動！

果不其然，早上一進辦公室就接到導演的電話，語氣中透著焦躁不安，他聽到我已看過這一則報導，直接詢問法律上他可以怎麼做？

我反問他：「你想怎麼做？」

當事人碰上法律事件，除了滿懷的情緒亟待發洩之外，常常鋪天蓋地的問，法律上有什麼方法可以解決？

以前年輕剛執業時，為了顯露豐富的法律專業，一聽到當事人這種問法，馬上把所有學過或做過的法律規定、訴訟程序一股腦兒滔滔不絕慷慨陳詞，上窮碧落下黃泉，可是當事人卻是愈聽愈迷糊，臉上愈多問號；等執業十年後，比較能整理出幾個當事人可以接受的方式，讓他們做選擇題，不再是看申論題，不論單選或複選，總是在會談後就有結論；而今深研西方的心理分析學，窮究中國傳統經典裡的《易經》、老莊思想，掌握人性事理後，提出的建議常常就碰觸到當事人心底深處的訴求，問答之間轉化為是非題，迷惘掙扎的當事人只要決定「要」或「不要」，更能直指人心，不過前提還是要先幫當事人釐清困境中的籌碼與心中的需求。

「我要告他！他居然敢假冒我的名義做這種卑鄙下流，見不得人的事，律師，妳知道嗎？昨晚電視剛報導時，語焉不詳，一缸子親朋好友就打電話來關心詢問，連我下一部片子的製片都很緊張地轉述投資方的顧慮，我一路接電話接到手軟，還好今天平面媒體的報導就清楚多了，大家知道不是我搞出來的事……」雖然新聞報導已釐清真相，聽起來他還是一肚子氣！

「你想告什麼？」進一步問他。當事人在氣頭上，分析或勸導，勢必白花力氣，索性順著他的意思，再引導他思考得更深入……。

「當然是告刑事啊！讓他去坐牢，免得再遺害人間。」導演不改草莽直率的個性，出手就希望一槍斃命！

針對當事人的需求，開始做法律分析：「好！那們我們來分析一下刑事可以告什麼罪名：

＊詐欺罪——你說整個過程是騙局嘛！可是這個攝影師行騙的對象是模特兒，騙她來拍了五十幾組清涼照，獲得不法利益，不過你不是被害人，只有模特兒可以告他詐欺，而模特兒已經報案，警局也開始偵辦，所以你是告不了詐欺罪。

＊妨害名譽罪——這位攝影師以不實的事項，假冒你的名義，佯稱新片選角，向模特兒

上下其手，做出猥褻動作，毀損你的名譽，可是也沒有散布於眾，不符合誹謗罪的要件。

＊妨害信用罪——是指散布流言或以詐術損害他人的信用，攝影師的所作所為，極可能影響你的信譽，勉強可以這個罪名來提告。」

導演原本鬱卒的聲音，開始有了元氣，連忙表示：「我就告妨害信用好了。」

「你確定一切資訊都是真實的？不是攝影師與模特兒炒作新聞聯手演出的噱頭？」進一步再提醒當事人，會不會整個騙局有人自編自導自演？當事人常常為我的冷靜喝采，但高漲的情緒也因為我的冷靜分析而冷卻愣住，沒等他反應，我又接著分析：「目前你唯一的資訊是新聞媒體的報導，手上完全沒有相關證據，模特兒向媒體爆料的內容如果是假的，你直接提告，恐怕會構成誣告。」

冷不防地又被潑了冷水，導演急忙問道：「那怎麼辦？如何證明模特兒講的話？」

「模特兒如果真有到警局報案，基於『偵查不公開』的原則，偵訊筆錄我們也拿不到，無法做成正確的判斷，索性就直接找本人問個究竟！有沒有可能請你公司的人與這位模特兒聯繫，拜託她提供之前與攝影師在臉書的聯繫資料及案發當天在攝影師工作室發生過程的資料，這樣提告就比較有把握。」建議導演蒐證的方式，一方面也讓他冷靜下來，有時間思索提告的利弊得失。

其實身為律師，在這個事件中，是不主張導演提告的，因為以導演的名氣去告這位名不見經傳的攝影師，只是讓社會大眾再度複習這樁齷齪的事件，對導演的形象信譽沒有加分的效果；目前平面媒體的報導已然釐清事件的來龍去脈，社會大眾應該瞭知是非對錯，唯一放不下的是導演本人，如今需要做的事，是安撫與安頓導演個人的心情與思緒，若果能一念放下，其實外界如何批評談論，或媒體如何追蹤報導都傷不了他！只是導演血氣方剛，在影劇圈浮沉十餘年，好不容易這幾年才闖出名氣，自然無法忍受別人絲毫不費力就利用他的名號獲取好處，惹出醜聞。

佛法說人世間不出「貪嗔癡慢疑」，攝影師始作俑者出於貪念；模特兒急於成名出於癡想；導演池魚之殃出於嗔恨，一時之間勸不了他，就用法律上嚴謹的蒐證要求，讓他有機會沉澱情緒，他是聰明人，聽說每天晨起有誦經的習慣，看看事情緩下來之後，是否有轉念的可能……。

導演聽了我的建議，答應先去找證據。

沒想到導演的秘書效率奇佳，第二天就把我提議的證據都拿到了，那位模特兒聯絡上之後，配合度極高，把留存的臉書往來訊息及報案的重點都以電郵寄給秘書，還表示如果導演對於攝影師提告，她願意出庭作證。

導演發了簡訊問我這樣證據是否充足？下一步怎麼做？看他的情緒比較緩和了，我速速擬妥律師函，將草稿寄給他，建議先寄律師函警告這位冒名的攝影師，要求他認錯、公開道歉，並且賠償精神上的損失。

導演正忙著要出國到新加坡紀錄片參展，回一封簡訊說：「律師，謝謝妳幫忙寫律師函，我會趁參展的空檔仔細研讀，保持聯絡！」

一週後傳來導演的紀錄片得獎的消息，聽說他席不暇暖，接著又轉到紐約參加一系列的座談會。

一天夜裡，他打 Skype 給我：「律師，不好意思，一路忙到現在，沒空回信。我在飛機上有好好想過這件事，妳上次說以我目前的高度，其實毋須計較這些事，我那時一直想不透，覺得權利名譽受損就要爭取回來，最近不是流行半澤直樹的『加倍奉還』嗎？覺得妳的意見很奇怪。」他坦誠以告，我靜靜地聽著。

「可是那天在飛機上，透過機窗看到外面的藍天白雲，又望見降落前地面小小密密麻麻的房子車輛，心想自己在爭什麼？回想到第一通電話裡，妳問我究竟要什麼，要我去聽聽心底的聲音，我在新加坡到紐約的航程中，才有機會真正靜下來思索妳丟出來的問題。想了很久，我覺得原先想要的東西都不重要了，妳說的沒錯！提告只是浪費我的生命去陪一個卑鄙無恥的人溫習他不堪的過往，社會大眾很快就淡忘這個事件，而我卻得跟這傢伙窮耗，不斷地在法庭上看他說謊的嘴臉，辯駁或求饒的聲音，我想我會瘋掉，我為什麼不要聽妳的勸，儘快讓事情過去，生命才能再迎向新的階段。」語氣中有很多的自省與領悟，導演將心路歷程娓娓道來：

「律師！妳說過『對與錯』是攝影師個人的事，不干我的事，我幹嘛要幫他背著？所以我想就算了吧！寧可把時間精力放在好的作品上才是對的事！」

真好！我的拖延戰術與法律之外的苦口婆心終於讓他看透了，也想通了。

「放下」，也許在一念之間；也許在一世之間，甚或在輪迴之際依然無法悟得……，我們只能在迷途的歧路間，指出一條比較接近世道人心的路！

藝人眼中的法律

當事人神情憔悴地走進會議室，臉色依舊蒼白，但比起數月前緋聞鬧得沸沸揚揚，媒體持續報導，螢光幕前鬍渣未刮的他，氣色好些了。他一坐下來，聲音昂揚說：

「沈律師，我決定要告這些媒體！」攤開一份份報紙及週刊雜誌、影片光碟，上面是一則則這幾個月新聞媒體爭相報導他的緋聞，附帶他的帥氣專輯相片，難怪平面媒體與電子媒體瘋狂報導，出道十幾年形象清新，感情專一，歌聲動人，創作才華洋溢，「情歌天王」名不虛傳。不過這回嗜血媒體踢到鐵板了，因為經過他明查暗訪，證實所有的新聞報導都是烏龍一場，他接著拿出一份調查報告，足以推翻所有媒體、名嘴的說辭。

小心比對勾稽後，我提出法律上的看法：

「沒錯！這些媒體都觸犯了加重誹謗罪，他們除了要負刑事責任之外，你還可以求償損失。」

這句結論引發他這幾個月來的委屈與憤怒，一股腦兒潰堤：

「律師！妳知道這些媒體沒經過查證，就胡亂報導，把我害得多慘嗎？本來正在洽談的廣告代言，及音樂劇男主角的邀約都喊卡，唱片公司也拒絕發行新專輯，更慘的是這幾年內地的商演正蓬勃展開，碰上這個烏龍緋聞，突然取消百分之八十的表演邀約，因為中國大陸百度網路新聞不斷轉載台灣這些報導，我大陸的經紀人根本無從阻擋，北京的演唱會昨天主辦單位也決定無限期延期，短期內大概接不到什麼通告了。」

藝人最怕媒體報導緋聞，萬一擦槍走火，「緋聞」變成「醜聞」，一夕之間，信譽名聲掃地，廣告公司或製作傳播公司近年來邀約表演代言合約都附帶「形象清新」條款，一旦傳出醜聞，可以片面解約，藝人毫無招架餘地！

眼前的他就被噬血的媒體落井下石，名聲跌入谷底，接著淒涼無奈地舉例：「往年這段耶誕到跨年期間是我最忙碌跑通告的時候，南北奔波趕場，馬不停蹄，怎可能坐在這裡跟律師妳討論案子，可是今年我連唯一的一場跨年演出上禮拜都被通知臨時換別人了……。」

真的辛酸至極！可是要告媒體風險極大，有時是一刀的雙刃，有可能遭反噬。藝人來尋求法律協助時，除了法律分析之外，我會特別從藝人身分，深入剖析法律之外的利弊得失，分析可能的風險讓他自己評估是否要走這步險棋：

「你打算要告的這幾家媒體都是台灣舉足輕重的媒體傳播業者，他們的高層政商人脈關係良好，雖然台灣的司法相對而言已經較為公正清廉，可是你希望向檢察官提告，走『告訴』的程序，免得提告的不實報導的細節在調查過程中一一曝光，又遭媒體鉅細靡遺地轉述，受到二度傷害，而檢察官的偵辦過程，基於『偵查不公開』原則，有時傳訊證人、調閱證據變成黑箱作業，不一定讓我們告訴人或律師在場，有很多因素無法掌控；而且提告期間，挨告的媒體記者反彈，恐怕會全面封鎖你的演藝消息，藝人與媒體關係很微妙，基本上是站在同一條船上，共存共榮，一旦你開告，勢必要面對媒體的報復或反彈，代價極高，你真的要立刻提告嗎？」

「可是，律師！我別無選擇呀，是不是？」他帥氣的臉孔一直愁眉不展，聽到這一層風險評估，更加愁苦了。

「有沒有可能先寄發律師函，警告媒體的不法報導，要求從網站移除、公開道歉、出面和解賠償，你一面讓心情沉澱，一面思考和解條件；倘使媒體收到律師函，願意提出合理的和解方案，也許我們就不用走法律途徑了，反正告訴期限還有一個月，時間足夠。」我嘗試著打開另一條解決的路子，希望圓滿解決；縱使屆時和解不成，至少先禮後兵，讓雙方都有退一步的空間。

他答應了，我請他先回去與經紀公司仔細估算既有的商演及廣告代言損失，作為和解賠償的依據。

第二天，律師函草稿寫好，讓他與經紀人過目確認，立刻搶時間以限時雙掛號寄出，同時寄發三家平面媒體、二家電子媒體及三家雜誌社。他的經紀人也傳來這半年商演代言損失，合計六千多萬元，哇！這個數字恐怕和解不好談，我建議他要求各媒體依不實報導的傷害程度比例分攤，如此一來，和解求償的數字不至於流於漫天要價，毫無根據！

措辭嚴厲的律師函一寄出，隔天早上他的經紀人立刻接到某大報總編輯電話，當事人希望統一轉到我這兒全權處理，我立刻約時間來事務所見面商議和解事宜。由於這家報社是首先接獲爆料作成報導的媒體，傳言是他們與爆料者串通設計藝人，等於始作俑者，責任最重，於是我嚴陣以待，提出以相同版面登報道歉，澄清事實真相，撤除全部網路新聞，並且必須賠償三千萬元的商演損失。陪同總編輯前來洽談的法務主管聽到和解條件，不斷皺眉，最後表示要帶回報社討論與回報，接著幾天音訊杳然，倒是談話性節目的名嘴較緊張，立刻來電致歉，但表明無力賠償，希望以其他方式彌補，展現高度歉意！

電話裡說得有誠意，可是一直聽不到名嘴所謂的「求償替代方案」，告訴期限屆滿在即，只好請她到事務所當面商議。為節省時間，請藝人的經紀人一起參與，沒想到兩人不對盤，一碰面就吵起來，名嘴客氣地聲明：「今天我來，希望表達最大的誠意，來取代求償金額……」不待她說完，經紀人立刻打斷，表示：「今天我代表藝人坐在這裡，第一個不談『誠意』，因為藝人本身沒來，你跟我說『誠意』完全無效；第二點我只想聽數字，因為我們損失太大了。」

接著經紀人開始在白板上列出一大堆商演損失的金額，名嘴不解地轉過來看我，疑惑地問：「律師，我們不是說六百萬元的賠償先放在一邊，今天先討論取代的方法？」

我也有點傻眼，怎麼變成如此的態勢，又不能臨時把經紀人拉到一邊，問他這是哪一齣？更不能直接否定他的訴求，否則藝人事後可能誤以為我沒站在他這邊。只好打圓場說：「沒關係，數字的部分，我們等一下再討論，是否請葉小姐解釋為什麼那天上談話性的節目，沒有先向藝人查證，就率下評論？」

名嘴侃侃而談，解釋原委：「這有兩個原因，一個是某大報率先報導，圖文並茂，又有現場收音的實況錄影，我想『眼見為憑』，沒想到這個時代連『眼見』都不能『為憑』，居然爆出烏龍；而且過去我上節目前習慣都會問事件的當事者，可是很多當事者就會試圖影響我，下指導棋要求我怎麼講，給我們很大的壓力，後來我就避免再去問當事者，免得受到壓力或影響。」

我立刻質疑：「妳一定聽過『以訛傳訛』這句話吧！那家報紙以狗仔嗜血著稱，怎麼可以用錯誤的消息來源正當化妳的評論呢？新聞報導或評論基本前提是要經過查證，妳身為媒體，怎麼可以將這項基本責任轉嫁到另一家媒體身上？那請問妳上節目的通告費要不要轉付給他們？將來這案子如果進了法院，妳想法官會接受妳這種逃避責任的說詞嗎？」

從未被疾言厲色質問的名嘴，臉色開始不悅，不理會她的臉色，我繼續指出她似是而非的講法：「名嘴享受社會大眾的信賴與收視率，名利雙收之餘，當然要負擔新聞責任與社會公義，妳知不知道你們一句話可以使人生，也可以使人死，影響深重，怎可以說為了避免受人影響或壓力就免除事前查證事實的義務？既然要當『名嘴』，就要承擔這些壓力與風險，而且要堅定立場做好自己認為正確的評論，怎麼可以為了不受人影響就不問不聽，如果妳這麼容易受人影響，無法堅定評論的立場，妳就不適合坐在這個位子。」

這下換成經紀人愣住了，他沒想到我先幫藝人教訓名嘴，名嘴聽完一時想不出其他理由，只能尷尬地賠不是！

台灣電子媒體的亂象，不是一部分來自電視上名嘴的自以為是，與誇大渲染，所造成的嗎？

不過，再訓斥下去，說不定和解談判立刻破裂，話到嘴邊，硬是忍住了。在名嘴稍微良心發現之際，把握機會問她有何具體補救方案，能夠回復藝人的名譽，她說：「我可以開記者會正式道歉，也可以在節目上澄清事實真相，甚至運用我在媒體界的影響力透過公關公司持續發布新聞消息，累積藝人正面的報導，再進一步請內地的朋友介紹商演機會。」

聽起來比較有誠意了，她說讓她先回去聯絡洽商實際可行性，過兩天再回覆具體方案。

沒想到轉述給藝人聽之後，他完全不領情，他說：「律師，這種條件有等於沒有，這個名嘴在業界惡名昭彰，講話一點公信力都沒有，只會傳遞八卦、興風作浪，她上節目幫我澄清？恐怕沒人會相信，愈描愈黑，我不想跟她和解！」

哇哩咧！辛苦談判，結果立馬推翻，只好分析和解破裂的訴訟後果：

「雖然這個案子誹謗會成立，可是求償部分依你目前的證據，只有電話與電郵取消商演，缺乏合約的依據，國內民事庭法官很保守，可能頂多判給你三十到五十萬賠償額，你打了半天官司，這樣值得嗎？更別說惹惱了這個名嘴，以後她上節目藉機報復，散播一些你的負面新聞，你要繼續跟這種人糾纏下去嗎？」

他沉默不語，我停了一會兒，再問藝人：「你在想什麼？」他眼中透著一絲難過與絕望說：「我覺得法律很沒用……。」

法律的存在，真的可以幫助人們嗎？
為什麼受傷無助的人們常常無法透過法律得到撫慰與彌補？

拜金禁播令的震盪

夏日炎炎，傍晚將近六點，室外溫度依然停留在三十度，我關了電腦，正要離開辦公室，電話響起，助理早在五點半就準時下班了，於是我接起話筒，是一位經紀公司老闆，聽到我的聲音，他似乎安心了一些，「律師，還好妳還沒下班，我們碰到一件急事，上海那邊來電說週日的選秀節目可能會停播，就是上次請妳看的合約，藝人參加了一季五集，最近暑假開始，廣電總局今天下午突然通知各大電視台，頒布行政命令，禁止拜金、影響青少年人格發展的節目，說是違背政策就必須下架，這個節目也被掃到，上海的製作公司打聽的結果，官方認為我們藝人的表演費拿太高，被認定『拜金』，對方老闆親自打電話給我，央請我們公司重簽合約，把原來酬金減個三成，重新送合同去廣電總局審核，可能還能挽救；要不然節目臨時停播就損失慘重了！律師，妳看怎麼辦？要答應他嗎？」

「酬金減三成，差多少人民幣？對方怎麼補回來？簽約到現在拿到多少了？」關鍵似乎在金額，我得先弄清楚目前狀況。

「從兩個月前簽約到現在，對方都有照合同付錢，我們公司已經拿到差不多一半了，對方挺有誠意的，一直都按期付。只是這一次事出突然，我有點措手不及，他們要求晚上一定要重簽，明天一早就送廣電總局，不然電視台作業一定會趕不及，今天已經是週三了。」經紀公司老闆的口氣聽起來仍有疑慮。

「你們有看到廣電總局的公文嗎？如果確實有發布這樣的公文，邏輯上是說得通，因為酬金表演費高就有『拜金』的影響；倘使不是公文引爆的突發狀況，那麼就可能是對方嫌酬勞過高，又不好悔約，才搬出藉口……可是你們公司藝人的市場行情跟合同酬金是相符的，硬是要減三成，就要扣掉三百五十萬的人民幣，你們很吃虧耶……。」我也半信半疑。

「還沒收到公文，上海的公司說廣電總局剛剛開完會作成的決策，明天才會發公文，裡頭的一個高幹緊急通知他們的，平常都有交情嘛，囑咐他們趕緊提出應變措施，看能不能避開這一波的掃蕩。聽起來應該真實性高，所以製作公司CEO緊急來電，我判斷不是呼攏我們的手法。可是合同重簽的話，對我們是不是很沒保障？這馬上要決定的事，我真想不出什麼配套措施，也不好拒絕，因為藝人已經錄了，如果真的禁播，對藝人在大陸的名氣及後續商演都是打擊，我們公司主要的團隊這幾天剛好到洛杉磯演出，現在是他們的半夜，找不到人好商量，加上是合約問題，只好請教律師，看眼下如何處理。」老闆雖然著急，敘事析理倒還冷靜，一邊聽他講述事情經過，我腦子裡已經轉過好幾個想法。

「時到如今，重簽勢在必行；依你所說的，跟這家內地的製作公司合作愉快，也沒必要懷疑對方，而是需要彼此共體時艱，想辦法度過這次的危機。不過，新合約減下來的三百五十萬元人民幣還是要有保障，不能平白無故在重簽的合約中消失了，就當作不存在了。」我先確立重簽合約的基本前提。

「是啊！我也這麼想。可是要怎麼保障呢？」老闆似乎也在思索解決方案……

「我建議除了簽『終止合同協議書』及新的『演出節目合同』之外，還需要簽一份備忘錄，裡頭約定對方要在一定期限內補足三百五十萬元的差額。」三分鐘內琢磨出書面保障。不過，老闆有點疑惑「備忘錄」的用意，我進一步解釋：「我估計今天晚上再怎麼緊急動員，上海那邊一定來不及訂出新的三百五十萬之正式合約，因為光是重簽『演出節目合同』，就要耗掉不少時間，尤其這一份文件明天九點就要送廣電總局審核，怠慢不得！萬一又沒通過，上海的製作公司恐怕損失慘重，我估計他們跟律師今晚的重心會放在這份合同上，務必讓它明天順利通過審查；因此你們兩家公司的決策者今晚勢必無暇充分討論另一份正式合約，我才會提議今晚同步簽『備忘錄』，讓對方承諾補齊差額三百五十萬元的部分，通常『備忘錄』的內容較簡單，較容易快速簽成，符合雙方今晚的時程與需求。倘使堅持要簽正式合約處理那筆三百五十萬元的差額，恐怕對方的法務部門今晚無法同步擬妥簽好，要嘛就可能耽誤新的演出合同明早送廣電總局的時效；要嘛對方會請你讓步，改天再補簽三百五十萬的那份合約，也就是說讓演出合同先簽，明早先送，再來慢慢商議三百五十萬元的正式合約……。」

「不行啊！萬一事後他們反悔不簽這份，怎麼辦？我們不就白白損失這筆差額?!藝人一定會怪我們蠢，怎麼就只顧著幫對方度過難關，而沒考慮到自己公司的保障！」老闆立刻想到「夜長夢多」的風險。

「是嘛！所以我才建議今晚先簽『備忘錄』，取得最基本的保障，你才能答應他們終止原來的合約。」前因後果分析明確，終於讓當事人聽懂我的考量與規畫了。

「明白！那麼請教律師『備忘錄』要怎麼寫？」當事人理解危機處理的策略後，執行面就簡單了。「我估計對方是大公司，應該會由他們的法務或律師草擬，不會交給你們這邊起草，你只要告訴他們同步準備一份『協議框架』，在中國大陸『備忘錄』、『意向書』，他們稱為『協議框架』，內容要明訂三百五十萬元的金額，並且想一個名目相應於這筆款項，在日後報稅及藝人分潤才有依據；但這個名目又不能要求你們多提供勞務或商品，因為所有的工作項目在原來的演出合約，你們都已經承接，而且會按期履行完畢，不應該再增加新的服務內容，否則就對你們不公平。」

「噢！這樣可能有點難下筆。那就交給他們去傷腦筋吧！突發狀況是他們那邊發生的，雖說是官方的政策，不能怪對方，可是對我們來講也是無妄之災，總該讓他們來收拾善後，我們願意及時配合，已經夠有誠意了……哎呀！他們總監來電了，我先接一下，看能跟他們理出什麼文件，再請律師看喔！」危機處理暫時告一段落。

匆匆掛斷電話，我趕緊走出辦公室，到附近全聯福利中心買了皮蛋、豆腐，準備回家煮晚餐。一個小時後在廚房正要把煎好的丁香魚、蔥花蛋、清蒸小卷端上桌時，簡訊叮咚響了兩聲，原來是經紀公司老闆傳來上海公司草擬的合同，詢問我的法律意見，剛好念大學的小女兒回來，呼喚她切豆腐、攪拌皮蛋，澆上醬油膏，再把筍子湯加上鹽巴就可以開飯了。

我走到客廳拿 **iPad** 收信，打開電郵檔案，檢查當事人寄來的「終止合同協議書」及「演出節目合同」後，改了幾個條文，立刻回傳，特別叮嚀當事人，要等備忘錄定稿才能一起簽署，經紀公司老闆回覆：「請放心！我正坐在辦公室等候，一定會請律師看過三份文件才敢簽給他們。妳先用餐吧！對方說他們律師正在起草，需要一點時間。」

既然如此，恭敬不如從命。餐後，邊吃水果邊看公視新聞報導時，「備忘錄」寄過來了，條款都符合我方的需求，只是欠缺期間限制，我加上一條：「如自簽署本協議框架之日起一個月內未完成正式合同商議及簽署，則本協議框架自動失效，乙方（大陸製作公司）應支付人民幣三百五十萬元作為懲罰性違約金，絕無異議。」當事人收到修改版後，只傳一個字「讚」，完全認同。等到十二點看完影集《金融戰爭》（*Billions*），當事人已簽約完成，傳來用印版，接下來就等待明天的廣電總局的審批了。

（後記：翌日廣電總局審批通過，三日後節目如期播出，佳評如潮，兩週後雙方簽訂正式合約，一個月後當事人收到三百五十萬元人民幣，順利結案。）

是藉口，還是真實的危機？撲朔迷離的緊急時刻，要選擇相信——與對方共同承擔風險；還是保護自己權益——堅持照合約走？睿智的決策者必須掌握時機，作成判斷。

合作的十字路口

——難解的經紀約

「沈律師，真難得二月天還看到紅紅火火的聖誕紅！」他站在會議室花枱前看著陽光灑在那一排紅葉上，邊欣賞邊驚呼著。

很少當事人來到這裡，會注意到窗外的花開花落。

我坐在會議桌旁，讀著他帶來的經紀合約書，抬頭回答他：「是啊！去年聖誕節當天買了五盆回來應景，沒想到一路開到農曆年後，快要跟旁邊剛開的杜鵑花爭豔了。」

「對耶！這邊還有幾株杜鵑，開了一、二、三、四、五朵，而且不同顏色呢！」他目光轉移到花枱兩側的杜鵑樹，看他興致高，索性告訴他當年設計這排花枱的緣由：「當初裝潢辦公室時，特地挑這間採光佳的房間作為會議室，因為來我這裡的當事人都是心情沉重，滿面愁容，光線充足會讓他們覺得明亮溫暖，本來沒考慮在窗外設置花枱，可是這排大窗戶設計較低，擔心當事人進來之後，想不開，趁我離開會議室之際，打開窗戶往下跳，鬧出人命，徒增傷痛，於是請教室內設計師，他建議設置一排花枱，種花蒔草，當事人就跳不過去了，所以十幾年前我就種了十二株混色的杜鵑花，有一定的高度，既不擋遮陽光，又能防止意外悲劇，每年三月杜鵑花開嫣紅純白，春意盎然！」

「是啊！這個合約糾紛在我最苦惱的時候，真覺得人生灰暗，看不到生命的出口；不過，律師別擔心，我不會往下跳的，人生還有很多有趣的事情我還沒嘗試呢，怎捨得這麼早就離開！」陽光灑在他的肩頭，真覺得人生充滿希望。

「看來你已經有所超脫了，怎麼還來找我？」不禁逗著他玩。

「唉！沒有啦，我只是盡量看開一點，其實問題一直還沒解決，當初在新加坡問了幾個朋友跟律師，都說我這個問題無解，我就選擇逃避，可是對方愈來愈誇張，讓我受不了，剛好唱片公司老闆來參加我最近這部戲的殺青酒會，談到主題曲發行原聲帶的事，發現我心事重重，私下問我，才知道有這麼嚴重的經紀合約糾紛，他說公司的法律顧問很強，先幫我諮詢看看，沒想到從妳的法律意見書居然找到解套方式，我才特地飛到台灣請教實際的處理方式。」他苦笑著回答。平日看到媒體報導他都是一副都會陽光熟男的俊俏模樣，擅長電視偶像劇與唱歌，一直是媒體寵兒，難得看到今日眉頭深鎖的苦臉。

「請你再說說合約的故事吧！上週唱片公司的老闆只提個大概，細節他也不清楚，我想聽你本人仔細說明，才能給你正確的法律建議。」迅速地再次看過他的經紀合約，開啟今日會議的主題。

他喝口星巴克帶來的咖啡，開始回憶往事：

「那一年我從X藝大戲劇系畢業，當兵退伍後，四處找不到工作，相戀多年的女友說是沒感覺了，提議分手。於是什麼都沒有了，三餐不繼，只好先到ZARA打工當店員，做了一陣子，店長覺得我骨架子不錯，公司要做DM，問我有沒有興趣當模特兒拍拍服飾宣傳照，賺點外快，我答應了，結果DM被一家模特兒公司主管看到了，他說相片中我的表情很自然，想要吸收我到他們公司，我想可能是X藝大戲劇系四年的訓練下來，肢體運用表演很靈活自然，所以這個主管才特別注意到，可是我說我不想當模特兒，最有興趣的還是演戲，於是他帶我去見經紀人，剛好有齣舞台劇在試鏡，經紀人就安排試鏡，結果很滿意，就把我簽下來，一簽簽了五年，第二年碰上八點檔偶像劇，爭取到男主角演出的機會，很幸運地就紅了。」

故事娓娓道來，他的神情也隨著那段起伏轉折的往事而有陰晴閃爍的變化。我順著他說的時間點翻翻昨天助理上網搜尋他的相關報導，大致沒有出入。接下來他帶到重要的事件……

「紅了之後，當年就拿到金鐘獎，可是得獎後，我陷入深度的焦慮與恐慌，很擔心接不到下一部戲，接到後很怕拍不好、不賣座，於是長期失眠，那段時間幸虧經紀人全力支持，常常陪我看劇本、練台詞，半夜睡不著時陪我講電話聊天，甚至失眠嚴重到住院時，也是他去醫院照顧我，點點滴滴我真的很感謝他。可是沒想到做這些事他都是有目的的，而我傻傻地相信他，他叫我接什麼通告我就去，演戲、代言廣告、簽名會、公益活動，我都配合，而他匯給我的酬勞我也從不懷疑，律師，妳也知道我只會演戲跟唱歌，那些合約、財務報表學校也沒教，我也看不懂，完全信任他……」

大概是講得口乾舌燥，他一口氣喝完咖啡，繼續說：「前兩年圈內開始傳聞他A錢、做假帳，負責拍戲的傳播公司老闆問我為何演戲酬勞節節升高，可是，沒有哇！我拿到的錢都跟以前一樣啊！我開始懷疑經紀人對我不誠實，加上這兩年我接的戲較少，連經紀公司的小宣傳都沒給我好臉色，發給公司同事的電郵群組還標示我的代號是『票房毒藥』，我是無意中發現的，立刻向經紀人抗議，他也只是說同事開開玩笑，叫我不要反應過度……」看得出這些事件讓他很受傷，神色漸漸黯淡下來。

「所以去年年底我就跟他攤牌，要求解約。」他終於丟出來未爆彈，瞬間引爆。

「經紀人同意放你走嗎？」我懷疑地問。昨天還上網瀏覽他經紀公司的網站，他的照片還是放在第一頁的最上面，五年來他一直是公司的搖錢樹，經紀人怎可能輕易解約？

「當然不同意，還出言恐嚇，說我敢離開，就毀掉我！」他難掩氣憤，但眼中又有一絲恐懼。還來不及回應，他立即提出關鍵的問題：「律師，妳的法律意見書中提到我可以隨時解約，是真的嗎？為什麼以前我問別人，他們的答案都是否定的，而且還說我如果解約，自己去接通告，要付五百萬元的違約金，因為合約書上有這一條規定，聽了我就心灰意冷，因為去年年中經紀人才又騙我簽了一份新約，期限是五年，天啊！我還要跟這個魔鬼攪和五年，乾脆死了算了。」

似乎是激動的情緒，讓他分不清楚這裡不是舞台，而是現實人生，他開始有點進入戲劇中的恍惚狀態。我必須讓他冷靜下來，才能心平氣和地分析問題。

忽然腦海中浮現一個場景，幾年前女兒失戀，痛不欲生，每日流淚低泣，一天又蜷曲在客廳沙發不斷哭泣訴說痛楚，我陡地大聲叫她坐好，連喚三聲她的名字，讓失魂落魄的女兒在淚眼朦朧中定睛看著我，清楚明白地問她：「妳找媽媽，是要發洩情緒還是幫妳解決問題？」

女兒哭喊著：「我要解決問題啊！」

「那就閉嘴，不要再哭了，眼淚擦乾，坐好看著媽媽，我們來解決問題！」疾言厲色地對女兒喝道。

六神無主的女兒聽話照做，我們一一剖析她與男友分手原因、復合意願、療癒方法、目前生活的安排……，思路理清，脫離恍惚狀態，女兒開始回復往日理性的神采，就摸索出方向了。

眼前這位當事人在新仇舊恨交錯衝擊下，精神狀態開始不穩，心中有憤怒、不滿、仇恨、恐懼的情緒，累積一段時間找不到出口，坐在會議室，我不能讓他引爆情緒的火山，否則一發不可收拾，法律專業無法善後；可是也不能繼續壓抑，否則他無法真實面對自己的問題。於是決定嘗試著拆除定時炸彈的引信，小心翼翼地問：「你很氣他？」邊觀察當事人的反應。

「當然生氣啊！他威脅我，讓我這麼痛苦、害怕；可是過去五年，他又很照顧我，爸媽重病相繼過世，遺產打官司，跟前女友分手、去年週刊報導緋聞，都是他出面幫我擺平解決，我無法想像若是沒有他，這些事如何搞定?!」他繼續激動地述說往事，不過眼神不再迷離，看得出來努力整理思緒，面對過往的恩義與近日的翻臉，加上感情、生活上的種種依賴習性，顯然雙方關係的變化超過他可以負荷的程度。

藝人與經紀人的關係非常複雜而微妙，有時像父子保母，有著家人般的親密；有時像朋友麻吉，有著江湖兄弟的情義；有時像合作夥伴，有著榮辱與共的連結，絕不是單純的僱傭關係所可描述，因此一旦關係生變，甚至要一刀兩斷，那種唇齒相依的習性，令人進退兩難，無所適從，現在的他就是陷入這種深切的矛盾中……。

「可是，你總要成長，獨立自主，不能長期依賴經紀人呀！而且他的悉心照顧與無怨無悔的陪伴，是不是造成你更大的依賴，而達到掌控你的目的，讓你在演藝事業的這條路完全要聽命於他？想想看這幾年來，你拍了這麼多部八點檔偶像劇，發了好幾張專輯，拿了兩岸好幾個獎項，可是到現在你只會演戲、唱歌，其他事情完全像生活白癡，連版稅財務報表、合約書都看不懂，唱片企畫和劇本來了，你也無法跟製作公司談，部落格和臉書粉絲團更不知如何操作，所以你更不敢離開他，只好讓他予取予求，這是你要的人生嗎？」此時此刻只好說重話了。有時候必須暫時先跳脫律師的角色，先進行心靈諮商，找出心理上的癥結點，才能協助當事人決定方向及解決的策略。

「律師，妳說的這些問題，都是我很想問自己，又一直不敢面對的議題……」他臉色益加蒼白，不過，誠實地咀嚼我的提問。

「為什麼不敢面對？你已經三十歲了，三十而立，這些問題沒想通，甚至沒好好理順，你拿什麼來獨立生活？」小心翼翼地觀察他的神情變化，確定他撐得住，才又加碼提出更尖銳的問題。當事人一定沒想到，來律師事務所進行法律諮詢，居然先體驗心靈上的震撼教育，得先了解「我是誰？」、「我要過怎樣的人生？」才談得上解決法律問題。

「我想我大概是怕想清楚了之後，必須做決定，而擔心自己無法承擔後果吧！」他開始嘗試挖掘內心深處的癥結。

只要願意真誠地面對自己，尤其是面對自己的不足，那麼幽深的隧道就會看到出口一絲的光亮，所謂「自知者明」，二千多年前中國大智慧的哲學家老子就在《道德經》上寫了這句深刻的話。

「必須做什麼決定？為什麼想清楚之後，就必須做決定？你想到什麼了？」再繼續追問。必須要掌握這一刻他明心見性的勇氣，推著他往下探索。

他邊想邊回答：「這一、兩年演戲遇到了瓶頸，我就會想到這件事。一般人覺得我演技好，尤其是偶像劇，似乎演來毫不費勁兒，駕輕就熟、自然而然就演出來了，那是因為國內偶像劇的劇本寫得不夠深刻，只要你臉蛋優、敢表現、有個性，大概就會受歡迎，加上我是戲劇系科班出身，X藝大的訓練非常扎實，肢體語言對我來講不是難事！」再喝半杯熱茶，他接著剖析自我：

「可是心底有一塊始終很虛，我一直弄不清楚怎麼回事，直到半年前有個劇團邀我軋一角，演出舞台劇中失業男子的配角，有一幕是這個失業男子被裁員那天，他離開公司後，先到大安森林公園坐了一下午，傍晚回家看到從廚房走出來的母親，那種羞慚內疚的情結，我老是演得不到位，連續NG七次後，導演走過來拍拍我的肩膀說：『小老弟，真實人生你太順遂，被照顧得太好了！今天先休息吧，明天我們再來磨戲。』那一晚幾乎無法睡著，半夜起來看《春日光景》電影的DVD，裡頭母子在餐桌上的衝突，反覆看了很多次，心想為何我進入不了那個情境，引發不了那種情緒？今天律師不斷地刺激我，現在我聽懂當時導演的那句話了，原來我是活得不夠真實、完整，過去在強烈的依靠下，獲得安全感與生活保障，其實都只是生命的表象，在層層保護與代勞中，我失去體驗人生悲歡離合、酸甜苦辣的機會，反而成就了經紀人蠶食鯨吞的貪婪。」

說到關鍵點了，接著他反而沉默下來，這一刻就是他很早以前就意識到的「想清楚就要做決定」的時間點，人生的轉捩點，開啟與否，需要智慧與勇氣，經紀人所作所為「恩裡生害」，理當結束雙方合作關係，但是在情分上，還真難做到慧劍斬情絲呢！

聯想到《易經》〈乾〉卦中第四爻：「或躍在淵，無咎」，在人生的關鍵時刻，向前躍進或留在深淵中，始終是難解的課題，《易經》的小象傳提醒：「進無咎也」，還是要奮力向前，掌握生命的契機。

於是從佛法的因果業報觀點，給他叮嚀：「佛法講因果、談業力，如果經紀人不斷加深你的依賴而掌控你，那是結惡因造惡業，引導你走向不健康的人生，而他也會嘗到惡果。目前看起來他很難改變作風，你為了扭轉人生，勢必要脫離他的擺布，如此一來，你才能過真實獨立的生活，也不會再增添對方的造孽。」

他還陷入沉思中，我再提醒他：「當然，這是你的人生，你要自己決定，剛剛的講法都只是給你參考。」

「律師，讓我一個人靜一下，好嗎？」他心情是沉重的、混亂的，此時他需要與自己相處，好好理一理過往五年來的點點滴滴。

我交代助理再斟一杯熱茶，就讓他一個人待在會議室。

過了半小時，助理來請我再進去會議室。

他的臉色突然明亮了許多，輕鬆開口：「律師，我決定了，就結束合約關係吧！接下來我該怎麼做？」

「基本上，藝人與經紀公司的經紀合約在法律定性上是以委任關係為主，輔以承攬、居間等權利義務關係，因此要終止經紀合約，依民法第五四九條的規定，藝人隨時可以終止，目前法院的實務運作也是持這樣的立場，不過前提是雙方互信基礎已經喪失，所以你必須舉出雙方不再有信任基礎的事實與證據。」一口氣分析雙方的法律關係及法條依據，再提出建議：

「當然也不要做得太絕，畢竟經紀人也陪你走過憂患歲月，幫你打造名利雙收的星路，好聚好散，給彼此空間。你可以先寄發措詞客氣的存證信函，表明終止經紀合約，看看他的回應，再決定後續處理方式。如果他極度不悅，勢必對簿公堂，到時就是詳細地列舉相關證據了，中國人總是先禮後兵，留一個伸縮的空間給對方，不要得理不饒人，恩斷情絕恐怕會激怒對方，鬧得兩敗俱傷。」

他點頭稱是，我又提醒：「不過一旦你發函，他會有所動作，譬如湮滅對他不利的證物，帳單、版稅報表或簡訊電郵，到時要打官司你再搜證，就來不及了，你最好回去後就盡量低調地收集，我先幫你撰擬存證信函，下禮拜我們碰面討論存證信函的草稿，同時檢視你收集的證據，好嗎？」

他笑一笑說：「沒問題！」陽光似乎又回到他臉上了，他笑著問：「那今天的費用呢？」我看一看牆上的鐘，露出為難的神色：「不曉得怎麼算耶？真正法律諮詢只有後面一個小時跟昨天閱讀合約的半個小時，其他兩個鐘頭是心理諮商喔！我也不是諮商師，不能收心理諮商費，你說呢？怎麼算？」

他一時愣住，不知如何回應。

我索性就這麼決定：「律師費的部分就算一個半小時，總共一萬二千元，其他算是交朋友啦！」他笑了出來，立刻付了錢，臨走前說：「律師姊姊，今天妳解開我心中最大的心結，真的很感謝妳，可不可以擁抱妳一下？」走上前去，給他一個大大的擁抱，拍拍他的肩，叫他多保重！

下週他看過存證信函後，再度提問：「上次跟妳談過之後，又請教了幾個圈內的前輩，他們都說不可能，長輩也幫我詢問公司法律顧問，也說沒那麼簡單！究竟怎麼回事？真的可以寫一封信就解掉經紀約嗎？」他的臉上喜悅的神色出現了幾個問號。

看來上次的解釋，他還聽不太懂。難怪大多數的律師不想跟當事人解釋法條規定，或分析法律關係，因為法律專業太艱深複雜，詳細解說良久，當事人也不一定理解，只想知道最後的結論，儘速作成決定，解除煩惱。

可是自己一向認為這些法律糾葛是當事人的重要人生功課，必須弄清楚事發原因，進一步釐清法律的保護方式及爭取權益的範圍、限制，才能作成正確適切的決策，善了因果，而不至於再造惡緣。

於是再針對他的疑惑，深入淺出地說明：

「民法第五四九條規定：『當事人之任何一方得隨時終止委任契約』，經紀合約性質上帶有濃厚的委任契約的色彩，當然它有時也包含『居間契約』介紹演藝工作機會及『承攬契約』完成藝人訓練或演唱會、製作唱片專輯或製作戲劇拍片的成分，不過這種『混合型』的契約，還是以『委任』的特質最強烈，因此法律上必須先以民法委任契約的規定為依據。而委任關係最重視雙方的互信基礎，如果一旦信任消失了，法律就允許委任人結束委任的託付，因為在委任契約中，法律比較保護委任人，希望透過委任關係推動或完成人們的經濟活動。」

將立法者的立場與考量淺顯地述說，藝人睜大眼睛，專注地聽，時而點點頭，應該是懂了，繼續解惑：

「不過這是幾十年前的立法，那時候娛樂圈的藝人經紀商業模式並不發達，合約糾紛也不多，立法者只是針對傳統社會一次性的委任關係作成規定，並沒有考慮到經紀公司與藝人之間長時間的合作，尤其是培養新人在還沒走紅之前，經紀公司耗費許多金錢、時間、人脈關係培訓新人各項藝能，開拓表演機會，一旦藝人爆紅求去，經紀公司來不及回收資金及投注的資源……」

「那公司不是很虧嗎？法律的規定這樣也不太公平！」藝人居然跳開自己的角色，幫經紀公司抱不平。

「是呀！上回另一個經紀糾紛的案子我代表經紀公司出庭，在法庭上就是這麼向法官分析的，可是那個法官似乎不太理解娛樂圈的生態，不能感受到經紀公司的成本支出與耗費心血，只是丟回一句話：『民法的規定很明確，大律師的意見可以提供給立法院下次修法的參考，在法律還沒修改前，司法機關只能遵行現今有效的法律。』當庭我就知道凶多吉少！後來我們收到經紀公司敗訴的判決書，理由就是藝人對經紀公司多所不滿，互信基礎喪失，都有證據支持，於是引用民法第五四九條判我們全輸！」回想實際案例，胸口仍是隱隱作痛……。

慘痛的實際案例還頗有說服力，藝人信心更堅定了，於是講定手上這份終止合約的存證信函除了載明即日起結束合作關係，再加上會將已接的通告執行完畢，三天後雙掛號寄出，等待下一波經紀公司的回應。

「沈律師，公司老闆很過分欸！聽說他已經收到解約的存證信函了，大發雷霆，這幾天我拍戲，他都不再派宣傳給我，劇組不知道這個變化，前天發通告要到台南 a Room 書店拍外景，沒幫我叫車，昨天我自己臨時衝到車站搭高鐵去台南，又碰上反核抗爭，民眾占領忠孝西路，差點趕不上通告時間，女主角在書店等了很久，導演都快翻臉了！」一週後藝人在手機哇啦哇啦回報近況，還在 LINE 上傳了幾張大熊焦慮→緊張→無奈的貼圖。

「律師，最恐怖的是，老闆在公司放話說誰敢違背他的意思，他就會毀了這個人！那不是擺明在講我嗎？我該怎麼辦？老闆是個超級情緒化的人，萬一他要什麼狠招，我會不會死得很慘?!」擔憂、恐懼全部透露在藝人焦灼的聲音中。

「下午可不可以到妳事務所，討論一下後續情況怎麼應付？」六神無主煎熬中，藝人企求協助，這當下恐怕只能找律師商量對策了。通常此刻是最需要安定人心，否則藝人如果撐不住，接下來的風暴不是繳械投降，就是病急投醫亂了陣腳，於是答應他下午等我開庭回來就碰面。

剛巧午後收到經紀公司的存證信函回信，除了表明不承認藝人終止經紀合約外，還附帶說明藝人過往借支、嫖妓、片場打架的違約行徑，及公司為他危機處理的滅火功勞，最後提出雙方合約記載的解約條件：賠償二千萬元。

藝人一進會議室，看到這封字句強烈的回信，原來不安的心情反而轉變為憤怒的情緒，大聲強調：「我根本沒有這些違約的動作，簡直是亂寫，還求償二千萬元嘞！也不想想這幾年在我身上賺到多少個二千萬元？真是吸血鬼，我才不賠耶！律師，告了，不必跟他瞎扯了，我就不相信法官會叫我賠二千萬元；我還要反過來要他提出這幾年的經紀帳目，A了那麼多錢，別以為我不知道，我只是不想撕破臉，沒想到他得了便宜又賣乖，這種人也不用顧他的面子了。」

頓時「豁然開朗」，還是點燃下一波戰火？在當事人如此激動的情緒下是無法冷靜商議因應對策的，耐心傾聽他述說過往的不愉快合作經驗後，先勸他回去休息，把目前剩下的幾個該執行的合約活動好好做完，再做打算。

沒想到對方攻勢凌厲，存證信函回覆多所辱罵，臉書語多威脅，最具殺傷力的是經紀公司老闆串謀八卦雜誌爆料，直指藝人違約背信，日前已向士林地檢署提告，還不忘損他一句：藝人曾因酗酒過度傷了腦子，拍戲時常常忘詞，一線男主角的地位即將不保。

八卦雜誌一早上架，藝人就在LINE上貼了雜誌封面，問我看了沒？顧不得正在準備兩個小時後高等法院的辯論庭，急忙囑咐助理去對面便利商店買回來，看了內容不禁嘆息，經紀公司老闆要毀掉一個藝人，真是易如反掌，可是需要這麼做嗎？藝人決心求去，強留無用啊！難道他不知曉「留來留去留成愁（仇）」，何苦用這種卑劣手段報復，啟開另一樁惡因緣？貪嗔癡慢疑五毒攻心，無法解決煩惱，只是引來惡緣不斷啊！

不過經紀公司這一招媒體戰居然奏效，藝人慘遭抹黑，平面媒體落井下石，跟進加碼報導負面新聞，讀者譁然、歌迷不滿，藝人連忙討救兵，請出圈內前輩推薦的大哥出來談和解。藝人禮貌地知會我一聲：

「律師，不是我不相信司法或是不信任妳的專業能力，而是我的藝人身分禁不起對方一波波的抹黑毀謗、死纏爛打，甚至封殺我的演藝事業，只好談和解看看，如果和解條件談得攏，再請妳幫我寫和解書。」話語中百般無奈。

雖然為他感到萬般委屈，也不敢阻止他去談和解。畢竟透過訴訟雖然可以彰顯正義、分辨是非，但是要付出的代價太大了，訴訟程序曠日費時、搜集證據困難、媒體隨時爆料抹黑……。縱使好不容易等候三、五年結案宣判了，得到勝訴判決，遲來的正義不是正義，在法庭戰延宕期間，歹戲拖棚，藝人有多少青春可以虛度等待、生命留白？如果能談成和解，止傷停損，好聚好散，另闢演藝舞台，也是困境中的好選項，接下來就看和解談判者的功力了。

當事人決定花錢消災，支付一筆解約賠償金，買回自由，對方同意收到錢後撤回訴訟。據聞他透過圈內前輩的引薦，找了位叱吒風雲的大哥出面喬和解，果然名不虛傳，一週後藝人就來電請我參加和解會議，偕同對方律師商議如何將大哥喬好的和解條件化為文字，擬就和解書。

會議約在一家東區的居酒屋包廂進行，大廳門庭若市、人聲鼎沸，走進包廂，幽靜寬敞，經紀公司老闆、法律顧問分坐大哥兩側，藝人刻意不出面，聽說是大哥特別交代，因為經紀公司老闆依然火冒三丈，滿腔情緒隨時可能引爆。一方缺席，交由中間人協調，控制全場，免得短兵相接，擦槍走火，現場情勢一發不可收拾。

坐定後，大哥說完開場白，經紀公司老闆開始爆發不滿，才發現這個安排是明智之舉！這個愛面子的老闆，遭逢旗下搖錢樹求去，不只顏面盡失，俱連公司營運都受到影響，滿腔怨懟一洩而出，當事人沒來，所有的矛頭居然都指向代撰終止信函的我！

談判中，大哥與老闆輪番抽菸，濃烈煙霧繚繞，髒話夾雜出現，甚至說到激動處，拍桌子敲牆壁，肢體語言豐富凸顯對方的憤懣，連我提出藝人支付賠償金的匯款時點，及簽署和解書之同時對方須交付刑事撤回狀，都引發經紀公司老闆極度反彈，三字經脫口而出，彷彿我是一切惡果的引發者。

我也開始不爽，身為律師代理當事人出面協商和解書內容，何需承受如此惡劣的對待、言語的羞辱?!和解談判的基本尊重與禮節蕩然無存，我幹嘛要坐在這裡被公審？尤其是對方無端指控：

「律師如果不是妳教他，他怎麼懂得用一封存證信函解掉這麼多年的經紀約？我們今天淪落這種水火不容的地步，不是妳造成的嗎？」

什麼話嘛？個人造業個人擔，若果不是經紀公司一再欺瞞藝人、帳目不清、吃乾抹淨，藝人怎麼會毅然決然醒悟求去？東窗事發後不知檢討，還栽贓到律師身上，真是沒擔當的傢伙！

我也開始不客氣了，直接回應：「我們律師哪有這個能耐影響藝人決定他的未來？我們充其量只是用法律專業知識協助當事人善後而已！是不是？大哥！」

企圖把球拋給大哥，讓他說句公道話解解圍，沒想到這位協調者居然一面倒，幫著對方數落我：

「大律師，妳幹嘛這麼機車！上禮拜我們條件都喬好了，要簽和解書了，妳又來這一招，妳的當事人匯款時間點就訂在和解書簽完的一週內，等這邊一收到錢，就交撤回狀給你們，這樣不是很公平嗎？」

「一點都不公平，萬一錢匯了，經紀公司拒絕交出撤回狀，我們當事人一點保障都沒有！」我繼續發揮律師「杞人憂天」的職業特色，凡事推到最壞的狀況，未雨綢繆。

豈知這種周全的考慮又惹毛了對方與大哥，對方霍地站起來，指著我的鼻子破口大罵：「妳憑什麼這麼不相信我？不相信就不要談和解嘛！妳的當事人要保障，我嘞？我就不用嗎？妳他媽的只幫妳的當事人著想，其他人都是屁!!」

對方律師不但沒滅火，還在火上加油、繼續加碼：「沈律師，妳這種要求太超過了吧！

我們如果今天簽和解書，就把撤回狀交給妳，妳明天直接送法院，而藝人拒絕匯款，那我們怎麼辦？」

大哥捻掉菸蒂，瞪著我說：「我沒看過這麼不可理喻的律師耶！妳是來亂的嗎？妳知不知道這個和解我喬得多辛苦，半夜都要接經紀公司老闆的電話聽他訴苦開罵，好不容易喬好了，妳要槓上開花？」

談判桌上遭受圍攻，依照過往的作風，必定推開椅子甩了門就走人！可是今天「受人之託」，必須「忠人之事」，加上這幾年學了佛法，師父開示「忍辱」是修行的第一法門，台北書院老子課的老師也解析策略：「將欲歙之，必固張之；將欲弱之，必固強之；將欲廢之，必固舉之；將欲取之，必固與之。」要奪取之前，先給予對方，才能達到目的。倒不如先忍下來，讓讓對方吧！老子提醒：「曲則全」，有時候走曲線才能成事，何必跟這幫大哥、小人鬥氣?!

瞬間心思千迴百轉，想定了之後表示退讓：「好吧！我沒意見，不過得問問當事人可否接受，承擔風險。」

大哥聞之，立馬撥手機給藝人，還不忘強烈表達對我的不滿，在手機擴音喇叭中，聽到藝人在話筒另一端的安撫話語：「大哥，不好意思，沈律師當然會站在我這邊幫我講話，請您體諒，我跟經紀公司雙方就是因為互信基礎沒了，今天才會走到這一步，沈律師擔憂的狀況，確實也讓我不敢大意，請問大哥有什麼更好的方法，同時保障雙方？」

「我看這樣啦！你也不用有什麼他媽的擔心，律師都想太多了，反而會壞事，今天乾脆就簽了和解書，正本跟刑事案撤回狀就先放在我這裡，我，你總該信得過吧！等你這幾天匯了錢，再把和解書正本跟撤回狀交給你的律師，你就不用怕對方拿了錢不認帳了吧！」大哥果然江湖恩怨處理多了，立刻想出變通方案。

藝人電話中的聲音有點驚訝，問道：「今天就要簽約喔？我以為請律師去開會，只是討論和解書怎麼寫……」

「不然你想拖多久？你以為我每天都閒閒沒事幹，就專門喬你們的案子喲？今天已經談好條件，經紀公司的曾律師有帶手提電腦來，和解書打一打字，就在餐廳印出來簽字啦！不然夜長夢多，計畫哪趕得上變化？對不對，律師？你有帶當事人的印章來吧？」大哥毫無商量的餘地，說了就算，藝人雖覺突兀，不過看這個態勢，拖下去可能和解條件又生變數，於是電話接過來，再跟藝人在電話中解釋一番，轉述剛剛會議中的結論，他也同意了。

和解書就在大哥的強勢主導下，對方的盛氣凌人、我的委曲求全中簽署完成，正本相關文件全部讓大哥帶走，我把和解書影本寄給藝人，翌日他立刻前往銀行匯款，手續辦完他來電通知，我允諾立刻轉告對方確認收款。

猶豫中特別提醒當事人：「有件事想告訴你，這跟法律與和解手續無關，就是你委託的這位大哥，在和解談判過程中的講法，以及觀察他跟對方的一些細節互動，我覺得他不是完全站在你這邊，似乎幫對方著想的地方比較多，以後你在江湖行走，展開新的演藝事業，要小心應付，不要弄錯立場。」藝人有點疑惑，不過依然稱謝！

過兩天，收到對方通知確認收到匯款，我趕緊聯絡「大哥」取交和解書、撤回狀正本，大哥很直爽，約好碰面地點、時間後，補上一句問話：「聽說妳對我很不滿噢！說我都幫經紀公司講話……。」

聽了心頭一驚：他怎麼會知道？是誰出賣了我，或是單純閒聊傳話的無心之過？此番與大哥結仇，日後怎會好過？

話筒中一片靜默後，無暇細想，忙不迭地回答：「大哥別誤會了，這次沒有您出面，和解絕對談不成，只有您有這種分量與魄力！」

不是嗎？如果不是他的流氓氣與江湖分量，壓得住對方的氣焰與情緒嗎？能夠如此快速地解決隨時會擦槍走火的危急狀況嗎？說出事實，毋庸討好，一直是自己的處事原則，可是自己也不想否認對他的不滿，只以「誤會」二字語焉不詳地帶過，執業多年，在業界雖然有「正直律師」的稱號，但也不至於蠢到得罪線上的大哥，自討苦吃，黑道與白道還是劃清界限，井水不犯河水，在江湖道上各自討生活，雖不望添福壽，但求保平安！

下午到了約定地點，一部黑色休旅車緩緩停在路邊，大哥沒下車，開了車門、叼著菸，文件遞給我，叫我簽收，神色自若，約莫和解了結，心情不錯吧！拿了文件道別離開，對於大哥級的人，我的原則是勿得罪，但也毋庸討好，保持距離，以策安全，今日告辭，未來不必再見！

人際往來，聚散而已！或長或短，或深或淺，聚時珍惜，散時祝福，無糾結勿纏縛，緣盡情了，聚散隨緣……

「文明」與「尊重」在二十一世紀的現代，依然是人們難解的功課；「暴力」與「要脅」可以快速達成目的，可是卻開啟另一宗因果……。

被甩的舞者

這家藝人經紀公司與我合作好一段時日了，主要的業務是承辦知名藝人在小巨蛋演唱會的製作統籌工作，包括規畫表演內容、租借場地、邀聘藝術總監、承包燈光及音響設備、徵選合音及舞者、宣傳售票等，這次他們接下韓國某位大牌歌手的世界巡迴演唱會台灣區兩場演唱會的製作委託，以及負責甄選巡迴演唱的十名舞者，沒想到複雜的演唱會他們勝任愉快，籌備期間的工作順利完成，反倒是甄選舞者活動踢到鐵板，鬧出法律糾紛，差點上了《蘋果日報》娛樂版。

公司負責人 Tony 在壓下媒體爆料的翌日親自來事務所，討論整個事件的過程，詢問我法律上解決方案。我先提出一個基本問題：「演唱會的主辦單位與這些舞者的合約成立了嗎？」Tony 不解地反問：「不是已經成立了嗎？不然這些舞者怎麼會寫了一份求償書要求公司賠償他們的損失？而且索賠金額很誇張耶，連推掉未來兩年演唱會場次的工作機會，包括商演、教課的損失……都列入求償額度，有幾個舞者還列到上百萬元，律師，這種賠償金如果以後真的告上法院，我們公司要賠這麼多錢嗎？」

當事人一急都會跳到最後的議題，想要立刻得到答案，忘了要先從最基本的合約是否成立開始分析，其實倘若雙方合約沒成立，根本就沒有違約賠償的問題，討論之初，我得先把Tony的問題拉回來，問道：「你們跟舞者簽約了嗎？」Tony迅速回答：「沒有。」他靈機一動問道：「這樣是不是就沒事了？」

也太快畫下句點了吧，當然不是！不然人家舞者怎麼膽敢寄來一份落落長的求償信？我得引用大三時上債法總論課鄭玉波教授教我們的基本規定，給Tony關於契約的概念：「契約分口頭與書面，除了少數幾種合約依法律規定必須以書面訂定外，其他只要口頭就『必要之點』達成合意，雙方的合約就成立了，所謂『必要之點』是指這個合約最主要的事項，例如買電視機，買賣雙方關於價格與型號講定，買賣契約就算成立，至於如何交貨、運送是細節，可以另外再約明。你們這件舞者的合約書面上雖然還沒簽，可是並不是這樣公司就毋需負任何責任，還要看口頭上有沒有成立，也就是要檢查雙方針對演唱會的舞蹈演出內容、場次、排練及表演費有沒有敲定，如果已經約定清楚，雙方合約就算是成立了，至於何時排練、在哪裡排練、演出場地、服裝、髮型都是次要的約定事項，甚至只是細節，可以再商議。」

Tony聽了立馬下結論：「照律師這樣分析，我們跟舞者的合約應該是成立了，因為甄選Audition一通過，我們窗口通知舞者時，都有說明剛剛律師說的演唱會場次，還有暫定的日期時程，排練演出的費用也告知了，他們都答應了，而且承諾把原來的課程或其他工作都排開了。」

我再問得更仔細些：「口頭還是書面告知？舞者手上握有這些書面資料嗎？」此種問法是考慮到日後萬一這個案子進入法院，雙方舉證的問題。

Tony立刻查了一下手上秘書幫他整理的資料，邊說明：「當時好像都是電話通知，沒有書面；不過，我得再回公司查清楚一點再告訴律師。」

「好，目前看起來雙方的合約應該可以認定是成立了。下一步我們就要釐清公司可否單方面解約？因為合約成立後，如果想解約，法律上有兩種途徑，一個是雙方合意解除，另一種是一方違約另一方可以片面解約。你們這一件舞者明顯不會願意解約，沒辦法合意解除，那麼就要看看你們這邊提出的解約理由是否合法？」我一步一步循序分析，這樣才能協助當事人作成正確的法律判斷，一方面也可以幫當事人還原事實經過，逐一檢證每個環節代表的法律意義，最後彙整的結論才有事實根據及邏輯歸納的過程。

「律師，坦白跟妳說，真正的原因是韓國主辦方的編舞老師找到一批他很滿意的舞者，就決定直接換人，可是這個理由我們不知道怎麼跟台灣甄選通過的舞者交代，他們一定不服氣，而且會認為既然公司要內定，何必又大費周章在台灣區舉辦一關一關的評選活動，等到公布錄取的舞者後，都已經約好下個月到首爾排練的時間，也都量身訂製舞衣了，又取消合作，豈不擺明在耍舞者！所以這次舞者都很憤慨，雖然我們告知取消的理由是台灣舞者在韓國演出工作簽證的申請會有問題，可是舞者都不相信，因為他們裡頭也有人常到韓國表演，根本沒有工作證不通過的情形，他們才會向蘋果日報爆料說我們唬弄台灣舞者，我昨天好不容易把報導壓下來，可是媒體說也可能還會有第二波新聞爆料，舞者提到月底藝人來台宣傳時，他們不排除開記者會來抵制，最近台灣幾場勞工抗爭，最終資方都讓步，例如華航空服員、國道收費員……，對於勞工有很大的鼓勵效果，這些舞者這一次想訴諸公評，把國內不重視舞者權益，動輒取消通告的歪風，趁這次的事件訴諸媒體鬧大後，爭取合理的制度。」

Tony一口氣說出事件背後的原因及舞者的心態。

「倘使事件發展至此，主辦方又想不出合乎情理法的解約理由，我建議你們最好能儘速與舞者協調，讓他們明白一旦對簿公堂，在舉證損害賠償部分必定要耗盡心力，影響他們日後的教課與演出，最理想的解決方式就是雙方和解，主辦方彌補一些金額，阻止舞者訴諸媒體輿論或進行訴訟。」我提出建議。

「我也這麼想，只是韓國主辦方有些鷹派人員認為既然沒簽約，根本無須賠償，過往這個行業常有表演前夕通知舞者取消通告也沒付半毛錢，而我們已經有提前在演出前一個半月通知取消，更沒有造成舞者什麼損失。韓方的強硬態度，使得我們承辦單位夾在中間很為難，畢竟在台灣辦理甄選活動的執行單位是我們，通知舞者甄選通過的也是我們，這些舞者精挑細選，也都跳得不錯，現在說取消就取消，看到舞者的失望、沮喪神色，我們台灣的負責人也都很不忍，不曉得怎麼去說服首爾的主辦方？律師，可不可以透過電話會議，我們三方通話，請妳分析利弊得失，說服韓國的主辦方，全權委託妳在台灣處理和解的事。妳想這樣可行嗎？」Tony 敘述為難的立場，說著說著想出突破的方法。

「行，不妨一試。」我立即允諾，Tony 補上一句：「這件事必須掌握時效，否則月底藝人來台碰上舞者開記者會，那才難堪呢！」於是我們約好儘快進行跨國電話會議。

Tony 處事講求效率，第二天早上就安排視訊會議，我分析整個案子日後可能的發展狀況，特別是進入法院的繁瑣舉證過程，Tony 接著提醒舞者企圖引發的媒體效應，我再補充說明台灣的審判程序全程公開，記者可以旁聽，到時候法院審理的內容可能涉及公司商業機密，很難確保法庭資訊不外流，如果事後被媒體作為八卦報導，很可能會傷害公司形象。韓國的演唱會總監聽完，明快地決定全權委託我出面與這些抗爭的舞者談判，賠償底線以每人台幣二十萬元為基底線，我提議明日就展開對話，希望在月底前簽署和解書，韓國主辦方拍板定案。

當天下午我就聯絡上舞者中的代表，他正在東京參與演出，我們約好三日後他返台來我事務所見面商議。在他來之前，我整理和解方案：一、雙方確認演唱會合約不成立；二、舞者承諾不提告，不向媒體洩漏內情；三、道義上彌補舞者損失。經過韓國主辦方及 Tony 的確認同意這些和解條件，接下來就看舞者要不要買單了。

週五下午兩位舞者連袂而來，一男一女身材精瘦，曲線迷人，有著舞台明星閃耀的光彩。本來以為他們會依據之前寄給經紀公司的求償書提出賠償金額，不料他們在乎的其實是與巨星偶像同台演出的夢想，女舞者問：「還有可能嗎？我十年前決定踏進這一行，就是因為看到這個歌手的現場演唱會，載歌載舞，非常震撼，我當初就許了心願，祈望有一天能擔任他的舞者，好不容易夢想快要實現了，竟然一通電話就敲碎我懷抱了十年的心願，而且電話中主辦單位給了一個很遜的理由，以韓國公司的勢力及這個藝人在國際的知名度，怎麼可能工作簽證不通過?!我們都知道這不是真正的原因。」

我搖搖頭說：「公司就給我這個理由，是否還有其他原因，我也無從得知，只是可以確定的是，真的無法再安排你們十位上台表演，公司也覺得很抱歉！不過，如果這次圓滿解決，也許日後還有機會合作呢！」

在言談中，我似乎可以逐漸理解到舞者訴求的重點——不是賠償金額，而是一份尊重與肯定；錢的事好解決，而揉碎夢想、剝奪肯定的失落感，就很難談了，我望著這兩位舞者黯淡的神情，心中升起了不忍，可是職責所在，我還是得說出公司的決定。我接著說：

「公司也明白你們為了這次甄選活動付出多少心力與時間，特別是在報名表上要求你們承諾未來一年半可以排出時間參加排練與演出，不過應該還沒實際上推掉像你們求償書上所寫的那麼多的教學課程及演出機會吧？」我試探著詢問求償範圍，求償書上有舞者統計一年半的損失高達一百八十萬元台幣，令人咋舌！這種金額韓國經紀公司勢必無法接受，我得先了解舞者的心態，如果他們現在還堅持這些金額，我就不再往下談了。

男舞者回答：「那是一個律師朋友幫我們算的，他有解釋在法律上可以請求的賠償包括所受損害、所失利益，我也聽不太懂，反正他就幫我們算出這些數字。」

這可能是菜鳥律師欠缺實務經驗計算出來的最大賠償值，也有可能是資深的律師提議的金額作為討價還價的談判籌碼。不論動機為何，我耐心地解釋：「你們的律師朋友提到的『所受損害』、『所失利益』在法律上都是可以求償的範圍，沒錯！不過你們這種情形目前為止實際發生的損害可能很少，頂多有請假去參加甄選活動，以及上個月飛到首爾量身訂作舞衣，還有跟演唱會總監碰面造成的時間損失；你們求償的主要訴求應該是落在『所失利益』，由於它還沒發生，法律是為了保障受害人的利益才做的特別規定，一般法律處理的都是已經發生的事，而『所失利益』這種尚未發生的損害，法律上規定的要件就比較嚴格，你們在求償書要求的放棄其他通告或取消教學課程的損失，必須有明確的證據支持，例如合約或預收學費又退回的憑證，或是請證人出面說明，這些日後上法院舉證都很麻煩……。」

對方沒有律師同行，通常我會為他們特別解釋或釐清法律的規定，不至於讓他們覺得在法律專業談判者面前有恐懼或猜疑的心情。兩位舞者或許有感受到我的誠意，神色較為輕鬆地說：「律師說的，我們可以理解，只是這樣似乎對我們而言此時此刻很難提出具體求償額，而且我們也不可能為了求償，接下來都不工作、不教課，等著讓實際的損害發生，這樣也沒必要！律師有沒有建議怎麼計算，或是韓國那邊提到他們想要怎麼和解嗎？」

「在你們來之前，我曾與公司有過討論，公司有承諾願意對你們時間的耗費作一些彌補，當然這是站在雙方聘僱關係未成立的前提上，計算方式是以每日排練費為計算基礎，原本預定排練二十場加上彩排兩次，算下來和解金是十二萬元，不知道你們可否接受？雖然距離你們有些舞者的求償金額差距較大，不過，這個金額有一定的計算標準，算是目前可以想到比較合理的數字。」我凝視他們的眼睛，確定他們不會有太大的情緒反彈，才緩緩說出經紀公司的和解條件，看到舞者似乎有些失望，我再補充說明：「雖然聽起來一位舞者彌補十二萬台幣，似乎不太多，可是十位加起來就要支付一百二十萬元，在沒有任何演出收入之前，公司就要付出這項費用，也真的是一項負擔，從這個總金額你們也可以感受到公司和解的誠意吧！」

男舞者回應說：「這些我們可以明白，只是跟我們預期的賠償是有差距的，雖然到現在為止，我們產生的損失看起來好像不大，可是我們的親友、學生都知道這個甄選結果，後來主辦單位又突然更換一批舞者，對我們在這一行的名聲有很大的影響，外界不明就裡，會以為是我們這十個人條件不合，才被取消資格了，真的很受傷！」

雖然公司給我的底線是每人二十萬元，不過今日初次提出，我不能立刻提高價碼，來彌補舞者受傷的情緒，而且還不知道其他八名舞者的反應，必須保留一些額度作為日後談判的彈性調整範圍。於是我提議舞者先回去內部協商，詢問其他舞者的意見，下週一再聯繫回饋他們整體的想法。

到了週一下班時，男舞者寫電郵告知舞者多數同意和解，允諾不會進入訴訟，但金額希望提高到十五萬元。我轉知 Tony，他鬆了一口氣，立刻向韓方回報，韓國經紀公司指示同意舞者提出的金額，請我儘速擬訂和解書，在本週內簽署，同時付款。

我轉達給舞者韓國經紀公司的立場，舞者表示完全接受，並且同意由我撰寫和解協議書，週五他們會一起來我事務所簽約。

似乎一切進展都很順遂，和解書內容雙方都沒有意見，韓國經紀公司先用印簽名，以國際快遞預定在週四上午寄到我辦公室，到了週三下午，出面協商的男舞者表示他明天臨時要到深圳演出，希望週四傍晚先來簽署和解書。我向 Tony 詢問，他認為無妨，而且一百五十萬元賠償金在週四三點半以前會匯入我的帳戶，請我代為付款，我立即通知男舞者週四傍晚五點來所處理和解手續。

沒想到我為舞者設想，竟然為自己惹來麻煩，男舞者在週四完成和解後，週五下午其他九位舞者一起來到我事務所，其中兩位舞者表示他們昨天半夜才回到台灣，收到那位男舞者寄的和解書，內容來不及仔細閱讀，今天就趕過來，關於那些協議書的約款有些看不懂，需要問父母親。

吓！昨天才收到和解書？我不是三天前就寄給那位男舞者了？他也在昨天上午跟我確認每位舞者都同意內容，毋庸修改，為何這一刻有人說他還沒看懂，居然要帶回去跟父母親商量，這個理由太瞎了吧！心想我不是被昨天先來簽署的男舞者耍了，就是這個臨時出狀況的舞者太機車，腦海中在三十秒內閃過無數問號與驚嘆號，面對坐滿會議室的舞者，為了避免橫生枝節，我按捺錯愕與不悅，問道：「請問妳已經成年了吧？可以獨立簽署法律文件了，還需要父母看過這份協議書的內容嗎？」

這個女舞者似乎也被我激起了怒氣，甩動著她的長髮馬尾，瞪視著我回答：「我是成年了，不過這種事情我覺得還是要跟家長商量比較好！」

我就不信她的手臂刺青與鼻環有跟父母親商量，甚至她之前參加演唱會的甄選活動有徵求過父母同意！不過，至少她抬出一個乍聽之下似乎有理的訴求，其他八位舞者都定定地看著我，我也不能發飆或反嗆，只好冷靜地退一步問：「如果妳把這份和解書帶回去給爸媽看，要多久時間才能確定可以簽署？倘若他們有不同意見或甚至反對，是不是妳就不簽了？」

她挑釁地答：「是呀！也有可能，像和解書第五條我覺得訂得就不公平，為什麼只規定我們舞者這一邊日後不可以求償或提出任何請求，那經紀公司呢？為什麼他們就沒規定？萬一以後他們跳出來要求我們執行什麼義務呢？」

「這是不可能的事，因為第四條已經明確約定你們雙方沒有成立任何合約關係，公司不可能再請你們做什麼事，更何況這次就是經紀公司取消跟你們合作，怎麼可能再要求你們履行什麼義務呢？這種不可能發生的事，就不必要訂在和解書裡面了。」我維持最後的耐心與禮貌。

「妳是公司找的律師，當然幫公司講話，我怎麼能夠相信妳？」女舞者繼續堅持。簡直是來亂的！我不禁後悔昨天答應那位舞者代表先來簽約，今天他若一起出席，這個突發狀況就無需我來單獨善後了！咦，為什麼這麼巧，他今天偏偏就臨時出國，莫非他事先知道這個女舞者會當場找麻煩，他刻意避開才提前來簽？解鈴還需繫鈴人，我決定找他出來面對這個變數，於是提議：「當初都講好，才會安排今天的和解，結果妳居然事前沒機會研讀和解書，我想還是要問問那位承諾我的男舞者究竟怎麼回事，為什麼有這個變化？可不可以請妳現在撥電話給他？」

「我沒有他的電話，而且他出國了，也沒辦法聯絡上。」女舞者一臉倔強傲慢的神情。

擺明不配合，沒關係！妳不打，我打，電話很快就接通了，我按擴音，把手機放在會議桌中間，讓大家聽個清楚，我說明原委後，請他給個說法，這位男舞者一派驚訝地說誤會一場，他老早就把和解書草稿寄給所有舞者，可能這個女舞者在國外沒有收到，真是抱歉！可否讓其他八位舞者先簽，女舞者部分帶回家跟家人討論後，過幾天再來簽⋯⋯。

「恐怕沒辦法這樣處理，因為公司的立場希望十個人一起簽，如果女舞者帶回家討論的結果決定不簽，公司可能就不同意這項和解了，那麼連同你昨天簽的和解書也要作廢，十五萬元要還給公司。」我口氣變得強硬，因為今天出了狀況，是舞者的代表捅出的漏子，我不能因為遷就舞者分批作業而出了差錯，如果最終有人不和解，我對經紀公司勢必無法交代。

「律師，請讓我們自己討論一下，好嗎？」另一位舞者試著找其他解決方式，也許我在場，他們不方便討論，其他舞者約莫也擔心受到影響，今天簽不成，也拿不到錢了，可能想說服她，我點點頭，離開會議室。趁他們內部協商之際，我趕緊致電 Tony，告知今日的變化，問他如果最壞的狀況，這位尋釁的女舞者拒簽和解書，那麼今日要讓其他舞者先簽嗎？或者等到這個女舞者確定心意再一起簽？

Tony 說：「律師，辛苦妳了，上次有聽同事說舞者來公司理論時，就數這位女舞者反應最激烈，沒想到她今天又出狀況。我剛好人在首爾，我問一下韓國經紀公司的CEO與演唱會總監，請稍等我幾分鐘，立刻回撥給妳。」

不到五分鐘，Tony 就來電說：「CEO的意思是今天可以先簽的舞者就讓他們先簽，希望透過這樣的彈性處理，展現公司最大的誠意！如果有不願意簽的，就授權律師全權處理。」Tony 的轉告讓我頓時覺得壓力全消，CEO一句「全權處理」有多少尊重與信任含在其中啊！

掛斷電話，我敲門探頭詢問會議室內舞者們商量的結果，坐在靠門邊的舞者悄聲說：「律師，再給我們二十分鐘，她快要問好了。」原來那位阻撓簽約的舞者正透過手機與友人逐條討論和解協議書內容，我耐住性子，忍著腹飢，再度退出會議室，望向辦公桌上的掛鐘已經一點半，員工用餐回來開始上班了，我還得等候舞者最後的決定。

坐在辦公室，腦海中閃過稍後會議室各種可能發生的場景，順便模擬那些場景我的因應之道，無論如何，期待今天能夠完成全部和解手續。過了二十分鐘我再走進會議室，九位舞者都表示可以簽署和解書了，我有點意外，特別看了那個女舞者一眼，她剛好與我對到眼，客氣地表示耽誤大家的時間，很不好意思，剛剛已與朋友請教清楚，和解書內容都沒有問題了。

我也善意回應，說道：「抱歉！剛剛可能太急了，讓妳不是很舒服。」她的說辭又讓我傻眼：「噢！道歉的人應該是我，只是一開始律師妳的講法很有攻擊性，就啟動我的防衛機制，才會弄得有點僵，還好最後還是簽得成！」

天底下就有這種人，致上歉意的同時，不忘再損人一句，這種歉意能有多少誠懇呢？我笑一笑，不再一般見識，這也算是律師的職業傷害吧！律師辦案說理過程如同揮刀或射箭，中箭落馬的人多半不忘反擊，言語往來傷人傷己，身為律師職責所在，只能收拾受傷的心情，把當事人委託的事盡力完成。當九位舞者依序簽完和解協議書，我請會計拿出九個信封交給舞者，當場點收和解金額，確認數目無誤，簽收後道別離去。

我把九份和解書正本及收據放進信封，準備寄給當事人時，不禁回想起那位舞者的話語……，細細思索究竟在執行律師業務的過程中，我曾說了多少攻擊性的話語？這些話當說或不當說？說話當時是捍衛當事人的權益、伸張正義，還是逞口舌之利或發洩情緒、滅人威風？這是佛家說的「造口業」嗎？我如何能受人之託、忠人之事，同時又不造口業？感謝這位舞者的真心話，讓我在順利和解之後，能省思自己的心態與做法，律師之口如利刃、如巨砲，可以阻擋不公不義的攻擊，但言語一出，如劍出鞘，可能傷人無數，可不慎乎?!

事情沒有結果，無妨！畢竟天時地利人和的因緣俱足的時機不會經常發生；可是事情既然開始，就要善了，否則事件本身會尋求一種最壯烈的方式玉石俱焚、同歸於盡。善了的過程中，除了金錢的彌補之外，透過同情、同理心，真誠修復曾受打擊的信任感與被尊重的需求，將是事件能被圓滿的關鍵。

吹垮的帳篷音樂祭

深秋芒花滿山，兒子騎重機載我上陽明山尋找蘆葦的蹤影，在晴空萬里山巒起伏的天際線下，拍了一張張蘆葦迎風搖曳的景象，三點多正想收拾相機要轉向下一個目的地——林語堂故居拍攝夕陽餘暉時，忽然接到一則簡訊，是一家專門接辦音樂祭藝術節活動的公司執行長發的，寫著：「律師，我與上海簽的合同出了問題，對方拒付第三期款，我該怎麼處理？事出緊急，可以立刻跟妳見面請教嗎？不好意思，因為再過四十八小時，我們的活動就要開幕了，今天必須要解決合約糾紛。大可」

我跟這位執行長認識十年，前幾年他事業重心放在台灣原住民樂團的音樂推廣，本於強烈的企圖心與使命感，將原住民的音樂配合部落的故事改編為舞台劇與電影劇本，我一路協助他處理相關合作的契約與法律文件，這兩年他轉戰中國大陸，設計承辦兩岸音樂節或藝術活動，所有合同都送到我這裡審閱擬定，沒想到這次台東的星光帳篷音樂節他急著敲定，自已飛到上海簽約就出事了。

看來今天無緣拍到夕陽西下的美景了，我立刻問了兒子多久可以返回辦公室，兒子查Google Map 市區交通狀況及仰德大道路況，認為四十分鐘重機騎回事務所沒問題，於是我回覆執行長四點半到我辦公室討論。我們在停車場戴上安全帽之前，略有歉意地告訴兒子臨時更改行程，貼心的他說：「沒關係，媽媽先忙公務，下山後我去健身房，媽媽忙完撥電話給我，再一起吃晚餐吧！」

沿路交通順暢，四點半剛好回到辦公室，走進會議室，執行長已經把星光音樂祭的海報、周邊商品、入場券、合約攤放在桌上，急忙解說公司與上海投資企業的合作模式，他說：「半年前我把活動企畫案與預算提報給他們，他們對於企畫案很滿意。經費總計八百萬人民幣，他們同意負擔七百萬，剩下一百萬元我在台灣找贊助，音樂祭所有設計、執行都由我負責，包括租場地、找藝人表演、帳篷設備、開發周邊商品、設計活動……等等，全部都寫在這份企畫書上，獲利部分雙方約定在活動結束時，拆分票房收入及商品營收各占五十％。三個月前簽約時他們就付二百萬人民幣，上個月再付一百萬人民幣，這部分合同的執行都很順利，台灣這邊我的團隊也都積極推動，光是未演出的樂團我就請了三十組，五組來自日本，七組是中國來的，十八組本土的知名樂團，大牌藝人擔任主場壓軸表演，五個晚上共七人，表演合約也都簽完了。結果到上個禮拜應該上海公司的尾款台幣二千萬要入帳的，居然拖到現在還沒付，搞得我資金缺口補不來，昨天緊急借到一千萬，還差一千萬元還沒著落，對方這樣惡搞，真是沒品，不過聽說跟大陸合作，常常這樣，他們付一半就不付了，害得台灣這邊辦不下去，活動開天窗是常見的事，可是這回不一樣，我硬撐下來，上海他們一定沒想到我就是借錢也要辦下去。律師，妳看這份合同內容，我下一步可以怎麼做？」

「有跟上海這家海樂公司談過嗎？為什麼他們突然拒付第三期款？是有哪裡他們不滿意的嗎？這裡第三條提到你們的合同義務這八點都有履行了嗎？」我趁執行長說明事件梗概的過程，快速閱讀雙方簽署的合同，指著第三條問執行長，對方突然不付款，想必事出有因。

「都執行了啊！海樂的總經理上個禮拜接到我催款的電話時，有提到為什麼我邀請的大陸樂團與藝人不是他們指定的，而且文宣露出沒放海樂的LOGO……。其實他搞錯了，他看到第一版的文宣品是樣本，當時他們公關還沒把LOGO給我們，才會漏放，後來都補上了，而他們指定的藝人檔期配合不上，有些商演價格談不攏，才更換同等級的樂團，這方面早就跟總經理解釋，他當時沒說什麼，等到要付錢時又抬出這一條，真是『魯』，這怎麼合作下去？對了，可能有個關鍵的導火線就是二週前海樂的董事長來台灣參加兩岸文創論壇，剛好我們公司有辦一個記者發布會，介紹帳篷星光音樂祭的主場擔綱藝人，沒邀請他們董事長來參加，網路新聞傳到大陸，總經理在上海看了跳腳，立刻要求通視訊，對我百般指責，我那時候人在日本，記者會是公司宣傳辦的，其實也只是請藝人喝下午茶聊聊天，不算是正式的記者會，怎麼可能請董事長來參加；如果是董事長要出席，當然不是這種規格，可是他們總經理很不諒解，說董事長覺得我們處理上不尊重中資出錢的一方，可能是這樣鬧僵的吧！」執行長推敲原因，又補上一句：「可是這樣也不能不付錢吧？」

「還有挽回的餘地嗎？這幾天你們雙方有聯絡嗎？」我問後續情形。執行長點點頭答道：「有，不過昨天他們就不接我電話，還請法務透過微信傳來這份聲明函，裡面列舉我們違約的三大罪狀，真是莫名其妙！」

我迅速看過，分析說：「這份聲明函立場頗強硬的，看來雙方很難合作下去了。合同裡沒約定解約的事，只能依照法律來處理了。關於適用法律的準據法，你們的合同第十二條指定依照中華人民共和國法律……。」

「啊？什麼意思，為什麼依他們的法律，我從沒看過中共的法律，怎麼不依台灣的？」執行長滿臉疑惑。我說：「當初你大概沒要求用中華民國法律，合同已經這樣簽了，只好依他們的法律。你也先別緊張，我剛剛查了中共的民法通則與合同法，這種情形海樂拒絕付款，視為未履行合約義務，你可以主張海樂違約而終止合約，而且請求損害賠償。」

執行長沉默半晌後，說道：「我還是希望整件事情有轉圜的餘地，今天再給他們一次最後的機會，請律師幫我寫一封信，催他們在明天下午五點以前匯款，如果逾期不付，我就解約。」

我立即草擬一份簡單的帳款催告函，執行長確認內容無誤後，他用微信傳給海樂總經理，接下來就看對方接球後如何回應，執行長匆忙離去，返回公司坐鎮指揮後天即將登場的音樂祭活動了。

沒想到海樂公司這次鐵了心，確定不付款，而且先下手為強，在翌日下午三點寄出一封解約信，全文引用我提到的中共民法通則與合同法的條文，載明由於我方違約，因此依法解約，要求退還第一、二期款合計人民幣三百萬元，並須賠禮道歉，補償損失，而且活動票房收入及商品營收須分潤五十％。

執行長收到後語氣沉重地問我怎麼辦？我推敲如何接招：「大可，我先問你，你的活動辦得了嗎？如果可以自己辦，你就辦下去，至於海樂合作案，只好終止，以他們拒付款項違約為由終止合約，沒收第一、二期款，而所有活動的損失就等下週活動結束，你整個會算完，再考慮求償了。」

執行長答道：「資金缺口部分我有籌到錢了，活動順利開辦是沒問題，明天就要開幕了，如果現在宣布停辦我的損失更大，剛巧這幾天天氣不錯，票房還在熱銷中，而且日本、中國的藝人都飛到台灣了，說什麼我都要辦下去。可是要趕在現在馬上解除合約，我還是有點猶豫，因為海樂後台蠻硬的，聽說有高幹在撐，我怕解約後他們會沒完沒了，搞到要在上海打官司，很麻煩！我想還是等今天晚上我那個介紹人趕到上海跟對方再喬喬看，如果真的破局，明天我再跟律師商量後續處理方式。」

看來當事人都盤算過了，最壞的狀況及最不願意面對的場面均已思索清楚，那麼就讓他再協調看看能否有轉圜餘地。

不過，事與願違，翌日上班前就接到執行長的簡訊，告知昨晚介紹人在上海談判到深夜，對方依舊拒不付款，對於我的當事人嫌隙極深，堅持解約還款。執行長來電問道：「律師，活動開幕在即，今天中午一點要準時開始，我想雙方終究談不攏，還是得解決，妳上次有說由海樂解約與我方主動解約，效果是不一樣的！那麼我要在活動開始前解約，還是三天後活動結束再解約，對我們公司較有保障？」

當事人的口氣，聽起來是想先把這樁惱人的事件擱在一邊，全力投入帳篷音樂節，俟活動圓滿落幕再回頭處理這件麻煩事。我趕緊分析不同時間點解約的意義：「我明白你現在無心與對方廝纏搏鬥，不過解約最好的時點會是在今天中午一點之前，如果你在活動開辦前解約，理由是對方第二期款遲延，經催告後依然拒付，這樣就完全符合中共合同法解約的規定，師出有名，事後還可以依民法通則要求賠償損失；如若錯過這個時機，在活動終了才發函表示解約，倘使又碰上活動大賺錢，對方或法院一定會認為你是不願依約拆帳分潤，藉辭解約，想要獨吞所有利潤，而海樂違約的因素反而被淡化，豈不被模糊焦點，容易被錯誤解讀，到時候連解約求償的法律上地位都可能受到影響⋯⋯」

執行長答道：「我懂了，律師！請妳馬上幫我草擬一份解約聲明書，我以最快速度通知海樂，對不起，妳現在有空寫嗎？還是我趕到妳事務所，看要怎麼寫解約書。」

邊講手機，我邊走進辦公室，看一下桌上的行事曆，今天早上十點才有會議，應該有時間先處理這樁急件，我說：「不用趕過來了，你早上一定很忙，中午一點活動開幕，很多表演與周邊商品攤位要趕快準備營運，你還要主持開幕，我來寫解約書就好，大約半個小時後用 WeChat 傳給你。」

當事人一旦開竅，掌握住法律事件的利害關係，決定的策略就較符合我們律師的建議，此時律師的擔憂也可以消除。最怕的是當事人聽不懂法律的分析，或聽懂後執迷不悟、一意孤行，事後局勢惡化，又上門求助，真不曉得該幫或不該幫?!

九點半解約聲明函擬妥，寄給執行長：「茲因海樂投資（上海）公司未依貴我雙方於西元二〇一七年五月二十五日簽訂之帳篷音樂節活動合同之約定，支付第三期款四百萬之人民幣，構成違約，特發函通知根據中華人民共和國合同法第九十四條規定：『有下列情形之一的當事人可以解除合同：（三）當事人一方遲延履行主要債務，經催告後在合理期限內仍未履行。』即日起解除前揭活動合同，並沒收第一、二期款，雙方不再負有前開合同之任何權利義務，貴公司不得就前開活動請求任何營收分潤，另關於本公司相關損失，將保留追訴權，日後將依民法通則第一一五條訴請賠禮道歉及賠償損失。」

不到十分鐘，執行長回覆電郵：「解約函OK，我直接寄給海樂總經理。」到了十二點執行長又傳了一份對方的解約函，原來雙方競相解約，執行長立刻來電問道：「這下怎麼辦？海樂也解約。只是為什麼他們的解約信最後一段還要求分配活動門票收入？」

「他們法務可能弄錯了，既然主張解約合約失效了，就不能再依原合約請求分潤收入。沒關係！先不用回應，它裡面列舉違約事由都很牽強，有些也不是事實，你先去忙活動，記得多拍照、錄影存證，日後倘使對簿公堂，這些證據可能用得上。」我分析加上提醒，希望這些法律動作不至於影響當事人舉辦活動的心情。

顯然我是多慮了，午後執行長傳來幾張台東池上活動園區的相片，各個表演活動熱烈展開，年輕人不斷湧入，熱鬧滾滾！執行長寄來電子貴賓券熱情邀請我去參加，看來他絲毫不受早上惱人的解約事件影響，全力投入活動的進行，果然歷經大風大浪，這些動盪變局不會挫傷他的決心與行動力，解約案的後續發展就以不變應萬變了。

兩岸攜手合作，如果不能多一點信任與尊重，只想炒作名聲、獲利了結；一旦無法得逞，立刻撤資退場，如何成就美好的合作目標？

模特兒的最後抉擇

「律師，您還記得我嗎？我是『星林』的杜珊，去年曾經跟同事去找您，有聊過經紀約要解約的事……」清亮的聲音透過話筒傳過來，有點熟悉，不過去年「星林」好幾位模特兒都來諮詢合約的事，實在想不起究竟是哪一位，正遲疑著，她又給了提示，「我們聊過之後，您有幫我寫存證信函，而且還建議我解約之後，可以往主持節目方面發展，覺得我的聲音與台風很適合，我說咬字不夠清晰，您還提到可以去國語日報上正音班哩！」

噢，想起來了，就是身高一七五公分、皮膚白皙、不多話的女孩，我問道：「對了，我還記得上次不是幫妳寫了存證信函，妳說要自己拿去郵局寄，後來呢？合約終止了嗎？」難不成經紀公司不甘被終止合約，向法院提告？可是同一時期其他幾個模特兒發函後，頂多最後一季的演出酬勞被刁難延遲匯款而已，也沒聽說老東家打官司啊！怎麼又想來諮詢呢？疑惑中，她開口了。

「沒有，後來我沒寄存證信函，因為我家人勸我做人不要太絕，叫我再觀察公司的做法……」女孩聲音低了下來，看不到她的表情，不過應該心情不佳，我急著要出門到法院開庭，直接問她有什麼需要幫忙？「忍耐了一年，公司還是沒有改善，我想寄解約函了，可是這段期間有發生一些事情，需要請教律師，看看有沒有影響，請問您這幾天有空見面給我意見嗎？」

她似乎做了決定，立刻確定時間，我們約好見面再詳談。沒想到後來她一再延期，從這些反應，足以透露她舉棋不定的心思，有點不想介入她的案件了，她又傳簡訊表示需要我的協助，終於她現身在事務所，距離她的第一通電話已經是三個禮拜後的事了。

走進會議室，素顏白衣的她依舊有一股吸引人的氣質，一臉笑意立即溶化了這幾天對她延期約詢的怒氣，她說：「很抱歉！前幾天跟家人溝通，有一些阻力，所以延到今天才來。」

「怎麼啦？家人還是反對嗎？」有點不解，她已經二十五、六了吧，怎麼還這麼聽從家人意見，想到我們家小女兒八歲時就自己決定穿著，到了國中根本抗拒媽媽幫她選購衣服，考高中期間，更是一切決定都是自己下，什麼時代了?!眼前這個大姑娘還如此順從？

她欲言又止，翻開桌上的合約，試著換個話題：「律師，這一條的規定是不是會讓我變成違約？」我看一下，是經紀合約第九條，約定：「乙方（模特兒）不可以自行接洽商演或服裝飾品的展示，除非事先經過甲方（經紀公司）同意或非營利。」我記得去年她來諮詢也有類似疑問，因為曾受朋友及髮廊設計師之邀，拍攝幾張新造型的相片允許友人上傳社群網站，由於是無償提供，不會牴觸經紀合約，請她毋庸擔憂，為何此刻又有相同的疑惑？「妳有自己接案嗎？為什麼會擔心這一條規定？」

「其實也不算啦！是我女朋友上個月把自創品牌的運動服飾上傳網購商店，她幫我拍幾張在河濱公園跑步的照片，放在她的Instagram，我擔心公司看到，又說我在外面提供肖像權，或是公開戀情，有違約的狀況……」她邊說邊點開手機上的臉書，秀給我看，原來是一位服裝設計師的社群網站，她滑到最新動態，出現她與那一位設計師的合照。

「還好吧！兩個人都戴墨鏡又背光，認得出是妳嗎？噢！對了，合約有禁止妳『公開戀情』嗎？而且這一張動作不是很親暱啊！也不算公開戀情嘛。」我立刻查合約，原來第七條有規定：「乙方（模特兒）於合約存續期間，未經甲方（經紀公司）書面同意，不得公開戀情。」規定得挺嚴格的，不過條文的文字簡略，「公開」是指什麼場合？包括社群網站嗎？「戀情」的定義是什麼？同性戀情也在禁止之列嗎？這種條文定義不明確徒然引發爭議，不過目前看來這張臉書的相片應該不至於觸犯合約禁止規範。

「咦！相片下面還有註記：『2018/05找到真愛了』，這句話就不好解釋了，可能會讓人聯想到『戀情』，妳可以請她先刪掉合照嗎？不然公司可能會以這句話指責妳違約。妳既然想要終止合約，就盡量不要讓對方抓到把柄，免得影響終止合約的合法性，或事後訴請違約賠償。」提醒當事人切勿節外生枝。

「好，我會告訴她。不過這份戀情已經是過去式了，這樣還算『公開戀情』嗎？」她又補上一句。「過去式？妳的意思是『分手』了？那為什麼ＩＧ上還放著妳們的合照？」年輕人的感情世界撲朔迷離，合照不移除是表示舊情難忘，意圖挽回；或是繼續宣示主權，阻止對方找到新歡？

「不知道，其實分手也沒正式講，我只是發個簡訊跟她說『我想一個人走』，就沒再聯絡了。」現代人分手就這麼簡便？文青式的說辭確定對方會懂？

「如果有機會的話，還是請她移除吧！盡量減少妳終止合約的阻礙。」她點點頭，看不出有沒有把握做到，感情的事不是律師適合介入的，我直接跳到下一題：「近期公司有幫妳特別洽談什麼演出工作，已經談得差不多了；或是有確定的演出？」

她點開手機的行事曆，查了一下，「有，下週在台南樹屋有一場時尚秀，第二天要趕到高雄愛河要幫市政府藝術季造勢，聽說公司正在跟一家國際品牌談保養品代言，不過不曉得是不是找我，有可能找小婕，因為她膚質比我好。怎麼了？公司正在談的活動跟我也有關係嗎？如果我寄信要終止合約，公司不就不要繼續談就好了？」

「沒那麼單純。因為民法規定委任人，也就是妳這邊雖然可以隨時終止合約，但是法律也要保護經紀公司，才不會有所偏，因此民法第五四九條第二項特別規定：『當事人之一方，於不利於他方之時期終止契約者，應負損害賠償責任。』也就是說藝人如果在不利於經紀公司的時間點終止合約，必須賠償公司的損害，例如公司已經接到表演的工作機會了，藝人在這個時候終止合約，造成經紀公司對外要負違約賠償責任，那麼藝人就必須賠償公司這些損害。這是立法者在作一種法律的衡平，它在天平的兩端，始終要照顧到雙方的利益平衡，當無法兼顧時，法律必須作成價值判斷，選擇保護哪一方，但是選了一方之後，也不能讓另一方承受所有的損失，這樣天平會失衡，於是立法者就要想辦法彌補受損的另一方，通常用金錢補償，像在民法第五四九條終止的藝人就要賠償經紀公司損害。所以我才問妳公司現階段有沒有幫妳洽談演出，如果有，而且很可能談成，那麼妳在考慮終止合約的時間點，就要好好評估了！」分析法條很怕當事人不耐煩，可是又想解釋清楚一些，讓她拿捏分寸時，不至於跨越法律的紅線。

「噢，那我可能要回去打聽一下，不過，這段期間比較敏感，前幾天剛好主管找我聊，提到續約的事……」她臉上有點徬徨的神色，頓了頓語氣，又接著說：「主管覺得我是這一期他們招聘進來跟公司相處最順暢的模特兒，明年公司要西進，往上海發展，很希望帶著我一起去開拓中國的新市場，問我願不願意再簽三年約？」

「妳答應了嗎？妳不是對於這兩年一直渴望到大陸發展，公司表現消極，感到失望？」在公司給甜頭時，還是要適度提醒她過往公司的作風。免得當事人一時迷惑，又心軟地接受公司收攏人心的做法。

「沒有答應，可是主管這麼一提，我就不敢說出想解約的事，在他們心目中，我一直都是乖乖牌，從沒找過公司麻煩，還幫公司賺不少錢，他們一定無法接受我居然跟學姊一樣要提前離開。」看得出來她有點掙扎，「可是我也不相信他們今後會真的積極地帶我去中國打天下，所以我是不會再續約的。」

「那麼確定想提前終止經紀約嗎？」這個女孩似乎重情重義，又抵擋不住親情的壓力，我得確認她的心志，以免在猶豫不決中，又蹉跎了時日。

「理智告訴我必須要終止，因為我已經二十五歲了，能有多少在伸展台上盡情揮灑的時光？何況中國的模特兒行業競爭激烈，我如果要拿上海當跳板，目標是巴黎、米蘭及紐約的時裝市場的話，就不能再像去年一樣繼續浪費時間了！可是我爸媽到昨天還在勸我說在社會走跳，要飲水思源，懂得感恩，把合約走完是做人的基本道理……」看來她遇到的問題關鍵不在法律條文或合約爭議，而是家人的觀念、親情的壓力，我決定換個角度來消除她糾結的心緒。

「對公司感恩的心，在這幾年妳幫公司賺的錢、提升的知名度也都回饋得差不多了吧！」我看著公司網站首頁她的活動，照片置頂輪播的畫面。「有新的經紀公司跟妳接觸嗎？」她點點頭。「哪裡的公司？」我想從這條線刺激她逐夢的企圖心，「首爾的 Hot Model 公司，他們經紀部總監這幾天飛來台北開會，有找我談過，她很希望我下個月就跟他們公司簽約，加入秋季的密集訓練，明年進軍紐約。」原來她的動力來自於韓國總監的一席話。

「很優的機會啊！韓國的魔鬼訓練通常可以逼出模特兒的潛能，而且訓練通過後，立刻躍上國際舞台，不是跟妳的目標完全吻合，還有什麼好猶豫的！父母親的勸語有道理，可是對公司的恩情還盡之後，妳也要為自己的前程打算。有時候爸媽是捨不得女兒飛往遠方，才不斷地用各種理由留住妳呢！」直接點出她的盲點。

她心頭一震，彷彿大惑初解：「好像是耶！難怪去年到現在，他們一直反對我解約。」找到父母的真正心思了。「妳還年輕，想必妳的父母目前身體狀態、生活作息都還穩定，回去好好跟他們溝通，答應他們奮鬥二、三年就回台灣，讓他們的失落感降低，時不時邀請他們到韓國、紐約看妳演出，也可以提升家人的參與感。解約的事如果能取得父母親的諒解與支持後，妳的路會走得更平坦順利的。」解惑之後還要有一番鼓勵，才能增強她的決心。

果然她神情漸漸開朗，似乎一掃陰霾，收好桌上的文件，邊告訴我，也似乎是對自己的承諾：「會的！月底前我就寄出存證信函。」

女孩閃亮的前程，必須要跨過公司的合約障礙及親情的牽縛，圓滿地解決後，人生才能勇敢向前邁進！

倘若命運賜給妳的最後機遇，依然沒有好好掌握；反而受到親情、性格、生活舒適圈、人情的羈絆，好運是不會敲第二次門的！

執取與放下

——經紀公司與資遣費

有位好友在國際時尚伸展台發光發熱，擊敗中國的首席模特兒，在北京時尚週奪得二〇一〇年亞洲最美名模的頭銜後，急流勇退，返台開設模特兒經紀公司，退居幕後，專職訓練模特兒，不只指導年輕美少女儀態台風，還設計禪修、太極課程，佐以中國古詩詞賞析朗誦，培訓結束後，提供海峽兩岸博物館、文創中心 show girl 及導覽主持的美模服務，由於教法獨特，受訓完成的學員氣質非凡，頗受時尚藝文界的歡迎，經紀業務蒸蒸日上，我們原本每季相邀喝下午茶的默契逐漸拉長為一年半載的會面。

近日正為年終法院結案忙得不可開交，好友忽然傳來 LINE 的訊息問我明天下午是否有空，到她公司附近的貴婦百貨咖啡廳聊聊。我記得她最近與一家整合行銷公司要在 W hotel 舉辦耶誕晚會，旗下模特兒傾力投入，媒體持續報導，居然在活動前一週找我，想必有緊急要緊的事，我立刻回覆「ＯＫ！」

第二天從高等法院開庭辯論結束，已經過午，趕忙預約Uber，走進洗手間整裝後，出了高院大門就看到黑色車子等候，從博愛特區的貴陽街驅車前往信義區的百貨公司，一路飛車，總算在約定前三分鐘抵達，走進一樓大廳，好友穿著白色皮衣站在中庭，貴氣十足風姿綽約，讓人不看到都很難，兩人輕輕擁抱後，她熟門熟路地帶我進入一家充滿夏日風情的馬卡龍旗艦店，坐在落地窗旁，她收起盈盈笑意，悄聲低語說出心中的苦楚：

「妳也知道我下禮拜就要辦耶誕party了，廠商指定我們公司的模特兒『清清』擔任晚會主持人，她居然昨晚跟我宣告要出去開公司，這禮拜天就走人，真的很狠，枉費我苦心栽培她五年，公司成立時她來報名才二十一歲，青澀不懂事，辛苦爭取各種曝光機會後，今年才列名兩岸前十名模特兒，竟然就要自己出去闖了，早上我私下盤問才曉得她要帶走我公司八個模特兒，我當然不許，要不然眼前就會碰到下禮拜活動沒主持人開天窗的窘境，還有公司一大半好的模特兒被她帶著跳槽，那我還怎麼經營？她擺明就要我關門嘛！妳說我該怎麼辦？她可以就這麼解約就走嗎？解約不是要雙方同意？妳去年就有告訴我這條規定啊！」

怎麼合作突然生變，真是人心難料！我請好友先把經紀合約書給我，查看當初簽約時關於終止合約有無特別的約定。仔細檢閱的過程中，好友拿出LV的菸盒，挑出彩色的萬寶路菸抽了起來，可以感受到她的焦躁憂煩……。

「這份合約是今年年初的續約，合約期限是三年，妳有寫明不能提前終止合約，不過國內的民法並沒有特別規定『經紀』的法律關係，法院的實務見解多數認為經紀合約屬於委任關係的一種，委任人可以隨時終止委任關係，所以清清要走，妳也留不了，她有權利隨時離開。」我坦白地告訴她法規實務的立場。

好友簡直是難以置信，撚熄了手上的菸，問道：「法律怎麼這麼不公平，都沒有考慮我們經紀公司投資這麼多資金、人脈、心血，居然讓model紅了之後，可以隨時解約，太不合理了嘛！妳說法官也這樣判嗎？妳有辦過這類案子嗎？」

「有啊！去年我代表一家藝人經紀公司告旗下一個擅自解約的藝人，我在法庭上力陳經紀公司投入的訓練資金與人脈資源，跟法官強調不能單單根據民法第五四九條規定就判藝人可以隨時終止經紀合約，法官當庭解釋他也明白經紀公司有很多的付出，可是目前民法並沒有針對『經紀』設置專章規定，只能引用較相近的『委任』條文，而依委任公司的規定，確實比較保護藝人，喏！妳看法官就是依這個條文判我們經紀公司輸的：『當事人之任何一方，得隨時終止委任契約』，像妳公司的情形，倒是可以主張這個條文第二項規定：『當事人之一方於不利於他方之時期終止契約者，應負損害賠償責任』，妳如果告訴清清，她要挑在這禮拜天離開，導致妳下週的耶誕晚會無法進行，她必須負擔廠商的索賠，相信這種鉅額數字，她一定付不起，應該會繼續執行完這個活動，不過活動結束，妳恐怕還是留不住她，妳要有心理準備，除非接下來的跨年或農曆春節尾牙，妳有接到工作，而且已經簽約，不然她今年年底前一定會走，或者頂多留到明年二月農曆年。」我解說實例讓好友理解法律規定，還引用法院判決，其中重點寫著：

「……兩造確有一方委託他方處理事務之真意，是系爭合約為委任契約；……委任契約依民法第五四九條第一項規定，當事人之任何一方既得隨時終止，則當事人為終止之意思表示時，不論其所持理由為何，均應發生終止之效力。當事人雖非不得就終止權之行使另行特約，然委任契約係以當事人之信賴關係為基礎所成立之契約，如其信賴關係已動搖，而使委任人仍受限於特約，無異違背委任契約成立之基本宗旨，因之委任契約縱有不得終止之特約，亦不排除民法第五四九條第一項之適用；……被上訴人經紀公司對上訴人之藝人所安排演藝事業之信賴基礎已經產生動搖，即具有高度屬人性之系爭合約成立基本宗旨既已喪失，若強令被上訴人續由已無信賴基礎之上訴人經紀管理其演藝事業，必徒增雙方痛苦，且無法適當履行所安排之工作。……故上訴人得終止系爭合約。」

好友探頭過來看一下條文及判決一段文字，皺著眉頭，又拿起菸盒，這次抽出來的是深藍色的萬寶路菸，我瞥了一眼桌上的菸蒂是裹黑色的紙，看來她今天心情萬般地憂鬱，都抽深色的菸，我拿起她隨手放在桌上的菸盒，裡面還有粉橘、鮮黃、淺紫各色香菸，恐怕主人都沒心情抽了。

「真不甘心，法律無能，我不接受這種安排，要不然其他八個 model 要走，我也擋不住，以後怎麼帶兵，這不是要叫我關門大吉嗎？我好不容易打下的江山怎麼可以輕易拱手讓人呢！剛剛在車上，北京『風華絕代』的CEO，就是去年我跟他們合作在天安門廣場辦中國名模走秀大賽的經紀公司，執行長在微信透露清清已經請她大陸的男友，就是在北京大劇院當行銷經理的李強去跟『風華絕代』接觸，表示要用清清新開的公司跟他們簽長期合作的約。清清都已經爬到我頭上，搶我的模特兒跟合作廠商，我怎能默默接受？這行業還有沒有公理！」好友邊吐煙圈邊表達忿懣。

「那妳想怎麼做？」面對有情緒的當事人，我就暫時不堅持法律意見了，眼下她也聽不下去，倒不如先聽聽她的想法。

「妳幫我發個存證信函警告她吧！我的立場是不同意解約，如果要走人，索賠五千萬元，賠不起她就不要走！」好友下了決定。明知這種鉅額賠償到頭來法院是不會認同的，不過反正這個案子也不見得進法院，現在衝突剛開始，好友要建立公司制度，彰顯管理權限與紀律，合該先發函警告，我就先幫她寄出這份宣示意味濃厚的存證信函，再看對方如何接招回應了。

趕在下週五耶誕晚會前讓清清收到存證信函，聽說她收了信，態度丕變，不再倨傲拿喬，安分守己地完成耶誕晚會的主持工作，廠商與出席嘉賓讚譽有佳，主辦單位甚至喜出望外提議與好友商談明年繼續合作的活動。

不料這只是清清免除違約賠償的表面做法，暗地裡其實早有盤算，元旦連假過後，好友收到清清委託律師寄發終止合約的存證信函，才知曉一切已然無法挽回。

好友拿著那封打碎她所有希望的「告別」信，跌坐在我辦公室的沙發上，哽咽地說：「不只這封信傷透我的心，收到的隔天其他八個 model 也集體寄存證信函給我，共同宣告解約，妳看清清有多狠！自己走不打緊，還帶了我公司一線的 model 一起走，在外面還跟合作多年的廠商，像時尚雜誌、網購公司、星際傳播談好新的條件，這些廠商都是當年我一家一家親自登門拜訪，求來的合作對象，沒想到一一變節，他們大概認為我手上少了這些炙手可熱的模特兒就施展不了了。我偏偏要做給他們看，讓他們知道我是打不倒的。」讓好友發洩完情緒後，開始勸她打消訴訟求償的念頭。

我說：「在法律上，如果經紀合約沒有新的民法償篇專章規範，保護經紀公司的投資利益，或修改民法委任篇第五四九條的隨時終止合約的規定，妳打起這樁官司，只是洩憤，讓這些模特兒上法院難受一下而已，無法真正解決公司的問題！在人情上，離開的模特兒會恨妳用訴訟來絆住她們的前途；還沒離開的模特兒會覺得心寒，這麼一來，對於妳重振旗鼓，整頓紀律，完全無法收到長效；在心理上，妳在訴訟過程中會聽到這些往日視如己出的 model 口出惡言、過河拆橋的法庭攻防言語，必定受到二度傷害。到頭來，如果官司打贏，妳也拉不回這些模特兒的心，法院依然會承認她們提前終止合約是合法的，只會判給妳少許賠償金；倘若判決敗訴，豈不給業界看笑話，徒留給競爭對手及這些 model 笑柄?!俗話說『留來留去留成仇（愁）』，建議妳就放了她們吧！經紀工作需要高度的默契與強烈的信任，當這些本質消失之後，妳要回的東西只是假象，倒不如把打官司的時間、心力與金錢轉移到重新整頓公司制度，培養更優質的模特兒上面，好好透過這事件去觀照自己，為何她們會恩將仇報背叛妳？為何留不住這些日漸成名的模特兒？是公司制度出了問題，或妳的管理風格需要調整，抑或訓練模特兒的課程缺少倫理及價值觀念……？種種深層的病灶需要妳誠實地面對。」

她滿臉倦容、眼神迷茫地望著我，往日的自信與魅力、膽識消失無蹤，我倒了一杯熱茶讓她喝下，讓她靜靜地坐在我辦公室中，引導她作佛法「四念處」的觀想靜坐後，好友回復些許元氣，落寞地離開了。

第二天她就飛往巴黎參加凡爾賽宮的年度時尚秀，在戴高樂機場通關時，她在微信WeChat 傳來訊息：「謝謝妳的提醒，飛到花都，心情輕盈起來，覺得自己毋須受困在小恨小怨中，妳說得對，留不住的就不要強求，二〇一八年新的年度，我要追尋新的夢想，二〇一七年的不愉快就讓它埋葬在太平洋海溝吧！」

想通了真好！希望好友向前看，迎接新年新氣象！不過，上天大約是要磨練好友，農曆年前我正要出發前往倫敦參加女兒研究所畢業典禮，在桃園機場免稅商店挑選要帶給女兒的化妝品時，接到好友的電話，提到公司又出事了，想詢問勞資糾紛的問題，她說：「上個月回國，我跟股東談過，決定把公司結束了，因為清清的事件給我們公司衝擊很大，股東覺得這五年做得很辛苦，錢也都賺回來了，想要轉型作高端文化旅遊，開闢新路線，這個月都在進行員工資遣，要跟著我們轉新公司的員工就繼續留著，想離職的，多數都付了資遣費，只有一個我不想付資遣費，因為她要跳槽到清清的新公司，而且我發現她陸續偷走公司的客戶及廠商資料，還把我這幾年精心規畫的模特兒培訓課程整套搬到新公司，雖然我沒簽保密條款與智慧財產權的契約，不能控告她，可是我認為她違反僱用契約，沒資格領資遣費。」

「嗯，這個做法合理啊！只要妳有掌握到證據，……妳是說從她的電腦寄件備分查到她竊取公司那些機密文件？喔，好啊！妳就把證據存取下來，如果日後有爭議，可以提出來作為她違約的證明。這樣看來沒什麼問題，那我要去登機了，過年回來我們再見面聊。」我一邊拿出護照在免稅商店結帳，邊講電話回覆好友的問題。

「不是啦！我還沒說到重點，這個經理前兩天來找我，請我開『非志願離職證明書』，她解釋前一晚與清清鬧翻了，清清不要她去新公司上班，她突然失業了，拜託我開證明，她才能領失業補助金，我雖然本來很氣她，可是她又哭又求的，我一時心軟就簽了，沒想到她第二天就請她先生來公司要資遣費，我的人資主管拒絕，她就去市政府勞工局申訴，早上市政府打電話來通知我明天去開協調會，我真的沒料到她會耍這種陰招，我怎麼可能付她資遣費，她明明做出傷害公司的事，我沒跟她求償就算善待她了，她居然有臉回來要資遣費！我明天去勞工局可不可以拿上次妳叫我存檔的證據，跟勞工局說是她違約在先，公司當然可以拒付資遣費？」她連珠砲地急著說重點。

我聽了沒對員工的做法生氣，反而是對好友自陷於困局感到難過，為什麼有些人就一定得受盡傷害，才會醒悟呢？上一次清清事件難道她還沒警醒，沒有對員工多一些防範、對自己多設一道防火牆？而今掉入陷阱才又討救兵！

B5登機門已傳來開放登機的廣播，小女兒先提一大包鳳梨酥去排隊，我邊推登機箱邊勸慰好友：「妳如果拿了那些證據指控這個經理違約，又如何向勞工局解釋那張『非志願離職證明書』？當初妳已經在那張證明書上勾選是因為公司業務關係才讓員工離職，那就不是她違約造成的，如果妳事後否認那份證明書，指出內容不實在，會不會變成妳幫助員工詐領失業補助金？倘使要承認那份妳已經用印的證明書，公司就得付資遣費，權衡輕重，妳可能得花錢消災。妳先告訴我資遣費多少錢？」緊急狀況只能分析法規與現實考量，無暇也不忍再指責她。

「總共要付二十五萬元，公司解散有留一些錢支付雜項開銷，錢是沒問題，只是我很不甘心又被員工設套了！」她話裡頭有很多的怨氣。

「這也沒辦法，誰叫妳有婦人之仁，心軟簽了那份證明書呢！經營公司有時不能心軟，尤其面對員工的錯誤或違約，一念之仁是要付出代價的，這次二十五萬元就當作付學費吧，妳已經讓自己陷於進退兩難之中，為了免於承擔可能的法律風險，妳只好忍痛付錢了。這次愈痛，教訓愈深，下次妳才能對治自己的罩門，如果治不了，歷史就會不斷重演，這種忘恩負義的陰狠員工會不定時出現在妳身邊，試探妳的罩門，老天爺就是這樣在提醒我們改變心性，提升自我。妳再好好想想，想清楚再作決定，這是妳的人生、妳的性格問題，得由自己面對，我在法律面都分析清楚了，現在從律師的身分回到好朋友的立場，我還是建議妳付出代價，斬斷亂源，這種人早點跟她切斷關係，如果妳不付資遣費，她一狀告上法院，妳也贏不了，反而要陪她一年半載打官司，每次出庭都提醒妳再次碰觸這個傷口，不斷在同一個傷口檢視過往的醜陋，這樣妳如何展開新事業，經營新公司？放過她，不見得是姑息養奸，而是認清局勢設定停損，她造的惡業，妳無法幫她消業障，至少阻止自己再賠進去跟她瞎攪和，說不定這份糾結，搞得妳無心管理新公司，造成更大的損失，最終又贏不了官司，這會是妳想要的結果嗎？明天就帶著平靜的心去出席調解會，協調個較低的資遣費，付錢走人，別再戀戰，美好的新事業在等著妳開創呢，切莫讓爛人絆住妳的新腳步！」

她允諾聽我的建議，終結厄運，掛斷電話，剛好上了飛機，坐在窗邊，看看窗外的湛藍天空，心想其實凡事都過得去，只要讓自己多一點空間，多一些時間，難度的關卡就可以超越……。

人生一連串的取捨中，有人選擇緊緊抓住執取不放；有人願意放下，讓彼此重獲自由。兩者都需要勇氣，不同的是，「放下」比「執取」更需要智慧，也更能得到心靈的平靜與自在。

輯四

變調的樂聲

——音樂詞曲授權合約

名曲找出路

這首台語歌的詞曲爭議已經延燒多年，在四十年前知名作家填詞、音樂家譜曲，唱片公司搶得先機灌錄專輯發行唱片後，一夕爆紅，街頭巷尾人人總愛哼唱幾句，歌詞描繪了島嶼人們出走的渴望，在歷經幾十年來的動盪，島嶼上多了族群對立、藍綠抗爭、名嘴傳播、韓劇充斥之後，「旅行」成了人們一生中必做的幾件事之一，「流浪」更成了年輕人尋求人生方向及中壯年人開啟人生下半場的必經之路，於是這首歌更受人喜愛，人們在孤獨時唱著它，或聽著它，彷彿心底就被撫平了。

終於詞曲的紛爭還是浮現枱面，音樂經紀公司的法務主管有一天客氣地寄發電郵詢問我何時有空？公司執行長想親自諮詢這首台語歌的音樂著作權相關法律問題。到底是什麼法律糾紛？法務主管沒事先講清楚，我也不曉得如何安排諮詢時間，乾脆直接撥電話給法務主管，問個究竟。

「律師，這首歌轉到我們公司經紀代理已經十八年了，可是每年都有人問說：『是不是ASS公司也有代理？為什麼鬧雙包案，害我們使用者都很不安，如果同時請你們兩家公司授權，我們要付雙重版稅，實在不公平；如果找其中一家授權，又很不放心，怕另外一家來告！』今年又有這樣的狀況，而且事件鬧得比較大，連中華民國台語音樂人協會ARMA都出面介入了，所以老闆要我請教您如何處理。」法務先說爭議的背景，接著解釋公司握有的文件，他說：

「這麼多年來我們兩家音樂經紀公司相安無事，各自授權互不干涉，可是半年前台語天后要作三十週年紀念專輯，選了這首歌作唱片的主打歌，製作公司不敢大意，要洽談授權時，發現有兩家公司都掛OP，他們接洽我們公司跟ASS公司之後，覺得跟哪一家簽授權書都有風險，就想透過ARMA協會出面整合，ARMA的經理上個月發公文給我們，提議請我們公司跟ASS同時出示這首歌的權利證明文件，來決定到底哪一家有權利，確定之後，就跟那一家簽授權，以後才不會一直有爭議。執行長想要請律師過來判斷一下我們公司手上這份詞曲老師的轉讓證明書法律上效力如何？還有要不要接受ARMA公司提議出席會議？」

「可不可以請你先掃描轉讓證明書寄給我？我先研究一下，還有ASS公司有什麼權利證明，知道嗎？」我很好奇名曲鬧雙包案居然拖到現在才露出解決的契機，為了知己知彼，先看看雙方的文件，才有判斷的依據。「不知道欸！ARMA沒講，說要到雙方公司開會時再當場拿出來一起看。」法務無奈地說。

這麼刺激?!兩家公司在會議桌上亮底牌，一翻兩瞪眼，雖然是最快速直接的解決方式，可是對兩家公司而言都有不可測的風險，倘使對方手上的王牌比自己的強而有力，豈不是勝負立見，不只未來授權利益完全無望，說不定俱連過往收取的版稅皆須回吐，冒險指數不下於俄羅斯輪盤。要勸當事人接受這場冒險的邀約嗎?真的很難下決定，還是當面與執行長商議吧!

三天後依約前往當事人公司，走進會議室，公司財務長、法務及版權部主管都已在座，我一一寒暄後，執行長也來了，一坐下先抽菸，邊指示法務說明詞曲爭議重點後，執行長表達立場:「如果這一次會面可以解決多年的爭議，我站在音樂經紀公司的立場樂觀其成，問題是仲介團體可不可以承擔這種責任?畢竟他們不是司法機關，或是政府主管機關，如何判斷權利文件的真假及法律的效力?我們公司的作者轉讓證明書當然是真的，剛剛律師也看過正本了，萬一對方提出來的文件是偽造的，ARMA 是否會站在中立客觀的立場作成判斷，如果他們偏袒，有私心，認定對方有權利，而我們沒權利，是不是我們還要上法院提告?反過來倘使對方被 ARMA 判定沒有音樂著作權，他們不接受怎麼辦?這樣的會議有沒有意義?律師的看法如何?」

令人疑惑的是，這種案例怎麼不是主管機關出面主導，作成權利歸屬的判斷呢?在台灣似乎很多重大問題公權力無法施展或期待時，民間只好自力救濟，企業界平時自行創造商機，闖出一片天還有可能；可是面對法律問題的爭議，民間就無法自力救濟了，因為當事人雙方地位平等，誰也不服誰，必須由公正的第三者出面作成最後的判斷，腦海中忽然冒出「利見大人」的《易經》〈乾〉卦爻辭，在特定的變局狀態下去見大人是有利的，所謂「大人」包括有智慧、有權位、有能力的人，當然也包含公權力機關，這種著作權的爭議，民間詞曲仲介團體本質是營利單位，它作成的判斷可以服眾嗎？如果要徹底解決爭議不是應該由主管機關——經濟部智慧財產局出面處理嗎？我表示這個疑惑，財務長立刻回應：「是啊！最初我們也這麼認為，可是ARMA說會員都不相信智產局，過去也沒聽說他們有做過這一類的爭議調解，所以傾向自行處理，不想透過政府機關。」

那麼訴訟呢？司法機關的判決總可以相信吧！法務解釋道：「我們看報紙，最近剛好齊秦的歌判下來，最後雖然他打贏了，智慧財產法院認為他寫的詞曲權利依舊在他身上，唱片公司及音樂經紀公司的轉讓書都無效，可是官司打了四年多，才要到版稅幾十萬元，我們執行長覺得太花時間了，請問律師可否幫忙分析，這個案子如果進法院情況會如何？我們昨天有照律師的建議，先到智慧財產局調出著作權登記謄本，上面記載是程一飛老師的權利沒錯，而我們手上這份轉讓證明書是程一飛簽的，而且是親筆簽名，錯不了，我們有核對過。」

我再仔細看轉讓證明書，問道：「這是民國七十三年簽的，有同時期程老師的筆跡資料嗎？我記得前幾年程老師過世了，如果這份文件提交法院，對造爭執的話，必須透過鑑定筆跡的程序判定真假，目前已無法請程老師出庭當場書寫，而且時隔三十年，現在的筆跡也不一定與當年相同，最好能準備同時期其他文件的簽名，讓法官比對。」

財務長遞出三份收據，說道：「這是程老師生前來公司領版稅時簽的收據，因為我們有代理他另外兩首曲子，所以還保留這些單據，不曉得是不是可以作為法官比對的參考？」我仔細比對，確認筆跡相同，看來作曲的部分是可以過關了。

我再提出第二個問題：「程老師是作曲人，這首歌的歌詞是當時一個本土作家從美國返台時寫的，網路上都查得到資料，可是你們的轉讓證明書與著作權執照謄本都沒有這個作家的名字，也沒簽約，怎麼回事？是作家已將歌詞權利轉讓給程老師了嗎？我昨天搜尋網路資料，還有查一些書，好像當年是程老師邀請這位作家填詞的，是不是填完作家就送給程老師了？如果程老師已取得歌詞的著作權，那麼他把詞曲一起轉讓給你們公司就沒問題；倘使歌詞的音樂著作權還在作家身上，則公司這份轉讓證明書記載程老師將詞曲轉讓給你們，他的轉讓在法律上就只發生一半的效力，因為歌詞的部分他是無權轉讓。」

執行長聽了開始面色凝重，看來似乎歌詞權利的疑義無法克服。我繼續問道：「有沒有打聽到 ASS 公司手上的文件是什麼？」法務立刻說道：「有，那天跟律師通電話，您說最好能先知道 ASS 公司的文件，我請同仁問 ARMA 聯繫的窗口，他們是朋友，窗口說好像是程一飛與作家簽給 ASS 公司以前老董的轉讓契約書，而且老董還有去做著作權登記。我們覺得很奇怪，著作權登記竟然不是程老師的，前兩天我就去智慧財產局申請這首歌的歷史登記所有文件，智慧局說我不是程一飛本人或代理人，不可以申請，他只能告訴我 ASS 公司的前任董事長確實在七十年的時候有登記為這首歌曲的詞曲權利人，不過七十二年就被撤銷了，之後一直都登記程一飛是權利人。」

「吓！撤銷了？還有這一段歷史噢。如果 ASS 拿的契約是程一飛在七十年以前簽的，那麼既然七十二年已經被智產局撤銷，ASS 就沒權利了，而程老師在七十三年轉讓給我們公司，又在智產局登記程一飛是著作權人，那麼我們公司在立場上比較占有優勢。」我分析這些權利變動在法律層面的解讀方式。

執行長又點了一支萬寶路的菸，走到窗邊望向遠方一〇一大樓，沉思了一段時間，我們繼續在會議桌上比對各種文件，版稅部門的主管抱了一疊財務報表進來，透過數位檔案投影在玻璃白板上，分析十八年來這首歌的版稅收入，說到最後一欄版稅合計時，執行長走回會議桌邊聽這些數據，在煙霧嬝嬝中看不清他的表情，等他捻熄了香菸，把菸蒂放到石製的菸灰缸後，執行長以一貫沒有表情的表情問我：「律師，綜合這些文件與版稅數據，妳有什麼建議？要接受 ARMA 的提議與 ASS 公司坐下來提示各自的文件，還是有其他選項？」

十數年來與這位執行長合作的經驗，深知他是個擁有音樂熱情、理想的人，交大資工研究所的訓練及 EMBA 的學歷，讓他有充分的理性與智慧經營管理浪漫的唱片事業，他往往可以在短短的會議時間中，聽完各部門主管報告及開放討論後，立即整合各方建議，冷靜地做成睿智的決策，不過，遇上法律爭議，他會尊重專業，先聽取我的法律意見，再作裁示。

合作多年的好處就是非常了解當事人的溝通習慣，我們之間在彼此信任與深厚的默契下，有一套自然形成的討論模式，因此我會在各部門主管匯報時，擇取重要資訊，開始思索可能的解決方案，以及各方案的利弊得失，會議最後階段提出各項法律上建議及方案評估，於是當執行長提問的同時，我已備妥答案了，答道：

「有三種方式處理這個爭議，第一是維持原來做法，就是兩個公司各自授權，井水不犯河水，這個方案的優劣等我們先分析完第二、三種，再回頭說明。第二種站在法律人的立場，我比較傾向以訴訟的司法途徑徹底解決多年來的爭議，目前看來兩家公司皆自認擁有詞曲的完整權利，互不相讓，又無法信任著作權仲介團體或主管機關，縱使透過 ARMA 安排兩家公司善意會商，出示各自持有的證明文件，我猜想翻開底牌的當下，誰也不服誰，不會因為看到對方的證明文件就舉白旗承認自己的文件效力較差，因此這個鴻門宴可以參加，但無庸抱持太高的期望，以為可以解決雙方僵持多年的紛爭，只須帶著『知己知彼』、刺探敵情的心態，友善地出席，行禮如儀地提供資料，約莫就會下台一鞠躬，謝謝再聯絡，ARMA 也不具有法律上的權限調停你們之間的權利糾紛，即使雙方願意化干戈為玉帛，達成共識當場簽下協議書，那份協議書也不具司法文書的強執力，一旦哪天有一方反悔，隨時可以悔約，依然要上法院提告。不過第二種方案除了打官司曠日費時之外，還要支出裁判費、律師費，而且還有一個風險是最終判決下來，有可能法院認定這首歌的詞曲權利都不歸你們兩家公司，因為可能你們原告、被告提交的證據，法官認為作詞、作曲者都已過世，死無對證，無法證明轉讓書的真實性；更糟的是詞曲作者的繼承人跳出來主張權利才是他們的，那麼這個案件就變成鷸蚌之爭，漁翁得利了。」

沒等我提出第三個方案，執行長皺著眉頭問道：「如果我們雙方和解呢？找一個有公信力的單位，例如：雙方的律師見證下簽署和解書或者調解單位來主持。我可以接受比方先簽個十年為期的和解書，這段期間兩家公司依然各自授權，可是一人收一半授權金，例如我們收『曲』的部分，ASS 公司收『詞』的部分，這樣其他公司要用這首歌曲時才不會又陷入雙包案的困擾，我們兩家公司也不會一直產生市場上的授權競爭，至於權利的歸屬問題可以懸而不決，等了十年後再決定後續如何處理。」

我還來不及回答，版權部的主管已經邊搖頭邊說：「執行長，這個方式我有私下詢問 ASS 的版權窗口，他們不同意，因為收入減一半，他們認為沒道理。」財務長有點不悅地表示：「欸！他們不想想這十幾年來市場上三分之二的授權案，人家都來找我們，他們也只賺到三分之一，說不定連三分之一都不到，現在我們自動給他們多出六分之一的收入，依剛剛的統計金額有可能超出百萬，他們還拒絕，真是得了便宜又賣乖！」

這時我才有機會提出建議：「我其實要說的第三個方案就是這個方式，不過目前要找具有公信力或公權力的行政機關來主持這種和解程序，可能有困難，主管機關——智慧財產局似乎沒有累積這方面成功的案例足以讓業界信服，願意向他們申請調解案；倒是智慧財產法院在制度面有設置這種制度在當事人起訴前先行調解，所以可以嘗試看看，而調解成立之後，雙方簽署的調解書法律效力與判決一樣強，又不需要經過長時間的訴訟程序，雙方在證據的提交與舉證方面也不需像訴訟那麼嚴格，倘使調解不成立，當事人可以決定是否轉為訴訟程序，如果不轉，法院也不會強制。這個方案的風險是智產法院的調解委員不曉得有沒有具備詞曲音樂方面的專業，以及對於權利人轉讓同意書的真偽辨識力，還有詞曲授權的實務經驗？因為這個調解案必須深入討論這些問題，才能讓兩家公司信服，才有可能進一步接受調解方案。平心而論，依我過往在智慧財產法院訴訟的經驗，法官有些對音樂唱片界的生態及實務都感到陌生，那麼調解委員是不是會更不熟悉，我沒接觸過調解委員，就無法得知了。」

執行長聽了若有所思，說道：「那麼我們內部再評估律師提出的這幾個方案，看看那一種最適合最能保障公司利益，之後確定了，再請妳協助處理。」語畢，指示法務送我離開，後續就等候當事人的決定了。

走出公司大門，在回程車上，腦海中依舊縈繞著方才桌上的議題：詞曲爭議多年，兩家公司意欲相安無事，各自授權，卻仍出現特定的事端，促使潛藏多年的爭議現身，是歌曲本身想要正名定位，而自找出路；抑或音樂市場中有隻看不見的手讓妾身不明的樂曲得以合法歸屬？相關的利害關係人又該如何正確地對待這場定位之爭？歌詞中找不到答案，詞曲創作者俱已辭世，音樂經紀公司肩負歷史責任，必須妥善解決，否則在未來四十、五十年著作權保護年限中，仍將紛爭不斷，甚至無法廣為流傳，一代名曲將悲歌以終，想必不是世人所樂見！

當一首歌曲傳唱多時，廣為流傳之後，它的生命已經不是詞曲作家或是音樂經紀公司可以掌控；權利擁有者如果只站在一己的立場想要決定歌曲的歸屬與未來方向，恐怕在冥冥中這首歌曲會自己找出路……。

寂寞的女作曲家

她是個成功的詞曲作家，早早就在音樂圈嶄露頭角，每年都有令人驚豔的作品，藝人爭相預約作為專輯主打歌，名利雙收，邀約不斷，然而感情的路卻是崎嶇曲折，枕邊人兼她的經紀人，賣斷了她的詞曲後，常起勃谿，兩人只好分道揚鑣。沒想到她好不容易跟前一個情人分手，下一個男人又是同個樣兒……。

這個案子就是這樣爆發的，十二年前前夫將她創作的詞曲賣斷給一家小型製作公司，卻騙她只授權使用十年，交給她五分之一的權利金，十年後她要委託另一家詞曲經紀公司代理這五十首歌，才知道業界盛傳歌曲已經全部賣斷，夫妻大吵，丈夫不承認也不否認，拿不出授權合約，更交不出另外五分之四的金額，床頭金盡，一個月後，兩人離婚收場。

女作家立刻有了新歡，因為十五年的婚姻生活讓她無法單獨過日子，離婚後午夜夢迴經常孤枕難眠，空虛的生活中，另一個沒沒無聞的同行作曲家闖入她寂寞的心靈。兩人陷入熱戀後，男友打起她的創作詞曲的主意，慷慨激昂地說要找律師幫她要回權利，她相信了，簽了委託書，全部交給男友處理。

男友找到一個臭氣相投、惡名昭彰的律師，司法圈視之為「文化蟑螂」，專辦權利有爭議的詞曲案件，以提告刑事的卑劣手法威嚇、逼迫不知情的音樂版權公司賠償和解，通常音樂版權公司不願意惹禍上身，奔波在法院之間，寧可花錢消災，和解了事，這位律師掌握這種心態，「促成」不少詞曲爭議的和解，獲利甚豐。

這回他又如法炮製，先寄發措詞嚴厲的律師函給十年前買斷詞曲的製作公司，副本同時寄給我的當事人——一家國際性的音樂版權公司，指控他們侵害詞曲作家的音樂著作權，要求三月內全部詞曲下架，禁止使用，並且出面賠償上千萬元的損害。

「沈律師，怎麼有這種事？我們公司明明有簽授權合約，三年內都有經紀代理權，她憑什麼要我們賠償，律師函還說不和解就告我們，真是莫名其妙！」音樂版權公司的總經理拿著律師函與經紀代理合約，氣急敗壞地來到事務所，詢問如何回應這封非常不友善的律師函。

「您問過授權人了嗎？就是那家製作公司啊！在這個三角關係中，你們只是轉授權的公司，發生詞曲權利爭議，還是要回頭了解權利來源，看看音樂著作權的源頭有無問題，再來討論回應的方式。」看完律師函，平和地提醒總經理。

合作過幾個案子，深知牡羊座的總經理，才華洋溢，可是脾氣火爆，不拉著他一點，恐怕擦槍走火，節外生枝。

「已經問啦！離譜的是那家製作公司十二年前買斷這些詞曲時，居然沒簽書面契約，老闆只跟女詞曲作家的先生口頭約定，付了一筆錢就認定銀貨兩訖，拿走詞曲了；倒是轉授權給我們公司時，極盡挑剔之能事，合約改了又改，談了三個月才拍板定案，我們公司前任總經理簽完約就跳槽，昨天打越洋電話給他，他才氣得跳腳，說當初太相信製作公司了，沒想到他們買斷歌曲這等大事，居然沒有書面憑證。」精明幹練的總經理簡要地交代簽約過程，透露出當年授權的製作公司輕忽草率！

「律師，怎麼辦？如果授權給我們的製作公司沒有買斷的書面契約，我們公司的授權會不成立嗎？我們老闆會不會去坐牢？」總經理憤憤不平地敘述事件的背景後，開始憂心忡忡。

「如果沒簽『買斷』書也就是音樂著作權的轉讓合約，對我們當然較為不利，不過我們還有經紀代理的授權合約可以保護我們，合約上有『擔保條款』，製作公司保證有授權的權限，憑著這項約定，我們就可以證明沒有侵權的犯罪故意，刑事侵權責任應該不會成立。至於民事會不會構成侵權？要看當初簽訂經紀代理合約有沒有故意過失的歸責事由，如果我們簽約過程或執行轉授權的程序中，明知製作公司沒取得權利，或女詞曲作家不同意賣斷，或疏忽未仔細查證就簽約，有可能公司要負擔侵權賠償的責任。」迅速深入分析可能觸犯的民、刑事責任，讓心急如焚的總經理先有基本概念，可以冷靜下來，再作決定。

「律師，我了解了。我們公司簽約一向很謹慎，執行過程也沒問題，詞曲作家在律師函中提到電影主題曲授權爭議，其實都是同樣的情形，包含在製作公司的全部詞曲授權中，無所謂侵不侵權的問題，她會特別提出來，是因為那部電影上映時，她有來電抗議，非常不爽，剛好碰上我們版權經理個性直率，沒有小心翼翼地伺候，她就有了心結至今。不過我想整個執行合約的過程都沒有剛剛律師說到的侵權問題，請放心！接下來是不是就委託您回函，表明我們公司沒有侵權。」總經理聽懂法律上的分析後，快速作成決定，兩天後律師函就回覆給對方了。

沒想到過了一個月，公司居然收到台北地檢署的通知，表示這位女作曲家已提告刑事侵權案，發交內湖分局調查，很快的分局寄發約談通知，總經理傳真那份通知後，詢問我的時間，安排與香港總公司三方通話，進行越洋電話會議。半個小時後香港總公司法務長已在電話那一端整理案情經過，請我口頭分析此案利弊得失，同時討論和解的可能性。

最後的結論是公司先接受約談，暫不和解，等警方約談後了解對方提告重點，再評估和解的必要性，並且由總經理代理負責人出庭，因為總公司擔心倘使負責人自香港來台應訊，萬一遭到地檢署限制出境的強制處分，會引發公司不利的後續連鎖反應。

於是陪同總經理到警局製作筆錄，警員行禮如儀，問完幾個預設的問題就結束，也不在意負責人是否到場。不過案子移送地檢署後，剽悍的檢察官就不理會總經理代為出庭的請求，法警硬是將總經理擋在偵查庭外，只讓我入庭應訊，總經理一臉錯愕地站在長廊上。

對方律師在偵查庭中，極盡表演之能事，唱作俱佳地陳述告訴狀所載的侵權過程，顯然檢察官不吃這一套，只是冷冷地問對方律師：「你們告人家侵權三十六首歌，為什麼只提出其中一首歌的侵權證據？其他三十五首呢？有證據嗎？」

對方律師連忙以告訴代理人的身分聲請檢察官向台北市詞曲作家協會調閱使用這些侵權詞曲資料，還請求到被告公司搜索帳冊及版稅報表，檢察官瞪了這個氣燄高張的律師一眼，反問：「你們要告人家，自己不提供證據，動不動就要我們檢察官去搜索扣押，你以為律師這麼好當，可以要求檢察官如此輕易地進行搜索？你們在提告之前，為何不先準備好犯罪證據？」

對方律師訕訕地回答：「代理人完全理解檢座的意思，我們會再進一步查報侵權的證據。」

檢察官面無表情地問我：「辯護人有何意見？」

我趕快說明被告公司並未侵權，並且要求檢察官命告訴人提供明確的證據，不可以亂槍打鳥，提告後再來找證據。

對方律師聽了，作勢要起身回應，檢察官不耐煩地阻止，宣布：「退庭，雙方律師在筆錄上簽名，請回。」

對方律師悻悻然步出偵查庭後，馬上一個箭步擋在我前面，叫我轉告當事人：「這個案子拖那麼久了，要快點提出和解方案，否則……」我脫下律師袍，望著他：「否則怎樣？你是在威脅嗎？」

他藉機引爆剛才在偵查庭強自壓抑的怒氣，提高嗓門、眼神淩厲地回答：「妳這是什麼態度?!律師這個樣子怎麼談和解？」

「你怎麼確定我們要跟你談和解？亂告一通，又沒證據，憑什麼要求和解？」我也冒火了。

「態度這麼惡劣，不跟妳談了！」他拂袖而去。

當事人公司總經理在一旁冷眼旁觀，搖頭嘆道：「真的是文化流氓，靠著打官司來勒索！」

「了解他的背景，就不訝異他今天的裝腔作勢了。」我補上一句，接著簡要向總經理轉述剛才在偵查庭內的攻防過程。

「律師，依妳看，我們公司會被起訴嗎？」總經理問了所有被告在庭訊後都會提出的疑問。

「從今天開庭的狀況，檢察官的態度及對方提出的證據，我想應該不會被起訴，不過難搞的是對方律師，而不是案情本身。」與總經理並肩走出法院，剛好看到對方律師跳上了一部計程車，看著他的背影，我下了一個結論。

不曉得後續這個案子在對方律師的操控下，會有如何匪夷所思的發展？送了總經理上車後，心情有些凝重，臨時決定走一段路，吹吹風，讓心靈有份空間，思索這前後發生的事……。

人世間紛擾複雜的難題，通常難以處理的不是事情本身，而是「人」的問題；在法庭中，通常困住我們的不是案件本身，而是當事人或律師的不可理喻！

這位女作曲家如果不能脫離依賴身邊男人的感情模式，她的詞曲智慧結晶將永遠無法被合法合理處置，只會任憑那些男人予取予求，最終她將分不清楚身邊的男人親近她，是疼惜她的才華，抑或冀求她的作品帶來的金錢利益？在這過程中，隨之被波及將會是與她作品有關的人與事，而這些都是無辜的第三者……。

面對女作曲家的曲折感情路，我的當事人如何不被牽累呢？

走在回程的愛國西路行人道上，望著兩旁的路樹，希望吹吹初秋的冷風，可以找到風裡的答案……。

（後記：檢察官偵查後，以罪證不足不起訴結案，女作曲家另提民事侵權賠償案，同時提告十年前買斷詞曲的製作公司及我的當事人，求償五百萬元，製作公司老闆親自出面和解，女作曲家撤回起訴全案終結。）

當一個人的心靈無法獲得自由時，長期依賴之後，結局就是遭受掌控，而引發一個個無可理喻的故事……。

大師與名曲

清晨出門，走在台北市最美的木棉道上，人間四月天，橘紅木棉花一朵朵燦爛綻放，在枝頭爭豔，急著在春天嫩葉冒出枝枒前，奮力抖出一身的火紅！冷不防一朵盛開的木棉花掉落眼前，正想低頭信手撿拾細看，手機卻響了，唱片公司老闆來電。

咦！難不成有急事，怎麼清晨七點多就電話聯繫？律師的心臟真的要很強，彷彿隨時在急診室待命，迎接緊急狀況。

「沈律師，不好意思這麼早打擾妳，今天中午有空嗎？有個案子想要請教妳法律上的意見。」熟悉的聲音響起，十多年了，他講話的音調、速度始終沒變，緩慢的聲調中帶有幾分威嚴。

今天沒開庭，上班時間較清閒，本想中午邀好友觀賞中正紀念堂維梅爾《珍珠之光》的畫展，只好作罷！立刻回答：「有空啊！在公司討論嗎？我十二點三十分到公司，好嗎？」

說定時間，他放心地掛斷電話，沒再多說案情，或透露諮詢事項。這是他多年的習慣，也許是對於法律事件格外小心，不想在電話中描述案情；也許是對我的專業信任，覺得毋須先說明，即席解答即可，彼此已有默契了，我也沒多問。每次都是到了會議現場，聽他或公司主管敘述問題，才知曉案情，當場討論分析，提出解決方案，他知道我總是會提供給他適切的答案。

中午十二點從事務所出發，坐在車裡行經圓山附近，從橋上眺望兩岸河濱公園，順著水流望向遠方青山白雲，台北的天空這一刻真純淨、美好，趁著這一份單純靜謐，暫時放空，讓腦中念頭自然升起又消失，下一刻在當事人公司的會議室才能專注思考，這是多年禪修練習四念處內觀法門的心得。

下車看了手錶還有十分鐘，先走進唱片公司大樓的地下室，站在中庭人造池塘邊，望著水中的魚兒荷葉，繼續讓心中雜念一一飄逝，心思定靜下來，腦海中浮現老子《道德經》中引人咀嚼的話：「濁以靜之徐清，安以動之徐生」，世事混濁變幻，宜以一顆安靜的心沉澱下來，一切會趨於清明；世事清澈明白後，再安穩篤定地採取行動，事情才會生成發展。律師處理別人的煩惱惡緣，確實需要這般動靜清安的功夫……。

搭上電梯到了二十六樓，秘書帶領到總經理辦公室，當事人正在看超大螢幕的NBA球賽，當年他也是打籃球、聽西洋音樂長大，研究所畢業後一頭栽進流行音樂市場，憑著一股傻勁兒，耕耘奮鬥，掀起樂壇熱潮，引領一片風騷。

看我走進來，倒了杯紅酒，點根菸，示意秘書通知主管們來開會，邊閒聊，不時眼角還瞄一瞄電視籃賽實況轉播。

不到五分鐘，四位主管——版權部、財務部、法務部、業務部都來齊了，電視螢幕立刻切換為這個案子的詞曲授權合約及內政部著作權執照，隨著版權經理的敘述事件經過，電視畫面依序再跳到近日雙方往來的電子郵件，原來是一首歌曲中歌詞著作權的爭議。

當年在校園民歌時代，唱片公司舉辦民歌比賽，詞曲創作在校園中成為主流，大學生紛紛投入創作，百花齊放，連文壇作家的詩詞散文也被引用編寫旋律作曲，今天會議桌上成為紛爭焦點的一首詞就是三十年前一位暢銷作家的情書選輯中的一篇短詩〈牽手紅顏〉。當時情詩完成之際，適逢民歌風起雲湧時，大學校園民歌手編曲彈唱，這位作家慨然允諾無償提供大學生譜曲傳唱，甚至授權唱片公司收錄於唱片專輯錄音帶，不收半文版稅，支持校園民歌運動的真情摯意，在音樂界傳誦一時。

未幾唱片公司依循慣例，在發行唱片專輯時向內政部著作權委員會申請詞曲音樂著作及唱片錄音著作的著作權執照，內政部很快就核發下來。

時隔二十年，國內唱片公司進入戰國時期，併購改組，公司資產轉讓易主，這首〈牽手紅顏〉輾轉歸屬國內當時執牛耳的唱片公司，於是唱片公司音樂版權部門開始經紀代理，授權給卡拉ＯＫ伴唱機業者、廣告商、電影公司使用這首歌曲，十年來，相安無事，沒想到今年年初授權給電視台作為八點檔偶像劇片尾主題曲，居然作家看到了，發函抗議，甚至揚言不惜提告！

於是唱片公司老闆點燃第二根菸，開始提問：「沈律師，今天找妳來，就是想請問妳，我們公司法律上立場站得住腳嗎？如果對方提告，我們會有什麼損失？接下來我們怎麼處理？我本人是否需要出面與對方談？」

快速瀏覽螢幕上對方寄來的電子郵件，信中提到要求唱片公司提供授權合約書及告知偶像劇片尾曲授權金額。分析之前，得先弄清楚對方手上有多少證據：「合約書有給對方了嗎？他們手上有哪些文件？剛才我們看到的著作權執照、三十年前的同意書、歌曲轉讓書，這幾年公司的授權歌詞統計清單，對方都拿到了嗎？」

「我們授權給電視公司的重製同意書已經提供掃描檔給對方，其他都沒給。」法務長迅速回答。

我有點疑惑地抬頭望著總經理，問道：「咦！過往有人來索取合約，除了詞曲作家及合作廠商外，公司不是一概不提供，尤其是可能涉及紛爭或訴訟？」

唱片公司老闆明白我的疑惑，無奈地笑笑說：「我們不給，對方也會跟電視公司要，乾脆先寄給他們，表達公司的誠意！」

看來這個案子有點非比尋常，總經理的處理方式異於往常，自己的心態也得同步調整。

接下來先分析公司的法律立場：「從目前的資料看起來，對方如果告刑事侵權，我們公司在法律上是站得住腳的，因為有這份內政部著作權執照，我們相信公司有音樂著作權，一路合法轉讓到我們公司，因此授權的過程並沒有侵權的犯罪故意，檢察官會接受這種答辯，配合剛剛提出的這些文件證據，這個案子應該會不起訴。」

在座各部門主管聽都鬆了一口氣，臉色較為舒緩，我繼續解釋：「不過，在民事責任方面，我們可能避免不了，因為公司是專業的音樂版權經紀公司，在授權詞曲之前，理當檢核公司是否確實享有音樂著作權，而從智慧財產局調出的資料顯示，當年這位作家只簽一次授權的同意書，同意我們後來併購的那家公司將歌詞用在校園民歌的唱片專輯；可是作者並沒簽權利轉讓書，因此我們公司沒取得歌詞的音樂著作權，對方可以主張過失侵權，要求民事賠償。」

財務長聽到民事賠償免不了，立即發難，點出關鍵的問題：「既然作者沒簽權利轉讓書，內政部當年怎麼會核准通過，發下著作權執照？真瞎！」

「我也覺得奇怪，過去我們在法院調閱的內政部著委會核發著作權執照業者提供附卷的文書，幾乎附的都是詞曲權利轉讓書，不曉得為什麼這件只有授權同意書，內政部當年竟然會同意?!」我也回應。

行政機關的核准文書影響業者的業務運作既深且廣，當業者信任主管機關的核准證件推展業務後，卻引發權利爭議，這個損失責任該由誰承擔？公務人員的輕忽與不專業在三十年後造成唱片公司信譽及經濟損失，誰該負責？

沉思中，版權經理接著抱怨：「昨天我親自到智慧財產局調閱當年的資料，承辦人員還說：『有這張著作權執照不算什麼！還是要探究你們公司有沒有拿到作者的權利轉讓書，像這件這個作者這麼有名，怎麼可能賣斷他的詩句歌詞？妳看看我們調出來的歷史檔案中只有授權書，欠缺轉讓書，你們公司根本沒拿到音樂著作權嘛！』這不是放馬後砲嗎？那當初他們為什麼會通過，難道是發好玩的嗎？承辦公務員的一番話讓我心裡發毛，聯想到公司目前正在做音樂經紀代理的詞曲有好幾千首，是不是要全部調出來檢查到底當年拿到的著作權執照，有沒有附作者的轉讓書，不然哪天未爆彈突然引爆，大家不是又要人仰馬翻、任憑作者威脅提告，我們只有挨打的份！」

面對當事人的不滿，有必要進一步解釋詞曲著作權風波的歷史背景：「最早著作權法採取登記制度，唱片公司必須到內政部著委會申請著作權註冊，拿到音樂著作、錄音著作的著作權執照，才有法律上保障。當年唱片公司拿到這種著作權執照，就表示享有權利，大家都不會懷疑，更不會質疑侵權。可是到了民國七十四年，著作權法因應全世界創作主義的潮流，廢除登記制度，所有著作物一經作者創作完成就擁有著作權，不用再拿到主管機關申請註冊。」

「於是作者紛紛質疑當年賣斷的詞曲或書籍都是不合法的，愈來愈多的侵權案件湧進法院，法官也順應世界趨勢，支持創作主義，開始降低著作權執照的法律效力，近年法院實務的見解普遍認為著作權執照只有形式的效力，無法證明執照持有人確實擁有著作權，因此只要唱片公司無法提出詞曲作者親自簽名蓋章的權利轉讓書，法官幾乎都認定著作權還是屬於詞曲老師。」主管們聽到這番歷史演變，風水輪流轉，不禁搖頭，我再舉出實例：「最近代表性的案例就是藝人齊秦在八〇年代創作的〈狼〉、〈大約在冬季〉、〈啞口〉等二十幾首歌曲，法院認為唱片公司提出的幾十份權利轉讓證明書裡頭，有七、八種簽名筆跡，印章的印文也有四、五種，最關鍵的抗辯理由是齊秦否認全部轉讓證明書的簽名，表示跟他同時期其他銀行文件的署名不同，於是法官判唱片公司敗訴，二十幾首詞曲全部回歸齊秦，這個案子已經三審定讞，網路上都查得到法院判決。」

會議室中一片低氣壓，這家在業界執牛耳的音樂版權公司各主管心情凝重，面對立法與法律執行的一面倒有著深切的無力感，他們也認同創作主義及對作者權益保護的立法思想，但重大制度變革後，立法者與執法者對於唱片公司當年投注的人力、資金及一切資源毫不體恤，也不考慮音樂產業在八〇年代靠著唱片公司的資源大力投入才在台灣撐起一片天，唱片熱賣，捧紅歌手及詞曲作家，促使唱片工業蓬勃發展。

然而事後船過水無痕，著作權法制度變更，詞曲老師被捧上天，司法機關卻刻意忽略唱片公司的歷史地位與貢獻，令人不勝唏噓。

總經理畢竟在音樂界浮沉三十多年，經歷大風大浪，深知此刻無力扭轉法院的看法，於是很務實地問：「律師建議接下來如何處理？等著這位作家提告或出面談和解？」

「打官司曠日費時，而且老闆您這十幾年來的作風都是與人為善、以和為貴。如果這一件能和解，是最省時省力省錢！」立即提出建言。

總經理點點頭，再問下一題：「如果洽談和解，我是否出面一起談？事情會不會更快解決？」

「第一次與對方溝通先讓版權經理出面就好，兵家談判最忌諱主將過早現身，這樣在談判現場毫無緩衝或轉圜的餘地，先看看版權經理誠意致歉後，對方提出怎樣的條件，再決定總經理是否要親自參與會談吧！如果對方獅子大開口，一下開出天價，那麼也很難再談下去；更何況初次談判，那位作家現在長年旅居北京，也不見得專程返台與會，如果只是他的經紀人代表出來談，經紀人又不知輕重，當場指責或出言不遜，總經理也不用去承受這種羞辱。」

總經理作了結論：「好，就這麼決定。」隨之站了起來，我們就知道會議要結束了。主管們魚貫地走出辦公室，相約等待下一次談判的結果了。

人世間的紛爭，起源於爭名奪利，或是心裡那口嚥不下的氣？來自對創作的不捨，或是人性的厭惡？

民謠迴旋曲

幾年前參與兩廳院的自製節目著作權專案，結識一位交響樂團的指揮，風流倜儻、才華洋溢，年輕時留學德國，思想嚴謹、舉止審慎，在一群浪漫的表演藝術名人雅士中，他對於法律人接受度最高，我在一次酒會後與他長談三小時，聊音樂、聊制度、聊國內表演藝術的發展，相談甚歡，兩人想法接近，日後自然而然成了他的法律顧問，不論他飛到哪一國指揮樂團演出，偶爾電子信箱就會跳出他寄來的合約、法律問題一一修改討論後，他才放心地簽約執行。後來由於國內樂壇派系傾軋，政治環境詭譎多變，在一次的政爭中，他似乎得罪了某位大老，只好遠走他鄉，音訊杳然。

幾年後，有個週末他忽然捎來簡訊，邀我到甫啟用不久的台中歌劇院欣賞他指揮管絃樂團表演，下午四點多演出結束，他請我到後台，介紹來自奧地利的作曲家兼鋼琴家 Schmidt 見面，稍作寒暄後，作曲家已經要趕到機場搭機前往日本參加另一場音樂會，我只能用研究所時代學了一年的德文，僅存的語言記憶跟他告別——「Auf wiedersehen」再見！他請指揮好友先向我諮詢法律問題，等下飛機再以電郵討論。

正訝異著奧地利的作曲家跟台灣的著作權法會有什麼連結，指揮好友招手示意，要帶我到歌劇院一樓古典玫瑰園喝茶聊聊他們倆合作的困擾。

「律師，這麼多年飄泊歐洲，我遇到不少有意思的藝術家，比方剛剛那位作曲家，兩年前碰到他時，他從沒聽過台灣的民謠，我在維也納老師家生日會上，彈奏〈雨夜花〉給他聽，聽了他居然全身起雞皮疙瘩，拜託我再彈更多的台灣民謠，我乾脆送他幾張民謠CD，沒想到他回家認真聽，居然愛上了這張曲調，請人翻譯歌詞後，他決定重新編曲，融合西方的管絃樂，採用交響樂曲的形式改編。

「今年他作了六首台灣民謠的改編曲後，奧地利的唱片公司找他發專輯，他指定要我指揮德國交響樂團在巴黎歌劇院演奏，現場錄音，預定明年年初發行，可是唱片公司版權部在處理這些樂曲的版權時，發現台灣民謠的版權不好談，有些詞曲老師過世了，家屬卻不知道怎麼授權，委託台灣的唱片公司協助，處理一段時間之後，版權部的經理沒有回音，後來問清楚原因，才知道是詞曲著作權的認知差距，授權書始終簽不下來，建議找專業律師處理。我想妳是最適合的人選，就推薦給作曲家，他說晚上一到東京就給妳Email。」

果然晚上回到台北，就收到作曲家的郵件，提出好幾個問題，包括：

1.演奏台灣民謠要取得授權嗎？

2.只有演奏旋律，需要連歌詞一起買嗎？

3.如果找不到作曲者，怎麼辦？直接使用歌曲會不會挨告？

4.日後挨告，唱片公司也會有事嗎？

5.改編或重新作曲的樂章，可否取得著作權？

6.可不可以到政府機關或有公信力的團體登記著作權？

真是大哉問！週末思考這些嚴肅的法律問題有點自我虐待，加上要用英文回答，更加吃力，索性先擱在一邊，點開電郵附加檔案的音樂，欣賞作曲家改編後的作品，悠閒地聽完後，驚喜中有著深深的感佩與謝意，沒想到本土民謠，結合西方交響樂的演奏方式，居然如此和諧出色，〈綠島小夜曲〉與〈望你早歸〉的悠揚曲折完整地呈現在不同樂器中，阿美族的〈歡樂飲酒歌〉更是盪氣迴腸，排灣族的〈來甦〉也有新的詮釋，反覆聽了三次之後，決定好好幫助這位異國的作曲家，先簡單地透過電郵回覆他的疑問後，排定明天進辦公室幫他作功課。

第二天從智慧財產法院開庭回來，開始上網搜尋這些膾炙人口的台灣歌曲，發現詞曲作家的記載紊亂不全，歌詞部分音樂著作財產權幾乎都還在法律保護期限內，歌曲部分有些作者佚名不可考，有些已超過作曲者一輩子加上五十年的著作權保護年限，成為公共財，不需要作者授權，就可以使用，看來奧地利作曲家改編的台灣民謠組曲似乎不用考慮詞曲授權的問題了。

有了這個振奮人心的初步結論後，先寫一封電子郵件說明研究的心得，並且附上幾個公信力高的政府機關或民間網站的網頁資料給 Schmidt 參考。隔了幾個小時他就回信了，除了感謝之語外，他很開心知曉改編歌曲旋律不用再經過作曲者或家屬授權，同時很感慨地說：「……為什麼台灣的唱片發行公司要求我同步取得這些台語詞曲的授權同意書，還強調這個行業的行規就是如此，我真的不懂，我把民謠旋律改編為交響樂曲，根本不需要用到歌詞呀！」Schmidt 對於台灣詞曲授權的業界習慣頗為詫異，而且由於作詞者的家屬開出極高的授權金，有些甚至繼承者關係複雜、窗口不一，根本無法順利洽談，因此唱片公司音樂版權部門協商半年多，仍未拍板定案，甚至一度考慮放棄專輯發行計畫。

我在第二封信中，進一步解釋台灣的音樂界確實存有這種不成文的規矩，使用歌詞或歌曲，必須同時授權詞曲兩部分，不能單一只取得歌詞或歌曲的授權，表面上的理由是詞曲二者共同構成一首完整的歌，實際上還不是為了增加營收的考量，只授權詞或曲，卻能收到兩倍的授權金，何樂而不為呢?!因此縱使利用單位多所批評，甚至視為陋規，依舊難以打破此種業界習慣。

我建議 Schmidt 嘗試突破，不用再同步取得歌詞的授權，既然歌曲旋律都已經成為公共財，專輯就直接使用，不會構成著作權法上的侵權。

他聽了驚喜之餘，央請我寫一份中、英文法律意見書，可以讓他當作憑據，向台灣及奧地利的唱片公司解釋。這種跨國著作權法的研究，對我而言雖然不是首度接觸，不過專門針對詞曲授權提出研究意見，又要附上六首台灣民謠的音樂著作權分析，倒是第一次作成完整的中英文法律意見，為了爭取時效，我直接請翻譯社譯成英文，再潤飾修改，一週後寄給 Schmidt，他轉交唱片公司後，獲得大力支持，只是唱片公司仍擔心日後法律上的爭議，要求作曲家提供台灣律師及音樂界資深音樂人的見證，Schmidt 又來求助，詢問用何種方式，唱片公司才能確保不受著作權爭議的牽連？

思考了兩天，我撰擬一份聲明書，告訴 Schmidt 可以由我以律師身分，及他的好友——樂團指揮，簽署表示認同 Schmidt 改編台灣民謠均屬合法，並取得改編後之編曲衍生著作權，經過民間公證人認證後，就更具公信力了。

Schmidt 感謝我一再提出好的法律方式解決了他兩年來的煩惱。兩週後他收到公證的聲明書正本，寄給唱片公司，立刻排出專輯發行及宣傳時程，Schmidt 最後一封電郵附上《台灣民謠組曲》專輯封面，喜不自勝地寫道：「律師，三個月後專輯全球發行，我會配合宣傳到台灣參加交響樂團演出酒會，希望妳能接受誠摯的邀請，成為酒會的嘉賓，讓許多朋友認識專輯的催生者，沒有妳的幫忙，這張專輯也許永遠無法順利與世人見面呢！」

文化交融後創造新的音樂靈魂，我們是要鼓勵它的誕生，抑或遏止它的成長？如果要鼓勵音樂人不斷地創造，音樂產業的配套措施，我們準備好了嗎？

命運的提醒

「沈律師，妳真的不考慮接他們的案子嗎？」音樂經紀公司的財務長對於我三度推卻詞曲侵權案共同被告的委辦案件提議十分不解。上週在智慧財產法院開庭前，財務長David在法庭外面廊道等候開庭時，轉述他們公司總經理的立場，積極游說我接案，他說：

「我們總經理分析的結果認為妳接了另一個被告的案子，不會影響公司的訴訟立場，不會對我們不利啊！其實我們跟『清泉』公司是站同一陣線的，唱片公司十五年前把詞曲老師的詞曲轉讓給『清泉』，『清泉』再簽約授權給我們提供給卡拉OK業者播放，現在詞曲老師來告『清泉』公司跟我們侵權，認為他根本沒把這些詞曲賣給唱片公司，詞曲經紀公司怎麼可以轉賣給清泉，當年只是授權十二年，三年前授權期限滿了，『清泉』跟我們公司就不可以再用了！可是詞曲作者是唱片公司老闆的前夫，十五年前轉賣這些詞曲時，他們還是夫妻，作者當然知道他老婆公司週轉不靈，需款孔急，向『清泉』老闆求救，『清泉』老闆二話不說，馬上提出三千萬元幫她還債，公司免於被併購，作者的前妻才把這五十首詞曲權利賣給『清泉』，白紙黑字寫得很清楚，律師妳也看過那份合約，沒問題的啦！妳還擔心什麼？」

「那份合約書我知道啦，問題是沒附件，法官上一庭就在問合約沒附附件，怎麼證明是轉讓這五十首詞曲？」我翻開合約書影本，薄薄兩張A4的紙，合約第三條第二項寫著『同意轉讓附件清單的詞曲音樂著作』，可是沒看到合約後面的附件，就成了這個案子最大的疑點。」

「我有問過『清泉』的版權部經理，他聽老闆說當時時間太緊迫，債權人急著拿錢，唱片公司需款孔急，所以他們簽約時，來不及整理詞曲的清單，就先簽了，唱片公司拿了三千萬元趕快去還債，那時候欠債的事鬧得很大，還上了新聞。」財務長David道出往事，還好奇地問了一個涉及律師執業道德的問題：「我覺得很奇怪，聽說現在這個原告的律師倪蔚爽就是十五年前幫『清泉』與唱片公司擬合約的律師，當初他合約寫得不夠清楚，又疏忽沒附附件，現在居然代表詞曲老師出來告說當年沒轉讓詞曲，只有賣CD專輯，詞曲只授權十二年，律師可以這樣嗎？」

「當然不可以，怎麼這麼離譜？我只聽同行說這個原告律師風評不佳，可是沒想到他居然利用當年自己擬訂不明確的合約控訴其中一位簽約人，其實倪律師有沒有涉及『背信』刑責，還值得商榷呢！是不是當年擬合約時就預留伏筆？否則為何簽約後沒補上這五十首詞曲的清單，我記得那時候這些歌都蠻紅的，很容易找到詞曲資料啊！一般碰到這種情形，遇上詞曲作家出來指控合約的漏洞，當初擬訂合約的律師應該出面澄清證明合約附件的內容，解釋當年疏漏未附作附件的原因，避免簽約的當事人誤會他專業能力有問題，甚至違背雙方的託付才對呀！沒想到他竟然幫甲方來告乙方，那麼『清泉』的老闆可以告這個律師『背信』，或告唱片公司女老闆『詐欺』囉，他花了三千萬元只買到五張專輯母帶的權利，也太昂貴了吧，十五年前三千萬元很多欸！」我很感嘆司法界有這種害群之馬，真是斯文掃地。

財務長 David 一時之間搞不清楚誰對誰「背信」或「詐欺」，倒是興致勃勃地提到一則八卦：「律師，妳知道為什麼當年『清泉』的老闆一下子拿出三千萬元給那家後來還是完蛋的唱片公司救急嗎？聽說『清泉』老闆以前大學在校園跟唱片公司女老闆是班對，兩個人一起走了四年，畢業後『兵變』，女方琵琶別抱，嫁給當年的情歌才子，女方家境優渥，一結婚娘家就為她老公開一家唱片公司專門推他的歌，情歌才子也很爭氣，婚後持續創作，累積五十首詞曲，一半以上都是暢銷曲。可是啊！男人有錢了之後，就變了，沒心思創作，又不顧家，常在錄音室與女歌手瞎混，女老闆忍氣吞聲，後來公司經營不善，只好賣資產，詞曲作家的CD與歌曲就是這樣被賣掉的，看來『清泉』的老闆真是有情有義，顧念舊情，也想跨足音樂界，不過他家族企業的三C產品跟流行音樂的產業差太多了，他用三千萬元收購這些專輯CD、MV，特地開一家『清泉』公司要好好經營，可是剛好碰上流行音樂走下坡，他又常飛美國，公司交給員工管理，出了大紕漏，只好關門，雖然那位女老闆最終跟詞曲作家分手了，不過她跟『清泉』老闆有沒有復合，就沒聽說了，可能要問壹週刊才知道哩！」當事人提到八卦都很興奮，也就忘了再追問我到底要不要接「清泉」的案子，剛好庭務員出來點呼要開庭了，我們連忙走進第二法庭。

等開庭完，走出法院，David 激動地說：「妳看原告律師多惡劣，不斷攻擊那份十五年前訂的合約，『清泉』的律師太軟弱了，一點都招架不了，難怪『清泉』的老闆對他這麼不滿意，聽說律師費收得超高，按鐘點計費，連電話、Email 都要收錢，在法庭上表現又不好，妳看剛剛一出法庭，『清泉』的版權經理臉色多賽，又不敢罵他們律師，我猜他明天又會打電話給我，問妳願不願意接他們的案子，他們老闆一定急著要換律師，律師，妳就不要再猶豫了吧?!」David 邊滑手機邊游說。

「David，請不要誤會，我不是故意擺架子，我只是擔心接了他們的案子，你們兩個被告法律立場會不會衝突？如果利益衝突，律師是不能接的，否則違反律師法，你上次不是告訴我，『清泉』的老闆積極在找詞曲作家談和解，表示同意原告的主張，是授權十二年，不是永久轉讓，這樣你們兩家公司立場就矛盾，我們是主張當年唱片公司轉讓給『清泉』是賣斷，不是授權，這一點如果沒弄清楚，雙方法律主張不一致的話，我就只能接你們的案子，不然我開庭要幫哪一個被告講話？律師接案還是有先來後到的順序，我不能因為要多賺錢，就接『清泉』這種大公司的案件。」我告訴當事人接案的原則。

「沈律師，我們合作那麼多年，當然了解妳的作風，不會有誤會的！關於訴訟上的主張我再去了解一下，說真的，我們總經理期待妳成為兩個共同被告的共同律師，是因為這個案子打下去對我們音樂經紀公司不利，現在 MÜST 的版稅都 Hold 住，五十首詞曲的版稅都因為這個官司領不到，甚至國外總公司考慮要把歌曲下架，免得剛打贏的刑案又有其他變化，最希望的是透過『清泉』老闆促成和解，我們公司跟詞曲作家沒交情，如果這個案子要談和解，一定得由『清泉』老闆跟對方談，倘使兩個被告找同一個律師，談和解時，我們公司才不會被排除在外。所以請沈律師再考慮看看，我也去打聽『清泉』的訴訟主張。」財務長明快地分析公司的考量。

果然訴訟進行中，各方人馬各有各的盤算，律師在當事人各方角力與盤算中，是否仍有自由接案的空間？

過了一個禮拜，財務長沒忘記他的任務，又來電詢問我的意向。

「David，謝謝你們讓我自己考慮作決定，如果對公司有利，於情、於理、於法，我都應該接『清泉』的案子。你上次不是說要問『清泉』最關鍵的法律立場，究竟當年是賣斷或是授權十二年？有問到嗎？」我提醒財務長上次的結論。

「噢！對了，忘了跟律師報告，上禮拜我跟『清泉』的版權部經理剛好在 MÜST 年會碰面，他說『清泉』老闆當年確實是買斷，後來是私下談和解有提到可以把詞曲還給對方，但沒有承認是『授權』，所以『清泉』請沈律師放心，他們立場一定跟我們一致，如果不一致，害我們公司被對方提告侵權成立後，依我們跟『清泉』歷年簽署的專屬授權合約，『清泉』也必須賠償我們的損害，這個法律關係他們很清楚。律師，這樣的答案妳可以放心囉，我可以把妳的電話給『清泉』的經理了吧，他們老闆想親自與妳談。」David 語氣輕鬆了許多。

看來是沒有拒絕的理由，就答應了。

不到兩個小時，「清泉」的經理來電約時間，客氣地詢問明天的會議時間是否合宜，董事長後天有出國行程，希望明天先會面，討論案情，順便辦理委任手續。律師配合當事人的時間是法律服務業的基本要項，於是約定明天到「清泉」公司拜訪。

下班後，晚上在家看著新聞報導一則一則畫面略過：「新疆青年越過邊境加入ISIS伊斯蘭國組織」、「英國威廉王子訪問日本」、「史諾登&稜鏡門事件紀錄片《第四公民》*Citizenfour* 榮獲奧斯卡最佳紀錄片獎」、「前央視主播柴靜在中共兩會前公開《穹頂之下》霧霾的故事」，發現自己漫不經心，女兒絮絮叨叨說了學校的事，我也有一搭沒一搭地回話，覺得似乎心裡有事，於是女兒到書房寫功課時，我索性關了電視，靜坐片刻，觀照心底究竟有何波濤起伏。

靜默之後，白天生活片段交相浮現，等待腦海中一個個念頭升起又消失，明天預定與「清泉」老闆會面的事停駐不散——就是它了，就是這檔事不斷在擾動自己的心緒，我得好好地面對這件事，了解為何它持續在心湖吹起漣漪？

通常自己有機會接辦新案件，心情是新奇、興奮的期待，或是平靜無波的等待，自問何以此次有些推拒摻合些許「被迫」接受的感覺？是認為這家公司行徑怪異，或是覺得同時承辦兩家被告公司法律關係較為複雜？抑或厭惡對造律師不想增加對峙的機率？還是預感有不可測的情勢會發生，自己不想面臨突發狀況？沉澱下來，靜靜思索，發現也許這些因素都有吧！既然推不掉，就去面對了，獨處觀照多時，心底有了結論，就安心地睡覺了，所有可測、不可測的事情都留給「明天」吧！抱持著這樣的心態才有可能在執業二十餘年的歷程中，陪伴著遭逢人生苦難的當事人走過幽暗的谷底，不至於揹負過重的精神包袱，承載他人的業果匍匐前進。

第二天下午依約赴會，搭車抵達「清泉」公司的總部，站在宏偉的中庭才意會到何以十二年前「清泉」老闆有能耐三日之內提出三千萬元的鉅款救急，除了舊情難忘的驅策力之外，公司財力雄厚也是主因吧！不知道那位無緣的前女友——唱片公司的董事長收到這筆情深意重的救急款，是否有一絲絲的悔意——懊悔當年選錯良人？

進了電梯稍微整理頭髮儀容，六樓一到，電梯門打開，秘書已在外頭等候，穿過長長的迴廊，牆上掛著一幅幅中國山水畫，厚厚的地毯寂靜無聲，秘書先引領我坐在會客室，表示董事長還在會議中，沏杯熱茶請我稍候，不到五分鐘董事長親自走進會客室，短暫問候交換名片後，欠身示意請我一起步入專屬會議室討論。

在版權部經理陪同坐定後，董事長桌前空無一物，正詫異著他為何要討論案情卻不準備資料，而我迅速地將卷宗、合約書、空白委任狀一一擺在桌上，董事長凝視著我，以清晰沉穩的聲音開始敘述十二年前的往事，從唱片公司出事，週轉不靈到女企業家向他求助，雙方在律師分析見證下簽署唱片公司全部資產轉讓的合約，同步提領三千萬元現金清償債務，後來他全力開創家族企業的大陸市場，將台灣新成立的「清泉」公司交給手下愛將經營管理，沒想到這位副總不擅長流行音樂的資產管理，將公司取得的專輯CD、MV轉授權給伴唱帶業者與音樂經紀公司之後，版稅報表胡亂製作，歌曲重複授權，甚至私下成立另一家公司盜領版稅，等到董事長獲悉噩耗，詞曲作家已經奔相提告，戰鼓四起、烽火連天了。

「這是我識人不明的代價，必須痛下決心面對這些訴訟，不論是刑事、民事案件，一定要徹底解決！感謝沈律師今天願意接辦相助，我的原則是盡量和解，不要傷及無辜，公司被副總盜領多年的版稅，我自己必須承擔損失，至於詞曲作家要求的音樂著作權可以歸還，甚至彌補這幾年的版稅，我都願意，就看律師如何建議和解方案。」

面對當事人第一次見面就認錯，深刻反省錯誤的原因，及積極思索和平解決的方案，身為律師實在沒理由挑剔他的案子與委辦的誠意，但是基於職業倫理與避免利益衝突，我還是再一次確認：「董事長，謝謝您的坦承相告與信任，我最在意的一件事情還是兩家被告公司之間法律立場有無牴觸的問題，前幾個月我在承辦另一家共同被告公司的案子時，曾聽說您與對方洽談和解，雖然後來談判破裂，不過其中一個和解條件是承認授權期限十二年，這樣的立場恐怕與另一家被告的訴訟上主張不符，我就不敢接貴公司的案子了。」

董事長臉上始終是平和的表情，聽了這樣的傳聞也沒有情緒，只是解釋著：「這可能是傳遞訊息的過程有些誤會吧！當初談和解時，我沒提到『承認五十首詞曲授權十二年』的條件，我是說如果詞曲作家希望拿回這些詞曲，我可以歸還，畢竟這是他的全部，卻只是我事業中的一小部分，甚至我可以再彌補他這三年的版稅損失。我始終認為十五年前 Sharon 已經把公司所有資產轉讓給我，不然我付出三千萬元，得到的是一場空嗎？」

我也很想知道三千萬元的代價是什麼？唱片公司所有音樂歌曲的資產？或舊情復燃的機會？事業與感情攪和在一起，常常會影響判斷，這是我執業多年的體會，看來眼前這位精明練達的企業家也難脫這樣的魔咒！

我打開十五年前的合約書提醒他，轉讓的協議書上有提到音樂著作如附件二，可是沒看到附件。

「啊！怎麼會漏了呢？」這時董事長表情有些變化，他接過我攤開的合約書，仔細看了幾個條文，陷入沉思後，回憶著：「我記得是在對方律師的辦公室簽約的，對方本來要附詞曲清單，簽約時 Sharon 提到她老公就是詞曲作家還有幾首沒補齊，等補齊後再附上去，後來急著調錢，我就沒再 follow 這件事，不過我有交給公司的副總，請他留意要補齊所有文件，似乎他也疏忽了，而見證律師事後也沒補正這些附件資料，這也讓我很疑惑，時隔十五年，他甚至代表詞曲作家來告我侵權，真是令人難以置信！律師，我識人不明的地方不只是自己公司的幹部，還包括委託製作合約的律師……」他苦笑著。

「關於這份協議書，我再思索如何向法官解釋附件的問題，至少今天我們已經釐清共同被告兩家公司訴訟主張及立場一致，我可以安心地接辦案件，在訴訟進行中，我會盡量推動和解。目前法院訂下個月要開庭，法官原訂要傳訊當初與您簽轉讓協議書的唱片公司老闆作證、原告詞曲作家及您本人出庭對質，我想如果三方出庭，到時候唱片公司女老闆當證人可能會很為難，雖然她跟原告離婚了，畢竟原告是她兩個女兒的父親，原告律師一定會要求她配合證詞，叫她作證說是授權十二年，而不是『轉讓』詞曲，這樣會對我們很不利，如果有可能，董事長盡量看能否在下一次開庭前談妥和解，請原告撤回此案；倘使和解再度破裂，請問董事長可否找機會與唱片公司老闆講清楚，請她出庭作證務必說出實情，切勿作偽證，否則我們被告可能要承擔侵權賠償的責任。」法律上利害關係先分析明確，促使當事人在開庭前作一些努力。

「喔！要傳 Sharon 出庭作證噢，我真沒把握她會怎麼說，我還是想辦法儘快請她勸前夫出面和解，免得下次開庭她會為難。」看來董事長還是情深意重，不忍心舊愛受傷。

我點點頭，當作不知曉當事人訴訟之外的愛恨情仇，快速俐落地收拾桌上的資料，準備離去，董事長親切地送到電梯口，臉上多了一種猜不透的神情，我在電梯裡點頭微笑請他留步，電梯門闔上那一霎，望見董事長茫然的眼神，不知道他在想什麼，但願他看得懂命運回首的啟示，能細膩觀照故人與舊誼，將未了的人、事、物，作個善了，免得在輪迴中，命運迴力槍將每個人震得不明所以，不知所終！

打官司除了讓人們回顧不堪的往事，震懾於因果業報的力量之外，還蘊含種種的啟示，愚蠢的當事人無法面對與醒悟，只能不斷歷史重演；聰明的當事人掌握命運的提醒，謙卑地承認錯誤，尋求彌補的方案與改變困境的關鍵，避免被命運吞噬……。

烏龍律師函

——詞曲老師的怒

SEEK 唱片公司總經理的特助剛寄電郵過來，不到五分鐘，立刻來電詢問：「律師，有位詞曲老師發律師函給我們，我轉寄給妳，有看到嗎？我跟總經理討論過了，他說還是請妳提供法律意見，公司再決定如何回應。」公務往來多年，深知總經理性子急，他們公司的案子都必須立刻處理，於是我一邊聽特助轉述律師函重點，一邊點開電郵附檔，同步讀取律師函內容，原來是S詞曲老師認為二十年以來他寫了幾十首歌曲，填詞作曲，街頭巷尾傳唱，其中有五首炙手可熱，唱片熱銷，SEEK 唱片公司灌錄專輯，卻沒經S老師授權，多年來他都沒領過詞曲版稅，終於引爆怒火，憤而發函要求 SEEK 的負責人出面解決，否則將向智慧財產法院提告。

「這封律師函應該是寄錯了，唱片公司一定有取得音樂經紀公司的詞曲授權，詞曲老師應該找音樂經紀公司追討版稅，解決授權的問題。」解釋的同時，我很詫異哪位律師發出這樣的信函？電腦螢幕往下拉，看到「張添財」律師，心中的疑惑頓時解開，「這位張律師一向處理商務財產案件，很少處理著作權的案例，可能對於唱片專輯的錄音著作與詞曲的音樂著作沒搞清楚，才會發錯公司。」我告訴特助出現烏龍律師函的可能原因。

「律師，那現在我們要怎麼辦？妳也知道我們老闆是老外，不可能飛來台灣去跟張律師談，總經理也認為他們發錯對象了，S老師跟他的律師可能沒查清楚 **SEEK** 集團下面有分 **SEEK** 唱片與 **SEEK** 音樂經紀，就直接把信寄來我們公司，我們可不可以不理他們？而且這個張律師指定的會議時間，總經理也不在台灣呀！根本沒辦法去見張律師。」特助似乎想擱置此案。

「他們寄這一份律師函是沒什麼道理，不過，這位張律師幾年前我在法院就曾與他打過交道，坦白說他在司法界風評不佳，學養俱差，經常以亂槍打鳥的方式提告，訴求賠償，再與當事人拆分和解金。我上次在法庭交手，感覺就很不好，他對於案件證據的提出很不嚴謹，而且習慣以威脅恐嚇的方式進行法庭攻防。沒想到S詞曲老師找上他，張律師根本沒辦過著作權法的案子，他可能看中這個侵權案如果成立的話，版稅的賠償近乎天價，利潤可期，所以接下這個案子。」我推測對方律師的接案動機，心中有一絲憂慮，「如果你們不予理會，有可能張律師慫恿詞曲老師告了再說，以刑逼民，利用唱片公司老闆沒時間跑法院的心理，尋求和解，他們就達成索討賠償金的目的了！何況從媒體報導可以知道這個詞曲老師脾氣衝，平常是個大炮，經常批評政府或唱片公司，我覺得你們可能要審慎評估。」

「律師，妳的資訊好像沒錯耶！因為信函上附的影片檔案，我們上網點開後，發現畫面中藝人雖然是我們公司的歌手，可是那段兩分三十秒的演唱，不是我們公司拍攝的MV，我請經紀部門的同事查出來，其實是藝人上電視在攝影棚錄的節目帶，有可能是電視台直接提供節目錄影帶給詞曲老師，剪接放在他的回顧展影片中，那個張律師也沒查清楚，真的很不嚴謹欸！如果照律師這樣推測，假設我們公司沒有任何回應，張律師直接告到法院，那會是場大災難，尤其去年總經理跑檢察署三、四趟作證，結果檢察官完全聽不懂總經理解釋唱片公司與卡拉OK伴唱機業者的交易條件，總經理對法官已經很頭痛了，倘使這個案子糊裡糊塗挨告，總經理會更傻眼。明天總經理回國，我再向他報告律師的意見，我也會趕快打聽SEEK音樂經紀那邊有沒有接到這份律師函，如果有消息，隨時回報給律師喔！」特助意會到律師函的利害關係了，迅速說明後續處理方式。

不禁覺得與聰明有效率的人共事就有這種好處，處事明快、掌握關鍵資訊，作出正確回應。果然下午特助又匆匆來電，透露事情的經過：「一個月前詞曲老師原來要發函給SEEK音樂經紀公司，不料音樂經紀的窗口聽到消息，建議詞曲老師的經紀人，應該寄給SEEK唱片公司才對！經紀人也沒細查，那個律師也不懂，加上我們SEEK集團有了豬隊友，今天這封律師函才會發到我們公司，我真的不明白為什麼音樂經紀那邊提出這樣的建議?!」

「可能是怕挨告吧！這位詞曲老師不是圈內有名的『火爆浪子』嗎？音樂經紀公司可能認為推給唱片公司，他們就不會惹火上身了。既然今天律師函示指明發到唱片公司，那麼最好作個回應，如果認為沒有必要照律師函的要求，在下週一到他們律師事務所協商，至少也要回一封信，解釋與反駁律師函對於唱片公司侵權的指控，免得日後詞曲老師提告，法官以為唱片公司默認侵權的事實，所以沒有回信。」在當事人反彈的心態下，還是要提醒他們在法律上作好保護自己的措施。

「對了，中午總經理已經打越洋電話回來指示，要我轉告律師，總經理認為這件事情可大可小，端看我們如何回應這封律師函。為了慎重起見，他決定委託律師您出面，下週一代理總經理出席張律師預訂的協調會議，請律師親自面對面解釋，比較清楚，以免詞曲老師誤會公司忽視他的訴求，而胡亂提告。」特助正式提出委託了。

過兩天總經理返台，特地來電與我溝通唱片公司的立場，希望我轉達給張律師，他說：「原則上希望律師出席時友善說明，釐清誤會，解釋我們公司並未侵權，專輯使用的詞曲當初都經過音樂經紀公司授權，也都有簽書面合約，至於 SEEK 音樂經紀公司為何沒與詞曲老師結算版稅，就不是我們可以理解的了。」

到了週一我準時赴約，張律師原本趾高氣昂，一副得理不饒人的姿態，甚至要求唱片公司賠償版稅、登報道歉，否則立刻提告。我婉言解釋詞曲屬於「音樂著作」、專輯歌曲屬於「錄音著作」，二者在著作權法上概念迥異，唱片公司的產品是專輯歌曲，不是音樂著作，詞曲老師索取版稅應向音樂經紀公司為之，而不是發函給唱片公司。

「大律師，您的意思是我的律師函發錯對象了？」張律師整個臉垮下來，不可置信地反問。我點點頭，拿出SEEK唱片公司及音樂經紀公司的登記資料給他看，指出二者業務項目不同，我再提出著作權法第五條規定的條文，解釋音樂著作及錄音著作的差異。」

張律師專心地聽完後，抽出資料夾中幾張版稅報表，不解地問：「這是MÜST提供給我的版稅財務報表，上面就有寫你們唱片公司的名稱，MÜST說有分配版稅給你們。」

「不可能，唱片公司不會向MÜST詞曲協會領版稅，這上面的公司名稱是SEEK Music Bublishing，是指SEEK音樂經紀公司，不是唱片公司。」我指給張律師看。

他才承認上面英文他看不懂，只認得「SEEK」而已，還透露詞曲老師的經紀人曾電詢SEEK音樂經紀公司，不知是有心或無意，接電話的窗口把責任都推給唱片公司，「我們才會把律師函寄到SEEK唱片公司，看來完全弄錯了，真是抱歉！還讓大律師跑一趟，請轉告總經理，這完全是個誤會，其實是跟SEEK唱片公司無關的。」張律師臉上滿是歉意，方才的囂張、跋扈的神情頓時消失無蹤，客氣地送我到電梯口，還叮嚀我記得向唱片公司總經理致上歉意。

回到辦公室，立刻向總經理回報這件烏龍案的會商經過，總經理靜靜地聽畢，說道：「真是不可思議！什麼人找什麼律師，S老師委託這個張律師辦案，真是令人捏了一把冷汗，很慶幸有委託律師妳出面，以平和的態度作專業說明，才能化干戈為玉帛。」

律師缺乏專業知識及經驗，將造成當事人紛爭治絲益棼，衍生更多衝突與無謂的誤解，此時亟需耐心引導與專業分析協調，才能化解即將爆發的合約糾紛。

輯五

昔日戰友竟成今日敵人

——投資合夥及勞務合約

決裂之時——勞資糾紛

她，明眉皓齒、眼神勾人，身材比例絕佳，曾經是國內知名模特兒，成功進軍國際時尚圈，在巴黎、米蘭、北京、上海大型時尚秀都有她的身影，邀約不斷，不過聰明美麗的她深知伸展台上的光鮮亮麗日子有限，在巔峰時期急流勇退，成立模特兒教育訓練中心，除了美姿美儀的課程講授之外，她還教導模特兒練習英文會話、舞蹈正音及樂器演奏，今年更規定每期訓練必須加入心靈成長課程十個小時，才能結業，於是她栽培出來的模特兒與眾不同，台風穩健，能說善唱，尤其散發一股迷人的氣質，清新脫俗，每期半年的課程還沒結業，娛樂界、時尚界紛紛預約，人氣超旺！

在台北書院上《老子．道德經》課時遇見了她，一見如故，常常相偕喝下午茶，聊聊中國經典、談談商業周刊的觀點，交換職場經營管理的心得，當然也會傾訴婚姻家庭的煩惱趣事，成為閨中密友，有分享不完的心事。最近她考上台大 EMBA 學分班，開始忙碌的學生生涯，我們只能在不定時的讀書會或聚餐上偶爾聊上幾句貼心話，互抒關懷。

一日她突然來電，詢問勞動基準法的問題，說是公司一名高階主管利用公司資源，私下跳槽到另一家教學機構，那一家教學機構是她的公司長期合作的夥伴廠商，她會不定期指派公司主管及講師前往演講或座談，雙方合作愉快，沒想到對方大力挖角，而這位公司主管任職超過十年，是她的得力愛將，竟然帶槍投靠合作廠商，盛怒之下，深夜她寄了一封解僱信，下令翌日辦理交接、支領當月薪水，僱傭關係畫上句點。

這位高階主管也不是省油的燈，接到解職信，惱羞成怒，第二天雖然依令前往公司辦理移交手續，但態度惡劣、口出惡言，老闆憤而離開，指示人資主管處理交接事宜，結果人資主管過於溫和，在移交電腦檔案時，竟遭離職主管全數刪除，更糟的是離職後三日，公司就收到市政府勞工局寄來的協調會通知，原來對方跑去向主管機關申訴，要求公司賠償資遣費、精神損失及智慧財產的損害。

好友身為公司負責人，震怒之餘，立刻清查離職主管的電腦檔案，想要尋找搜集他的違規不法證據，才發現檔案資料已經全部移除。

「他公器私用，惡意跳槽，難道我不能 Fire 他？」好友在話筒傳來的聲音充滿憤懣，接連提問：「為什麼他做這種狗屁倒灶的事，我還要付他資遣費？還要什麼精神賠償！他有沒想過公司的損失？勞動基準法到底是在保護員工或是老闆？」劈里啪啦一堆問號。

面對開始要失控的老闆，通常我會用法律專業先讓他們冷靜下來，移開情緒，才能就事論事，尤其當事人兼好友，更不能感情用事，於是聲音毫無溫度地回答：「勞基法當然是保護勞工，所以勞動基準法很多條文都站在勞工立場來規定！」

這時不能以好友身分先安慰她，否則只是流於情緒發洩，無濟於事，何況看起來這名離職主管祭出法律大旗，準備惡人先告狀，我繼續分析：「如果妳無故解僱，不但要支付資遣費，甚至員工還可以主張僱傭關係存在，繼續回來上班。」

「天啊！我無法忍受這種爛人再回到我公司來，明明是他做錯事呀！我哪有無故解僱？」她慢慢知道事情不是原先想像的那麼單純，開始針對重點討論了，不過還是義憤填膺。

「那要看看妳是否符合勞基法第十二條的情形，不然解僱之前必須預先通知，否則老闆不可以直接 Fire 員工。」既然她漸漸冷靜下來，就可以解釋法律條文讓她知道事情處理的對錯。

「可是我以前 Fire 員工都是一封解聘信，就走人了，有些事後還跟我維持不錯的關係，有時會回來喝下午茶呢！」她不解地問，還不知道這次踢到大鐵板，台灣中小企業老闆常常自己想自己對，看不到「積非成是」的法律盲點！

「那是妳沒碰到懂法律又不知自我檢討的員工，離職員工不吭氣並不表示一紙解僱信是合法的！」我再耐心說明，希望能導入正題：「這個主管過去是否有重大違規行為？我幫妳檢查，看看是否能依勞基法第十二條第四項主張員工違法，可以不經預告解僱，而且公司不用支付資遣費。」

她聽了寬心不少，立刻配合回答：「他私底下去跟合作的教學機構商議個人職務，而且提供的教學計畫都是用公司的，我上次才發公告申明合作廠商的各項計畫必須經過公司核准，他根本不甩，明知故犯。」

好，說到問題的關鍵了，反問她：「當初這些教學計畫誰擬訂的？公司有跟主管簽訂著作權同意書約定這些計畫文案的語文著作權歸公司所有嗎？」

「沒有哇！我認為在上班時間做的計畫，當然權利要歸公司啊！我有付薪水耶，不然我請員工來上班做什麼？」她理直氣壯地辯白。

「妳說的付薪水是僱傭關係，可是依著作權法規定員工製作的著作物，像文案、影片、錄音，如果公司沒有特別約定，著作權是歸員工，公司只能依出資者的身分使用而已！」常常公司經營者會忽略這個區塊的權利義務關係，而無法保護公司的權益，我特別區分解析。

「啊！我們這種小公司也沒想到要簽這種法律文件，那怎麼辦？難道我就白白地看他拿走那些教案計畫了？當時都是我召集各部門主管開會，腦力激盪做成的，他其實出的意見最少，也最不重要！幾乎都是在我主導的架構下想出來的。」她難掩不平之色。

「噢！那麼應該可以認定主要是妳個人的創作，他不享有任何權利，如果他拿去申請教職就是侵害妳及公司權益，而且他私下爭取教職，構成競業關係，也是不被允許。咦！你們公司有跟主管簽署競業禁止協議嗎？」法律的保護常常設有前提，當事人必須自己先簽好合約或協議，才能引用這些防火牆來保護自己。

「沒有啊！這些幹部都跟著我打拼十年以上，當初創業維艱，患難相助，我怎麼可能想到這些條文？縱使有這種法律知識，也不忍心叫他們簽啊！」唉！台灣中小企業的老闆有情有義，到最後員工翻臉時，才發現自己毫無設防，為時已晚！反而員工拿這些法律保護條文當作擋箭牌，毫髮無傷，氣死一堆老闆！

「好吧！我們只能勉強用刑法的背信罪或民法侵權行為來指控他的行為了。」當事人沒設防，只好另謀解決之道。

「接下來怎麼辦呢？協調會我一定要去嗎？我真不想再看到這個混球！」她無奈地嘆道。

「先寫封存證信函警告他違法之處，宣示公司的立場，要求他撤回勞工局協調會的申請，並且要他向公司致歉，勿再輕易興訟，否則公司會主動提告！」當事人常常聽完法律分析也理不出頭緒，索性給她明確的建議，她立刻接受。

隔日存證信函寄出，不料對方不為所動，協調會照常召開，好友指派公司副總出席，對方仍堅持訴求公司賠償精神損失及支付資遣費，勞工局官員息事寧人，勸諭和解，公司副總不敢作決定，當場電詢老闆意見，好友緊急來電尋求我的觀點，急著表示：「我實在不想答應這個不肖員工，否則此例一開，我如何管理公司，萬一日後其他主管群起效尤，我豈不無法招架？可是不和解，對方揚言要告到法院，我哪有美國時間跟他跑法院，賺錢要緊啊！真是頭痛！妳說怎麼辦才好？」

「他要求賠償的金額那麼高，實在不合理，公司如果接受他的條件，真的太委屈了，而且日後妳也無法帶兵。今天縱使不和解，他也不見得會真的提告，倘使日後真的告上法院，也可以隨時和解，妳至少還有時間消化這些情緒及思索解決方案，他也會在提告過程中付出代價，才甘願提出真正合理的和解條件，也許到那時你們雙方可以找到合理合法的平衡點。」深諳她的個性與作風，提出一個她當下可以接受的建議。果真她立刻採納，轉告公司副總在勞工局拒絕和解，再看對方後續出招了。

事件過了兩個月，對方皆無後續動作，算是西線暫無戰事，可是這件事一直擱在心上，猶豫著是否要提醒好友，下次要解僱員工前，最好先溝通再做決定，這是一份尊重及減少紛爭的方式，可是領導風格強勢的她聽得下去嗎？

當你常常用決絕的方式結束職場上的勞資關係時，命運會透過一種事件在暗夜敲門，傳遞員工的受傷與反撲！

孫子兵法與股權爭奪

正在餐桌與孩子們聊國內九月政爭、食安風暴到非洲甘比亞斷交與《孫子兵法》的關係，女兒大罵外交部沒有充分發揮知己知彼的原則，搞到被通知斷交才灰頭土臉地想作危機處理，事先一點都沒有憂患意識，我接著說《孫子兵法》老早就提過「知己知彼，百戰不殆」，這些文人治國，卻沒把老祖宗的智慧運用在實際政治運作中……，突然手機響了，看了一下號碼顯示是這幾天急得像熱鍋上螞蟻的當事人，他說要告公司董事長偽造文書，卻苦無證據，昨天建議他到市政府商業處找登記資料，也許會發現一些線索。

該不會是找到證據來電諮詢吧?!

接通電話，就聽到一連串急促的話語：「沈律師，不好意思打擾妳的晚餐，因為今天下午我們到市政府商業管理處調公司登記資料，可是很奇怪，八五年到九十年的登記文件都不見了，承辦人又很凶，我們老闆從日本打電話來指示，看能不能請妳明天陪我們到市政府查資料，看看怎麼一回事？」

一向不喜歡陪同當事人出外搜證，尤其面對行政官僚，更是煩人，當事人見我沒回應，急忙再解釋：「律師，您放心！我們一定會照鐘點付費，上次您說諮詢費一個小時八千元，我還記得！」

不是錢的問題啊！而是出差的心態與意願問題……

可是沒拿到公司登記資料，偽造文書必然告不了，不入虎穴，焉得虎子？看來還是要跑一趟，不過得先問清楚怎麼一回事：「你們今天在市政府有看到股東會決議或股權轉讓同意書，寫著要轉讓八十%股份的事嗎？」

當事人無奈地回答：「我只看到章程、申請書，沒看到什麼轉讓同意書，喔！好像有股東會議紀錄，可是沒有印象耶！」

唉！再聰明的當事人常常碰到法律的文件就投降，何況在承辦人員蓄意阻撓下，更難順利找到資料，只好答應走一遭了：「什麼時候要去？在哪裡碰面？」

當事人感謝連連，事不宜遲！約好明早九點來事務所接我一起出發。

掛斷電話，女兒問什麼案子這麼緊急？習慣性地沒講具體案情，只說要陪當事人到行政機關搜證，女兒好奇這樣有錢賺嗎？「有啊！而且只要站在那裡不用講話，一個小時就可以收八千塊！」逗一逗念大學的女兒。

「好好喔！我們學生去打工幫忙發宣傳單，也是站在那裡，不用講話，可是一個小時才八十塊錢，差好多耶！」女兒臉上滿是驚奇！

「媽媽跟妳開玩笑的啦！明天到市政府還有一場硬仗要打呢！不知道承辦人員如何刁難，還有長達三十年的公司登記文件能不能全數拿到，拿到後要給當事人策略建議，都要臨機應變哩！」捏捏女兒的臉頰，她吐吐舌頭，端起水果盤到客廳準備看影集《新聞急先鋒》第二季的完結篇了。

翌日起床梳洗完畢，做了十五分鐘的瑜伽，站在衣櫃前挑衣服，想想今天早上要出門開會，那麼就穿一件黑色連身洋裝吧！俐落簡潔，再加上珍珠項鍊及一副秀麗的耳環，沖淡些許嚴肅，配上黑色公事包、黑低跟皮鞋——便於走路，擦上眼影、口紅就出門了，先到樓下丹堤咖啡吃早餐喝杯拿鐵咖啡，悠閒地翻閱《聯合報》，再進辦公室八點四十五分交代助理一些聯絡事項及待審閱的幾份合約，當事人已來電開車在一樓路邊等候了。

到了市政府，申請繳費後，很快找到承辦人員的辦公位置，他已拿出兩大本公司登記的卷宗放在桌上，我先翻了一下，客氣地問可以用手機拍照嗎？

「不行。」承辦人員板著臉立馬回答。

再問：「可以幫我們立刻影印嗎？」

「沒辦法！人手不夠。」臉色更沉。又想出另一個方法：「那我們可不可以自己印？因為這些資料我們急著要用。」

「當然不行！這些都是公文書，怎麼可以交給你們印?!」承辦人依然很堅定。

連著三個否定句，當事人怒火冒上來，準備開罵：「你們這些公務員……」立刻阻止了他，暗示他按捺怒氣，先看資料再說，不要做無謂的爭執。再轉過來跟承辦人道謝，他臉色和緩些，示意要我們坐在一旁的辦公桌閱覽資料。

快速又仔細地一張張翻閱，一面簡要解釋給當事人聽這些文件的內容，終於翻到偽造文書的證據，公司董事長偽製股東會議的紀錄，記載當事人的老闆同意轉讓股份，並由那位原來手上未持有任何股份的股東擔任負責人。

指給當事人看，他很興奮，立刻詢問承辦人這份可否先影印？承辦人看了就拒絕說：「你沒看到那份文件的前面一頁，他的申請變更登記被我們市政府駁回了，不成案的資料是不能印給你們的。」不是說公務員要依法行政嗎？怎麼可以無端端拒絕影印卷宗文件！心裡正納悶著，當事人霍地站起來，又要發飆，趕緊拍拍他的肩膀及時阻止，免得惹火承辦人，其他資料都甭看了。

承辦人瞪他一眼，跟隔座同事開始討論公務，一會兒起身離開座位，留下我們在一旁繼續看資料。

我向當事人使個眼色，他機靈地拿起 iPhone 手機滑到拍照功能，我把那一頁會議紀錄按住放平，他連拍三張，眼角瞥到承辦人的身影，輕聲告知：「他回來了。」當事人立即若無其事地將手機塞到一旁提袋中，我們繼續翻閱，心跳加速中，手指微抖，好一會兒才平靜下來。半個多小時後，看完資料拜託承辦人儘快影印，他依然板著臉沒得商量地說：「沒辦法，你沒看到我桌上好幾堆卷宗嗎？下禮拜再通知你來拿。」

當事人氣呼呼地走出來，剛巧他的老闆從上海出差結束，搭機趕過來會合，我們走到附近咖啡廳，找著安靜的角落，商量後續處理。

我先分析敘述剛剛看到的公司資料，公司從一九八三年成立迄今三十年，關鍵時點是二〇〇三年時，另一位股東看到當事人的老闆即公司最大股已經將事業群遷往日本發展，就偽造會議紀錄將其中七十％轉讓給他自己，還蓋上當事人的老闆保留在會計師那裡的印章，不過那一次市政府沒讓他通過，駁回他的申請了，可是二〇〇五年他又申請一次，這次商管處同意了，所以他取得公司最大股，還擔任董事長，二〇〇三年的文件被駁回，我們拿不到，還好有拍照存證，以後如提告，可以請法院向市府調閱文件，作為對方偽造文書的證據……。

還沒分析完，這位壯年氣盛的老闆已經忍不住飆罵官商勾結，立刻提出他的作戰策略，說要直接發函給這位董事長，要求返還股份，不然三天內就告到法院。

我說：「如果採取這種方式，可能我們還沒拿到市政府的登記資料，對方就已經知道我們的動作，一旦打草驚蛇，他一定全面防堵，甚至湮滅銷毀公司現有的證據，你就看不到公司的帳冊、財務報表，拿不回這十年來的股利跟你被搶奪的股權了。」

老闆急躁的表情慢慢趨於平靜，知道欲速則不達，答應先按兵不動，等下週拿到市府影印的公司登記資料後，再採取行動。

我繼續提出建議：「下週可以請掛名登記股份十％的另一位股東，先向公司徵詢今年股東會的開會時間，並且不露痕跡地索取目前的公司股東名冊，確定董事長乾坤大挪移的不法事跡，等同步拿到市政府登記文件後，確定對方有偽造文書、侵占股份及背信等行為後，再寄發律師函要求他出面解釋這一切過程的來龍去脈，同時返還股權賠償損害，屆時雙方再來談和解條件，今天搜證的文件都可以作為談判的籌碼。希望能做到《孫子兵法》說的『不戰而屈人之兵』，不用再到法院訴訟，就可以達到您收回股份的目的了。」當事人一臉欣慰的笑容，看來是全然接受我的建議了。

奔波一天，回到家，在餐桌上又聊到昨晚《孫子兵法》的話題——「兵詭道也」，連老子也說：「以正治國，以奇用兵」，雖然《道德經》不認同「奇」的策略，可是卻有著生動的描述，於是把早上到市政府當事人拍照的事舉例解說，讀高中的小女兒疑惑著：「可是那個承辦人不是說不能拍照？」

十六歲的高一生對於是非善惡在課堂上有一番明確的定義與教示，必得機會教育，及時提點，讓她明白律師也要守住職業道德。於是我解釋：

「承辦人只是口頭說，並不是法令有明文限制，檔案法也沒規定這種資料不能印，也許承辦人是出於懶怠、行政的傲慢，或是行政機關內部長期積非成是的不成文規矩，總之我們並沒有違法，只是打了擦邊球；而且對方以違法方式搶了我們當事人的股份，這是不正義的，當事人當場拍照並不是要去公開使用，只是作為提告訴訟的評估及事實的掌握，日後還是要請法院去調這份資料。如果今天沒搜集到這份文件，在匆忙閱覽之際看錯內容，而做了錯誤判斷，影響大局，才會因小失大。正義與不正義之間，那把尺放在哪裡，身為律師必須自己有一套準則。」

高一學生開始念中華文化基本教材，我索性引用《論語》的內容來解釋：「孔老夫子不是也講過『大德不踰矩，小德出入可也』，如果一直拘泥在小德的限制中，像現今的政府團隊，怎麼做大開大闔的事?!妳們應該跟媽媽一起去台北書院上《史記》課，太史公把楚漢相爭寫得多精采生動，劉邦跟項羽最後在滎陽相持不下好長一段時間，若不是劉邦交給幕僚軍師陳平四百斤黃金前往楚營進行離間計，怎麼可能及時擊潰項羽的團隊陣營，建立漢朝？活用策略，才能成事，但是法律案件還是要以最後的正義作依歸，而不是不擇手段！」

餐桌上說得清楚明白，可是心中知道當事人的局還混沌不清呢！

兩軍對峙，兵不厭詐；法庭攻防／事前搜證，如何畫下正義的界限？倫理道德的試煉考驗著當事人，也考驗著律師……

人生風景

——股東紛爭

好不容易一週的工作日結束了，星期五晚上吃過晚餐，先去美容院洗髮保養，回來剛好可以看九點的《反恐二十四小時》第六季影集。

設計師正在跟我溝通髮型要開始吹整時，手機震動，一個當事人的號碼，先告訴他過十五分鐘回電（有事在忙），聽得出他的急迫與焦慮，於是接下來吹髮的時間心情也不再那麼悠閒，吹完付錢，走出美容院，一旁是小公園，靜謐清涼，又有月光，於是走到樹旁回撥電話給當事人，手機響第一聲他就接起來了，這等候的時間想必如坐針氈……

「律師，對不起！週末還打擾您，因為事出緊急，我們公司的大股東突然寄存證信函給銀行，害得我們今天原本要撥下來的五百萬元貸款臨時被銀行凍結，下週一的廠商貨款就付不出去了，支票可能會跳票，急死了，才打電話請教律師，怎麼辦？」生技公司的總經理一口氣說出公司的危機。

事出必有因，當事人常常只挑結果來講，忘了解釋原因，讓律師難以抓到切入點。於是問總經理為什麼大股東要採取這種不利於公司的手段，難不成他要公司關門？

「噢，主要是這個大股東跟另一個大股東意見不合，就用這種方式抗議，因為大股東不負責業務，他也不管公司財務調度，使出這項撒手鐧真的會害死我，下週一我怎麼跟廠商交代啊？」總經理快速補充事件的背景。

「大股東占股多少？他寄這封存證信函給銀行之前，公司有沒有開過股東會？有同意他退股嗎？」再進一步問清楚關鍵事項。

「沒有哇！如果有開會，我們就會知道大股東的動向了，而且這個節骨眼公司營運正常，只是有一些財務缺口，亟待銀行核發貸款，怎麼可能允許股東退股！何況他又是大股東，占了六十％的股份耶！」總經理立即答覆。

「我記得你們公司屬於有限公司，有限公司在法律上並無股東退股的規定，只能用轉讓股份的方式達到『退股』的目的，而且必須獲得其他全體股東過半數的同意，也就是要得到你們小股東超過全部股份二十％的同意，否則他無法轉讓股份；而且如果他是董事的話，還必須經過你們全體小股東同意才能退得了股呢！」解說公司法的規定，讓當事人知道法律的嚴格限制，不是大股東一紙存證信函說退股就退股。

「可是他都沒問過我們，即使問了，我們也不會答應的！」總經理似乎陷入思考，聲音變得平緩微弱。

「是嘛！這就是關鍵點，既然大股東沒取得你們的同意，退股就不合法，可是銀行會有疑慮，你們還是得找他出面溝通，請大股東撤回那封存證信函……」引導當事人思索解套方式，還沒講完，總經理就冒出一句話：「大股東根本不理我們，手機不接，Email 也不回，用 LINE 找他，都是『已讀』卻不回覆，怎麼辦？」

「那只好用存證信函催告他出面解決囉！否則這一段時間公司遭遇的損失，都要他承擔，包括廠商跳票的求償、銀行貸款不核撥信用受損等等。不過發信催告的同時，你們必須要先向銀行取得拒絕核撥貸款的書面證明，這樣日後才能舉證公司的損害，如果銀行願意提供大股東那封存證信函影本更好；銀行倘使不願意影印給你們，甚至連貸款不核撥都不出書面證明，你們就要考慮書面請求銀行說明延緩或取消貸款撥放的原因了。」詳細提出解決危機的執行方式。

因為當事人常常會在危機處理過程中亂了套，必須在他們六神無主時明確列出執行步驟，才能引導當事人按部就班依序處理。

「律師，我懂了，等一下就跟另一個小股東商量，明天早上寫好存證信函，請妳幫我們修改，趕在十二點以前寄出，因為明天是週六，郵局只開半天。」總經理突然冷靜下來，回復到平日精明幹練的狀態，訂出配合時程，把握時機處理棘手的問題。

「好的，明天你一寄草稿過來，就用簡訊通知我，我會儘快回覆，保持聯絡喔！」給他吃個定心丸，讓當事人安心處理。

掛斷手機，抬頭望見明月更加亮麗，在小公園中夜涼如水。靜靜地走了兩圈，心思平靜下來，再走回家，剛好趕上九點的影集，希望當事人明天一切順利！

暌違四年的《反恐二十四小時》再度播映，興奮地凝望男主角傑克．鮑爾，身手依然矯捷，兩鬢卻添風霜，眼角皺紋更深，正驚呼他第一次無法突破重圍被活捉的那一刻，手機響了，平添緊張氣氛，原以為是電視影集裡的手機鈴聲，響了許久才發現是桌上的手機，顯示是一位熟識的會計師姓名，想必有急事，不然他不可能在下班後來電，再響兩聲，剛好廣告的時間，於是接起電話。

「沈律師，現在有空嗎？有個問題很惱人，明天要跟客戶開會，可否先請教妳？真的很不好意思！」聲音中有很多的歉意與焦急，令人不忍拒絕。

「沒關係！請說，是什麼問題？」一邊看著電視，一邊回答。

「昨天我的客戶問我，他是公司的兩個大股東之一，連續幾年，他跟另一個大股東都從公司帳戶中每月支領十萬元，累積到今年已有一千二百萬元，因為公司很賺錢，他們兩個人又喜歡投資房地產，上個月看中桃園一塊地，在高鐵站附近，增值潛力很高，就簽約下了定金三百萬元，下週一要付第一期款一千二百萬元，剩下三千五百萬元要辦貸款，他們計畫用這筆公司定期支付的一千二百萬元付第一期款，再用公司的名義貸款，每月從公司帳戶繳納土地貸款，我覺得怪怪的，又不知道怪在哪裡，今天早上想到公司每個月匯給這兩個大股東的二十萬元，當初都沒報稅，如果國稅局一追查，發現公司漏報營利事業所得稅，那個罰款不得了！」畢竟是會計師，交代事實非常清楚，數字也沒有一點差池。

「當初為什麼沒報稅？你不是一直都在幫這家公司簽證報稅？」先初步提出疑問。

「客戶忘了告訴我，他們做了這項支付動作，最早我曾提醒他們，公司可以做一些節稅的措施，沒想到他們做了，卻沒告訴我，現在累積這麼多年，也沒辦法補稅。」顯然會計師已經思考過善後方法。

「土地登記誰的名字？公司嗎？為什麼用公司名義辦銀行貸款？」繼續再提疑點，提供法律意見之前，必須先掌握全盤基礎資訊。

「登記我客戶的名字，不是公司買的，我知道妳的疑問，昨天我也問過他們，他們說以後公司付貸款就做成股東往來就好，再從年底股利分配來扣，不然每個月要從公司帳戶匯到個人戶頭，再繳貸款很麻煩，所以他們要我製作一份借款同意書。」會計師在這個行業出道很久，完全知道我的疑惑，立刻敘明。

「民間中小企業都喜歡用『股東往來』處理公司借款，可是公司法第十五條明文規定公司的資金，不能借給股東或其他人，除非有融資必要或有業務往來。你的客戶這個案子又不是公司購買土地，沒有業務往來，也無融資必要，作成『股東往來』也算是違法，建議你不要幫他們做這份借款同意書。」誠懇地向他提出專業意見。

「我也知道公司法有這樣的規定，可是客戶聽不下去，他們說不會有事的，叫我不要想那麼多；而且說同意書打好字之後，反正我這邊有他們公司的大小章跟股東章，就幫他們蓋一蓋，以後國稅局要查帳，再拿出來給國稅局看就好！」會計師說出客戶的盤算。

當事人都想得很天真，認為國稅局都查不到；文件胡亂做，日後出事就說是會計師或律師寫的，他們也不懂，全部推得一乾二淨，倒楣的是這些好心的專業人士。

「你覺得這樣妥當嗎？如果出事，客戶都推給你，怎麼辦？文件也是你做的，印章又是你蓋的，文件從頭到尾都放在你這裡，他們連看都沒看過，到時候東窗事發，你豈不跳到黃河都洗不清？更何況公司股東會也沒開，到時候其他股東發現，告他們這兩個大股東背信、侵占，你不也成為刑案幫助犯？」挑出最嚴重的可能性與最大的風險反問會計師。

「會這樣喔？他們說平常業務、財務都是他們兩個大股東在處理，記帳也是太太在記，其他股東都不知道……」會計師半信半疑。

「我們律師都會杞人憂天，想到最壞的狀況，也許這種後果永遠都不會發生；不過一旦發生，你就無法收拾善後，搞不好落得晚節不保！」不是刻意嚇唬他，而是看過太多血淋淋的實例，在法庭中太多的人性弱點赤裸裸展現——日頭赤炎炎，隨人顧性命，哪一個被告會願意承擔所有的罪狀?!

「客戶看我顧慮很多，還想出另一個點子，他們說不然做一份假買賣，寫明是公司與股東合買，一人一半，等到三年後客戶把公司繳的貸款還掉，承接剩下的貸款帳戶，再把這份假買賣的契約書解掉，土地還是登記在股東名下，這樣就當作是公司買土地，公司繳貸款，天經地義，不會違反公司法借款的限制規定。」會計師再解釋另一種做法。

「然後他們也是一樣拜託你做文件、蓋章、保管契約書，出事再拿出來當擋箭牌？」愈講愈生氣，音量開始提高，會計師聽出事情不妙，一時之間，不知如何回應，話筒一陣沉默……。

「這會涉及偽造文書罪責，如果假買賣的契約書拿到地政事務所辦登記手續，還會有『使公務人員登載不實事項』的刑責，你真的要為客戶承擔這些法律風險嗎？」重重地喚醒他，日後可能付出的代價。

「我當然不希望涉及法律責任，更何況是刑事案件，有可能會搞到撤銷我的會計師執照。可是這個客戶我已經幫他們公司處理財務簽證報稅將近二十幾年了，如果這次沒幫忙，他們可能找別的會計師，我就會失去這家客戶了。」面對喪失客源的風險，會計師言談中有許多的猶豫。

「我們是朋友，基於法律專業，給你這些建議，至於最後決定怎麼做，就在於你自己了。」這是他的客戶、他的業務及風險，需要由他自己抉擇。

掛斷電話，回頭再看電視影集，男主角正赴湯蹈火，衝出層層機關，炸破地面，救回女配角，跳上車急駛而去。人生如戲，我們能如此順利逃脫這些障礙與心魔嗎？

第二天週末在咖啡廳吃午餐，抬頭看窗外的藍天白雲與綠樹的當兒，突然手機叮噹一聲，收到會計師的簡訊：「沈律師，感謝昨晚的提醒——不要承擔替客戶做假契約、假買賣或不當的承諾。想了一夜，今天早上開會我全部拒絕客戶，客戶非常不諒解，氣得罵聲連連，他們希望能用方便、省錢又不用負責的方法，我說我沒辦法配合。」

我回覆說：

「人生懂得拒絕，就可以放下！

我們真的沒能力也沒必要幫別人承擔他們自己捅漏子產生的風險。

想通了，就海闊天空。

祝福有個平靜自在的週末！」

人生舞台，躲不掉的就面對吧！

可是不該承擔的，記得要有智慧地推掉喔！

人生匆匆
——女CEO的合夥糾紛

年底了，法院趕著要結案，庭期交錯相連，這一週剛好三個大案子連續開庭，絲毫沒有喘息的機會，幸好上星期完成所有準備工作，包括擬妥交互詰問程序中證人詰問事項、聯絡當事人、與其他律師討論、前往法院閱卷……，因此今天開完第二個案子行政法院的調查證據庭，堪稱順利，晚上得空在家收看「選情之夜」的電視報導時，一通電話又為明天忙碌的行程投入變數，一位陌生的女子說要約法律諮詢的時間，她的老闆明天清晨自美抵台，有緊急狀況需要下午就與律師見面討論。

電話中感覺上當事人需要最快速的法律意見，只好跟她約開庭後的時間了，剛巧明天行程滿檔，上午要與香港當事人及上海律師進行三方通話會議，下午一點半就要趕到法院開庭，結束後要轉至閱卷室辦理影印卷宗手續，晚上六點半要搭捷運到台北書院上課，只好抽出傍晚的空檔四點三十分至六點，希望能準時討論完畢，否則《中國哲學》的課程一旦遲到就很難銜接。約定之後，對方安心地掛斷電話，我眼睛瞪著電視報導台北市長候選人投票前夕的造勢大會，心裡想著究竟是什麼案子讓當事人急著在下飛機後就要得到法律答案？

翌日下午四點及時從法院回到辦公室，鬆了一口氣，總算全天的行程一一順利完成，雖然剛剛在法庭上與對造律師激烈爭辯，互不相讓，不過那股氣在回程的計程車上已經得到紓解與調息。

走進事務所，助理拿著電話留言簿提醒我回電的事項，還沒聽她說完，那位從美國搭機抵台的當事人已蒞臨，高跟鞋扣扣扣敲響花崗岩的地板，秘書先招呼她在會議室等候，我在辦公室稍事整理儀容，讓助理奉上熱茶後，立刻把握時間走進會議室寒暄遞上名片，她也起身交換名片，毫無血色的臉擠出一絲笑容，看不出有任何時差或舟車勞頓的疲憊，倒是臉上布滿焦灼擔憂的神色，與身上剪裁合宜的深紫絨布西裝外套的亮麗光彩形成對比，她急忙地自我介紹，提到為了公司股東合夥的糾紛已經換了三個律師，此行出差到美國洛杉磯經過朋友介紹，認識當地律師得悉她的公司紛爭，熱心推薦我擔任她的法律顧問。

「美國那位鄧律師說他推薦的這位台灣律師專業又厲害，一定會好好照顧我的案子，所以我上飛機前就交代特助趕緊跟妳約時間，很感謝律師特別撥出時間提供諮詢。」美麗的總經理連珠砲地作了開場白，我只來得及插入幾句半開玩笑的客套話：「哪裡，哪裡！鄧律師長期在美國執業，全台灣他只認識我一位律師，只好介紹我啦！不過十年前我跟他合作打贏一場跨國官司，我們合作愉快，到現在還很懷念當年一起打拼辦案的革命感情哩！」立刻又被這位性急的總經理打斷了，她急著說明案情：

「我去年花了一整年的時間，好不容易談下了一個國際品牌的珠寶代理案，想找人投資合作，今年年初 Peter 來找我，想要跟我合組公司，他是透過我以前電視購物台的主管介紹，噢，對了！我應該先讓律師知道我的背景，才容易進入狀況。」她邊拿資料夾邊快速解釋，即時喝了一口茶，開始自我介紹：

「我以前當了五、六年的電視主播，接著轉戰電視購物頻道，業績躍居首席，後來我決定出來自己創業，於是拚命考了一堆證照，選定走珠寶代理的路線，在長輩及友好廠商的關照下，努力地拿到這項炙手可熱的珠寶代理案，本來想說 Peter 拿資金來投資，我們的合作有錢出錢，有力出力，我負責海外業務與公關行銷，Peter 負責網購及電視購物的接洽簽約，可以做到合作無間，沒想到他投資五個月之後就翻臉，還寄存證信函，說要告我背信侵占，真是難以置信！」她攤開存證信函，滿臉氣憤。

「Peter 投資多少錢？你們有簽合夥契約嗎？他持股多少？公司登記成立了嗎？」我先詢問公司合夥的基本資訊。

當事人來到律師面前，總是一掏出眼前的煩惱，就期待立刻得到答案，把律師當作《六法全書》電腦資料庫，一輸入問題，就會得出答案！殊不知所有的法律問題都是層層疊疊的因素造成，律師得在抽絲剝繭、柳暗花明的歷史場景中，發現事實真相，才能依憑專業知識，找出相對應的法律條文，設法提供解決方案，如果基礎事實不足，妄下判斷，那不是律師厲害，而是不負責任，草菅人命！

所以當事人來諮詢合夥糾紛，必須先告訴我當初合作的基礎資訊。

總經理從LV的皮包拿出另一個鑲了碎鑽的淺紫資料夾，抽出公司營業登記事項卡，上面載明二〇一四年二月一日設立登記，Peter有三十股、她占七十股，另一套文件是合夥契約，她一攤開契約書，不到三秒就問我：「律師，妳覺得這份契約書訂得怎麼樣？有沒有哪裡有問題？第二條有寫他擁有三十股，出資五百萬元現金。」

以前雖然遇見過急驚風型的當事人，不過像她這麼急著要答案的當事人，實在很少，她這麼年輕、美麗又聰慧，老天爺把女人可以擁有的最佳特質都放在她身上了，她急什麼呢？急著獲得成功、證明能力、擁有更多資源？從一見面到現在幾乎停不下來，讓人無法喘息；也讓自己無法停歇，在不斷的行進中，她能夠看清楚四周環境的變化或人心的轉變，適時覺察而調整步履嗎？

「這份合約關於合夥的基本事項都有約定了，可是為什麼沒寫明妳的股份數或投資額？這樣對妳很不利啊！」為了配合她的速度，我快速地看完只有十個條文的合夥契約書，立刻點出關鍵問題，再進一步分析：「如果事後Peter指摘妳沒出資，妳會啞巴吃黃蓮，無法辯解的！雖然公司登記有記載妳持股七十％，可是公司資本總額一千五百萬元，實收資本額五百萬元，這些資金都是對方出的，他不會心理不平衡說妳都沒出錢，卻擔任公司負責人，又掌控公司財務、業務的大權嗎？」

當事人突然醒悟，脫口而出：「律師，妳好神唷！Peter 這幾個月主要就是吵這個問題，他一直抱怨說公司的資金五百萬元都是他提供，我什麼都沒支出，一點貢獻都沒有，卻有七十股，又擔任董事長兼總經理，公司從成立到現在五百萬的資本額快速縮水變成五十萬，他的投資即將化為烏有，上個月開口要求退股，把五百萬股金還他。每天傳 LINE、簡訊，不斷抨擊，又寄存證信函逼我，我都快得憂鬱症了！」聲音愈來愈激昂，說話速度愈快，這個女人怎麼啦？好像急速旋轉的星球，在加速度的衝力中，似乎快要飛離軌道。

我試著把她拉回來，告訴她契約書的疏漏：「公司法有『技術股』的規定，其實當初妳已投入很多時間、精力、金錢，飛到巴黎洽商獨家代理權，拿到國際知名品牌的台灣代理權，而且已經跟一些通路合作，這些都是妳的無形資產，可以當作技術股，作為妳持有七十%股份的基礎。當時簽訂合夥契約怎麼沒有寫進去？」

「我也不懂耶！那個律師是長輩介紹的，他說我跟 Peter 是合夥人，彼此信任，契約書不用寫得太複雜，有基本保障就好，我也不知道後來會引發對方那麼強烈的質疑跟反彈，我們發生衝突之後，我再去諮詢那位幫我們訂契約的律師，他也提不出什麼解套方法，只說了一堆廢話，我哪有力氣聽，後來我就上網找了一位很有名的律師，他是法官退下來，經常辦大案子，媒體常常採訪，他看了對方寄給我的存證信函說不用理他，這種情況合夥人要告妳業務侵占是不會成立的，可是過了三個月，Peter 傳簡訊給我，說要去地檢署按鈴申告了，這位張律師才急急忙忙要幫我發律師函給對方，可是內容提到的財務數據卻是跟我提供資料帳目不符，我先請他 Hold 住，不要發……」她立刻解釋尋找律師的過程，看來還蠻迂迴的，因為她不滿意第二位律師後，又找到一位精通公司法的律師，建議她趕緊召開股東會，透過增資方式稀釋 Peter 的股份，並且在股東會上逼退，讓 Peter 知難而退，主動退股，就不會常來騷擾，永絕後患。

這位女CEO找律師不合就換，換律師跟換口紅一樣快，問題是口紅換了可以帶來不同的美麗；律師換了呢？就可以解決她的法律紛爭嗎？

她邊敘述邊拿出第二位律師寫的律師函草稿及第三位商務律師籌備兩個月製作的股東會議程。讀完尚未寄出的律師函，我搖搖頭，寫得很簡略粗糙，根本沒有針對 Peter 的存證信函作成回應與反駁，接著看下週一即將召開的股東會議議程，討論議題包括「一、公司增資；二、股東退股；三、資產結算……。」

我抬頭問她：「這些議題進行討論或付諸表決的時候，妳預期 Peter 會有什麼反應？他會贊成嗎？還是全力反對？如果預期他會反對每一項議案，妳召開這次股東會的意義何在？縱然可以合法開完會議，可是在對方的反彈下，妳豈不留下一個日後可以指控妳經營不當或企圖侵吞公司資產的書面紀錄?!何必製造這種損己利人的證據，又不能達到逼退他的目的。」

她滿臉錯愕，仍試圖快速辯解：「那個公司法很厲害的律師說因為我是大股，縱然他表決時都持反對意見，我還是可以多數決的方式通過這些議案，達到趕走他的目的呀！」

「如果事情那麼容易解決，妳跟他的合夥紛爭就不會糾結好幾個月，陷入困境了。現在妳的股權已經被質疑，七十%可能都是空的，合夥契約書無法提供任何七十股來源的依據，妳企圖用多數決的程序手段達到逼退目的，屆時他引用公司法提告，請求法院宣告決議無效，再到地檢署控告妳侵占、背信、詐欺，指訴妳騙走他五百萬元的股金，妳如何舉證答辯？光光拿出一紙『多數決』的會議紀錄能夠說服法官嗎？這張強渡關山的股東會議紀錄就能保護妳嗎？倘使民事庭法院認定妳持有七十股並無依據，宣告該次會議決議無效，妳可能兵敗如山倒，民事、刑事的官司都會輸掉。」我模擬最壞的狀況，而且有可能是對方會採取的反撲方式，讓她明白召開股東會的風險與結果。

她臉色登時黯淡下來，兩個月的積極籌畫，透過人情請託，邀集好幾位顧問共同與會，為她背書加持，原來心血都白費了，只因為一廂情願、輕敵自滿。

「律師，您分析得很精準，依我們現在的敵對狀態，跟對方的極度不滿的心態，很可能會議決裂、對簿公堂，這些布局恐怕也保護不了我！那麼我該怎麼辦？」她益加蒼白的臉，望著會議桌上一字攤開的文件，居然沒有一張可以解決她的困境，或者在發生訴訟時發揮保護的效果。這將近一年來的股東惡鬥、律師諮詢、協商布局似乎成了躲避不了的夢魘，她抬起頭來，眼眶開始泛紅，煎熬多月，結果是一場空，她更茫然了。

「何不坐下來，開誠布公地跟 Peter 好好談談，找出雙方可以接受的解決方案？」我提議和解，時至如今，也許只有坦誠相對，才能化解反目成仇的股東間的敵意與僵局。

「早就談過了，他說只要我還他五百萬元，就走人，沒有第二句話！可是我現在哪裡去生出五百萬元？全部的資金都投入電視購物頻道、網購的開發投資，及品牌代理的授權金，還有公司營運的開銷，他這種要求，不是就叫我結束營業，宣告破產嗎？我還想反過來告他這段期間他跟廠商簽約拿回扣，還有一些違約的狀況，我手上都有證據……。」她發現此路不通，開始要狗急跳牆，玉石俱焚了。

「反告他可以解決問題嗎？還是妳純粹要他好看，發洩怒氣？妳可以想像未來三年，你們兩個合夥人頻頻進出法院，疲於奔命，全部精力耗費在提告與挨告之中，也沒力氣再推展妳的品牌代理業務，還得防範他法庭外的各項反擊與報復，包括寫信給妳的品牌業主告狀、在通路廠商間散布謠言、在網路上散播詆毀妳或公司產品的小道消息……，妳真的希望未來三年日子是這樣度過的嗎？」描繪雙方苦鬥的可能場景，這是當事人不想去想像或面對的，可是在當事人計畫開啟一項訴訟攻防戰時，身為律師，我必須讓她明白未來可能的遭遇。

「你們只是把戰場從公司搬到法院而已，沒有解決任何問題，反而增加仇恨與算不清的帳！」我下了結論。

凝視著她毫無血色的臉與空洞的眼，實在不忍心見到她陷入無盡深淵中，於是提醒她：「妳不是說有『中資』可望進來？中國大陸成都那邊有投資者對妳的網購項目有高度興趣，透過朋友要跟妳談？妳可以了解看看投資者的意願，考慮擴展中國的市場，如果打得開，這個投資者也願意投入較高的資金，譬如一千萬元，也許妳可以先拿一部分的資金，解決

Peter 的退股問題，因為雖然他開出五百萬元的退股條件，妳可以拿帳簿給他看，創業維艱，公司資金有限，無形資產眼下都還無法變現，請他體諒，認清現實問題，說妳舉債償付他的退股金，看看能否討價還價，降到二百萬元左右，還清了這筆債，送走難纏的合夥人，妳拿新投資的股金八百萬元，重新整頓，說不定可以打入中國網購市場，他們的網購機制較為成熟，領先台灣好幾年，妳的品牌代理業務也許可以一炮而紅，化危機為轉機。」

她聽了眼睛一亮，忽然又有了希望，認同地回應：「律師您說得對！我可以用新投資人的資源解決舊投資人的問題，不需要再用到自己的資金或去貸款，我怎麼沒想到?!我回去就跟成都那個企業家約見面，明天就飛成都，他的特助昨天還在微信問我這幾天有沒有空，他的老闆願意支付機票酒店開銷，請我飛過去面談合作計畫，因為這位企業家跟我一樣，熱愛這個國際品牌，只是他一直拿不到代理權，我昨天還想著，必須先解決 Peter 的問題，才能對外談新的合作案，不然對不起新的投資者。可是律師您這麼一建議，我就想通了，可以巧妙地結合兩個事項，用新計畫解決舊煩惱。」

可不是嗎？我想起《孫子兵法》中的經典智慧——「不戰而屈人之兵」，以及「不戰而勝，善之善者也」，中國古老經典在二千多年後仍能鮮活地運用在二十一世紀的企業商場上，真是奇妙精深的智慧結晶啊！

她繼續邊思索邊整理當下的體悟，暢言道：「我上次在電話中有跟成都的企業家稍微提到內部公司股東的爭議，他曾說 Peter 是短視近利的投資者，看不懂品牌的價值，成不了大氣候，他樂意幫忙解決我公司的內部紛爭。我當時忙得焦頭爛額，內憂外患，心力交瘁，沒把他的話放在心上，這下我明白怎麼運用這些資源與助力了。謝謝律師一語驚醒夢中人，沒想到您有豐富的法律專業，更懂得如何善用有力的商場資源，而且宅心寬厚，不忍心看到我們兵戎相見。我回去就取消下週的股東會，積極洽商新的投資計畫，如果能順利挹注新的資金，就可以處理合夥糾紛了。」頻頻稱謝中，她安心地離去。

美麗的女CEO一陣風地離開，望著她娉婷曼妙的背影，很想告訴她，行色匆匆的旅人是看不到美好的風光，也難以關照自己的本心，在不斷緊湊的趕路中，不一定會快速抵達人生的目標；縱使如願抵達終點，也將是傷痕累累、身心俱疲，哪裡還有心情享受夢想實現的感覺？只是她快速地來，快速地走，似乎連風都攔不住她，我的話只好放在心底……。

人生道路上，如果一直行色匆匆，催著趕路，不斷越過高峰，人生真的會比較快速成功嗎？

夜店投資奇遇記
——合夥糾紛

出版社老闆前往大陸洽公，吩咐秘書先敲下週一的法律諮詢時間，央請我外出開會，會議地點居然不是循例在他公司，而是指定在信義計畫區。十幾年來幫他辦案的默契，沒再問他秘書是何法律問題，反正屆時碰面就知道了，想必是高度機密的案子，才連貼身秘書都沒透露。

到了週一近午時分，這位老闆才請一名女性來電，告知會議地址及時間，接到這通電話就恍然大悟了，案子肯定與他這一位相交多年的紅粉知己有關，難怪沒讓秘書知道，免得傳到老闆娘耳裡，橫生枝節。

先約在咖啡廳見面，出版社老闆與紅粉知己輕車簡從，一副休閒裝扮，似乎是爬完山直接來開會，老闆先開個頭，原來三個月前出版社一家合作多年的廠商眼看複合式商店愈來愈受市場喜愛，提議在台北東區開一家文創商店，結合圖書、文創產品及服飾、咖啡館，深夜時分咖啡區兼營酒吧，各方人馬聚集合資，只剩圖書這部分找不到投資股東，於是拉我的當事人入股，請他投入的資金中一半提供圖書，一半挹注現金，成了第五位股東，每個人占二十%股份，股東輪流看管店面，隨時掌握營運狀況，按季分紅，誰也不吃虧。出版社老闆聽了頗為心動，上個月轉投資的餐廳大賺數百萬元，剛好移到這邊當入股金，另一部分的股金用出版社發行的書籍抵充，每月進貨一定數量，店面又有紅粉知己可以輪流看管照應，似乎天時、地利、人和俱足，立馬允諾，連合夥契約都沒簽，五百萬元就匯入新開的公司帳戶。

我皺眉頭問：「為什麼沒簽約？公司成立雖然有股東登記，可是合夥人之間還是要簽合夥契約呀！」

出版社老闆理直氣壯地解釋：「我知道啦！可是那時候時間很趕，而且這個廠商跟我的出版社配合兩、三年，人很老實，又是台大畢業的，其他股東在台北市也有相當知名度……」瞥見我凌厲的眼神，他愈說愈小聲。

我反問他：「台大畢業又怎樣，現在土城看守所關的人犯不是很多台大畢業的？你上次的詐欺案，那個騙你一堆股票拿去偷賣的營業員，不也是台大經濟系畢業的？」

他的女友趕緊解圍：「不是啦！最初大家都談得很愉快，而且也辦了公司登記，店面也開張了，一切都很順利，我們才想君子協定，互相信任就好！」

咦！既然開店順利，那今天找我來是為哪一樁？他們看出我臉上的疑惑，接著講出重點：「可是店面經營二個月後，他們說生意不佳，資金燒完了，要求股東每人增資五十萬元，我們沒跟進，過年後他們就說做不下去，要結束營業了，我們覺得很奇怪，明明農曆年到元宵節這段期間生意很好，網路上口耳相傳，連陸客都來探門路嘗鮮。兩個禮拜前卻發一封簡訊給所有股東，說今天要開臨時股東會，討論公司停止營業清算的事……。」

難怪約在今天開會，可是時間如此倉促，如何趕在開股東會前討論相關議題，面授機宜呢？

「沈律師，我的想法是請妳陪古小姐代表我參加這場股東會，本來我要親自出席的，可是會無好會，今天那些股東一定會在現場逼我作成公司結束營業的決議，我不願意貿然出面，如果我本人沒出席，就還有空間商量妥協其他事情。」老闆指出今日見面的重點。

噢！原來是這樣的安排，可是為了晚上受邀參加一個時尚秀，我穿個皮短裙、皮短靴，針織黑上衣加上皮外套，實在不像律師裝扮，本以為只是來談談法律問題，獻策後就結束，沒想到要奉命參加公司股東會，心中正是一堆「OS」時，老闆又開口了：「為了降低其他股東的戒心，請妳委屈些，暫時先不要透露律師的身分，聽聽他們怎麼說，再幫我表明立場與訴求，這些法律的東西，古小姐也不懂，雖然公司登記股東用她的名字，不過他們都知道是我在作主的。」

「陪同出席股東會是沒問題，我也經常代表當事人參加，可是那都是以律師身分與會，如果不表明身分……」我有點遲疑，當事人有時會顧及個人需求，而請律師隱藏身分，便宜行事，伺機應變，可是這實在不是我的風格，出版社老闆看出我的猶豫，明白地問：「不說出妳的身分會有法律問題嗎？」

「是沒有法律責任，可是可能有道德問題，因為一般人面對律師會有壓力，言談舉止會格外小心，如果事前知道你帶律師到場，甚至也會要求請他們的律師同時列席，免得因為不懂法律而誤判或掉入陷阱，倘若我先隱瞞身分，事後他們才得知，會覺得我不誠實，刻意隱瞞。」坦率地解釋，當事人認識我十多年了，知道在辦案方面我的專業能力與敬業態度，不過也充分理解有些界限我是不會輕易跨越的。

「律師，我了解妳的執業原則與顧慮，可是這整件事情我覺得被設套了，他們那些股東拿了我們的錢，後來經營理念不一致，古小姐去看店期間，跟他們起了一些口角爭執，他們就要把我們的股份吃掉，而且不費吹灰之力，只丟下一句『生意不好，要關店了』，就要把我踢掉，真是太過分了，我當然嚥不下這口氣！可不可以看在這個節骨眼上幫我討回公道?!」他很誠懇又無路可退地提出請求。

「好吧！就為了你破例一次，可是我要聲明，如果開會途中，有任何突發狀況逼得我必須表明律師身分，我可是要合法合理合情地坦誠喔！」有時只好配合演出，尤其是對方先跨過這條正義的底線時，不入虎穴，焉得虎子，而要入虎穴，得用一些策略與技巧，才能保障當事人的權益。看來今天穿了一身勁裝剛好派上用場，一定沒有人認出我的身分！

「好，我現在只知道你今天股東會的首要目標是不作成清算的決議，除此之外呢？還有其他的議題或訴求嗎？」先問清楚自己的任務，免得白跑一趟，當事人可是論鐘點計費支付律師費用的，萬一需求沒講清楚，不符合他的期待，事後請款就會衍生爭議，二十幾年的執業經驗，已能充分掌握客戶的付款心態，律師雖然賣的是知識與訴訟能力，但是在付費時，當事人還是會稱斤論兩來計算他可以回收的公平正義之效益，因此在委託辦案時，我會特別問清楚客戶的需求與期待。

「我希望能要求他們簽訂合夥協議，把股東的權利義務規範清楚，免得他們沒事就通知增資，而且說關店就關店，我覺得太沒章法，也沒保障！」他憤慨地敘說，還補上一句：「律師，可能妳又要唸我為什麼當初合作時，沒有先簽合約，我真沒想到事情會演變成這樣，現在補救還來得及嗎？」

千金難買早知道，這時還忍心罵這些教不會的當事人嗎？可是好歹問一下法律顧問嘛！擔任他們出版社法律顧問十幾年，平素他們公司上上下下都很有法律意識的呀！連個十五萬元的電腦維護合約都經過我們事務所審閱才拿出去簽署，怎麼這次近千萬元的投資如此大意？是鬼迷心竅、利欲薰心？還是涉世未深，不解人心險惡？不可能啊！這十幾年來，出版社老闆闖蕩江湖，驚濤駭浪，什麼世面沒見過，我們常常一起處理投資案，怎麼會落掉這一樁呢？唯一的解釋，就是聽信紅粉知己的枕邊蜜語，誤信人心是善良的，唉！

「我會盡量幫你爭取，時間差不多了，我們過去開會了吧！」這當下叨念他也沒用了，倒不如讓他安心，先去執行任務吧！臨上車前，回頭再問當事人一句：「當初沒簽合夥協議，有沒有公司登記的資料，或股東名簿什麼的？」確認一下當事人的股東身分，這個案子聽起來頗有蹊蹺，萬一連股東身分都沒拿到，就是不折不扣的騙局了。

「沒有耶！他們說有去登記，可是沒拿公司登記資料給我們看！」古小姐無辜地敘述。

真想拿《六法全書》砸過去，近千萬元的投資案，如此草率？沒看到任何文件，紙頭紙尾都沒有他的名字，對方如果否認一切，恐怕所有資金就付諸流水了！我還沒進到股東會議場就開始頭痛了，天啊！有錢人都是這樣散財的嗎？

一到那家複合式商店，地點挑得挺好的，信義計畫區百貨公司後面巷子中，鬧中取靜，交通方便，不怕沒有流動客人，走到店門口，時尚極簡的裝潢又透出中國元素的意象，古樸中有幾分隨興，宣傳海報及咖啡店 menu 還張貼著，一點兒都沒有結束營業的跡象，莫非真如出版社老闆的推測，這些股東拿關店當幌子，要吞掉他的股份。

門打開，裡面燈光微暗，四個股東加上店長已坐定，桌上一疊財務報表，看到我們進門，詢明我的身分，代理出版社老闆出席，就把那疊文件推到我面前，說：「公司資金都燒完了，截至昨日還虧損四十四萬元，今天要決議清算，免得到下禮拜又要付下個月的租金、員工薪水，虧損更大。」接著在場六個人都抽起菸來，煙霧瀰漫中，我仔細檢查每一張收支明細，發現都只有數字，未附憑證，我一問憑證在哪兒，有位女股東馬上先發制人，嗆道：「妳要查帳是不是？那妳去會計師那邊查，我們今天只做一件事，就是決議公司要清算！」

好！看起來是要設套坑人的，老娘也不是省油的燈，公司法規定清算前股東要先開會決議解散，才能進入清算手續，他們開會至今都沒提到「解散」，顯然只學了半套，虛張聲勢，我就不點破，讓他們錯誤的程序照走，到時候肯定清算不合法，再讓他們跌個倒栽蔥，誰教他們先不守道義的！

我沒再要求提出財務憑證，或核對他們做出來的虧損假帳，直接挑明清算前應該先簽署合夥協議，清算才有根據。

他們聽了露出不屑的神情，反問我：「沈小姐，公司都要關門了，還有必要簽什麼股東協議嗎？今天的清算依照公司法來做，哪裡需要合夥協議！妳真是不懂法律，要來開股東會，也先去請教過律師再來嘛！」

突然明瞭上週六禪修時，師父諄諄勸誨：修行的第一步，是要忍辱啊！原來紅塵中就是修行的好地方，深深吸一口氣，忍辱吧！

我不動聲色，退而求其次：「請問公司有登記資料嗎？我可不可以看一下？」設法保住最後的底線，如果確認當事人有股東身分，至少對於公司不法決議有發聲的機會，或者透過法院判決宣告無效。

「對不起！放在會計師那裡，怎樣妳不相信我們有辦公司登記嗎？」又是那位精明外露的女股東語氣充滿挑釁地反問，我還是平心氣和地回應：「我當然相信，只是我們都沒看過，想要確認一下，可否請會計師傳真過來？」股東看拒絕不了，請店長聯繫會計師，很快地公司變更登記事項卡及股東名冊傳過來了，可是上面公司資本額只登記五百萬元，每人股份出資額才一百萬元，我再提問：「為什麼才登記五百萬元的資本額，每個人加上技術股，不是將近一千萬元嗎？公司總資本額不是應該五千萬元嗎？」

那位女股東提高分貝，極度不悅地說：「妳是來亂的嗎？法律不懂，財務也不懂，妳憑什麼代理股東出席？妳難道不知道技術股要經過鑑價才能認列？我們當初考慮到很多因素，在現金的部分才登記五百萬元，而不是二千五百萬元，登記資本額降低之後，如果對外有債務，就不用負擔那麼多了。」

古小姐還搞不清楚為什麼爆發這項爭端，也不曉得資本登記額縮水的影響，滿臉問號，我直接挑明：「實際資本二千五百萬元，如果只登記五百萬元，表示其餘二千萬元在人間蒸發了，你們又沒簽合夥協議，法律上只認定每個股東投資一百萬元，其餘四百萬元現金或九百萬元出資額都不受保護。」

古小姐聽懂了開始緊張了，正欲質問其他股東，那位囂張的女股東眼看伎倆被揭穿了，一不作二不休，乾脆直接宣布進入表決，看她一字一句仔細地唸議程，我警覺到現場有錄音，我跟古小姐使個眼色，丟下一句話：「我們不同意表決，也反對清算，我們先離開了。」

走出店門，才閃到旁邊小巷子，古小姐迫不及待地問：「他們有夠夭壽，擺明要吞掉我們的股份，律師接下來怎麼辦？」

怎麼辦？常常當事人捅出漏子再來問我們怎麼收拾善後？佛法不是說種什麼因，得什麼果，因果業報，歷歷不爽！為什麼這些惡因都不是我種的，事情發生時，卻要我們律師來幫忙解決甚至承受？

方才的羞辱與激辯，不都由我承擔嗎？接下來又要幫當事人思索解決之道，對方布局縝密，我的當事人手上一點籌碼都沒有，如何切入或反制？

忍著剛剛二手菸熏吸的昏沉，迅速理出頭緒，建議當事人向法院聲請查帳，那些股東收支帳目不清，有查帳的壓力才可能吐還當事人的投資款，另一條路就是直接告他們詐欺，看來他們是準備踢掉我的當事人之後，由第三者接手頂讓，或他們繼續營運，而且公司實際上並未虧損，顯然這一票股東有實施詐術騙取投資款的詐欺嫌疑。

「不過，要採取這些法律途徑之前，還是建議你們先寄發律師函，把這些股東的違法行徑及可能提告的訴訟都列上去，爭取和談的籌碼與機會。」通常我不希望當事人直接提告，訴訟會勞民傷財又曠日費時，如果能以和解和平處理，也許還有人情在，老子不是說了：「和大怨，必有餘怨」，更何況對簿公堂，不論孰勝孰負，恩怨不休，世代輪迴，律師如果不能事前阻止當事人發生爭端或怨尤，至少事後能用人性化的和平解決方式處理人際的紛爭，這也是佛法提到的一種「法布施」吧！

當場電詢出版社老闆，十幾年來他始終信任我提供的法律建議，這回他也同意先委託我撰寫律師函，嘗試分析法律上利弊得失後，營造和解的機會，希望能順利索回股金。

過兩天，義正詞嚴的律師函寄給每位股東，要求三日內退股還錢，否則聲請法院查帳，並且提告刑事詐欺，出乎意料地，當天晚上出版社的老闆就接到主導清算程序的股東的電話，表示願意全額返還投資款，讓他順利退股，全案落幕。

過度信任反而增長對方貪婪之心，蠶食鯨吞後，欲過河拆橋，甚至除之而後快；這時再懊悔當初的信任與寬容，只是顯得愚癡！

離職的代價

盯著電腦螢幕上一份份寫得密密麻麻的法院判決摘錄，心裡仍在猶豫是否要接下這個案子，因為案子牽涉的金額只不過是區區新台幣二十四萬元，在處理過上千萬甚至上億元的訴訟標的後，真不想把有限的時間資源、精力、經驗智慧投入這種小案子中，可是朋友來電請託兩次，說是給這位新進職場的年輕人一點法律建議，免得他在職業生涯的第一份工作就跌一大跤！

拗不過老友的央求，答應見見這個深為離職違約金額煩惱的上班族，第二天當事人就帶著公司僱用契約與離職公司的賠償通知函走進會議室，在開會之前，我已上網搜尋近五年來法院的相關判決及主管機關的實務見解，整理歸納的結果，發現多數法院判決對於離職員工是不利的，理由是公司招募儲備幹部，花費時間、金錢培訓，培養員工專業技能，因此法官認為在僱用契約上限制服務期間及提前解約要求違約金賠償皆屬合法，差別僅在於賠償金額之多寡。

讀畢這些判決實例，更不想接辦這種必輸無疑的案件，毫無挑戰性可言，直到當事人說出培訓內幕，激發起我心底不平則鳴的感觸，才重新考慮正式接辦此案，他說：

「當初公司人資主管告訴我們要培訓一年，可是實際上才上課一個月，就匆匆忙忙把我們這一期三十個儲備幹部分派到各分行，跟著各部門主管實習，實際上班作業，三個月後我們就正式分發開始與客戶進行業務接觸，銀行一一設定業績目標，評定KPI，後來我有幾個月業績達到高標，可是卻不能領業績獎金，公司規定這些業績都必須掛在資深理專身上，被他們領走的獎金加總起來，我的獎金累積到離職前一天，至少有十二萬元。可是離職當天人資部門告訴我儲備幹部在任職滿三年之前都不能領獎金，尤其是我提前一年半解約離職，當然更不能領，反而要賠六個月的違約金。律師，真的是這樣嗎？這樣不是很不公平嗎？」

我仔細讀過的僱用契約後，答道：「這契約上第五條就有規定bonus紅利了，上面沒限制要滿三年時能領啊！只有提到紅利之發放要根據市場狀況、公司獲利及員工績效來決定，既然資深理專都有領到獎金，表示公司有獲利，這一點公司的做法實在有欠公平。」我開始有興趣探索這個大公司對付小員工的案子了，於是請當事人列舉公司違約的情形。

年輕人一臉疑惑地問：「律師，我不太懂欸，現在是公司指稱我違約要罰款，為什麼要先找銀行違約的事？」

職場新鮮人涉世未深，毫無談判的經驗與策略意識，我只好耐著性子解釋：「你這件違約金的案子如果直接進法院打官司，勢必對你不利，目前這類案件法官的看法多數支持公司求償違約金，因為你已經簽了僱用契約，契約明白地規定你們儲備幹部必須任職滿三年，否則提前離職就構成違約要受罰，賠償違約金給銀行，法官憑這條規定就可以直接判你敗訴，全額賠償。因此我不建議你被動地等著銀行進法院提告，最好是主動出擊，找出你的談判籌碼，儘快趕在銀行告你之前，寄發律師函逼迫銀行出面協商，看能不能要求銀行降低索賠違約金，而銀行讓步的關鍵在於你手上握有多少籌碼，籌碼愈大，銀行讓步的金額愈多，譬如從二十四萬元讓到兩萬元，談判成功的話，你就可以賠錢走人。」

年輕人似乎聽懂談判的策略了，可是對於「籌碼」的概念一片空白，我繼續分析：「所以才要請你回想在職期間，銀行有什麼違約或是違法的地方？例如答應你們培訓的課程沒上到或沒上完，像你剛剛提到原本銀行承諾培訓一年，結果才上一個月就急著分派你們上陣賺錢了，這樣就算違約，你再仔細回想，還有沒有類似的狀況？」

常常討論案情，我會花比較多時間在教育當事人，引導他們思考，從事實面尋找對他們有利的情節及證據。這種引導很耗時費神，不過一旦當事人開竅，有時會發掘出其不意的有利資訊，這一刻坐在我面前的年輕人就靈光乍現，突然想到銀行違背約定的行徑，他說：「我想到了，我們上課兩週後，講師有一天就叫我們要去考證照，林林總總列出六種證照名稱，又在白板上寫出參考書籍，我們以為她要開始幫我們上這些考試科目，因為總經理在受訓第一天有說如果考證照公司會幫我們請外面的講師來授課，沒想到等了一個月，公司都沒安排，我與幾個同事還跑去問人資部門負責規畫課程的主任，他說公司沒指示，只告訴我們如果半年內沒考取那六項證照，就會被退訓，我們壓力超大的，回家自己去買書自習。」

「結果呢？你有考上嗎？」我先問結果。

「當然要考上，不然就不能繼續上班了，這份薪水對我很重要，每天下班我拚命念自己買來的參考書籍，四個月就都拿到證照了。」他立刻說明。我邊聽邊記上這項違約事實，接著問他關於培訓費用。

當事人說：「免費啊！都是公司負擔。」

我說：「我知道你們儲備幹部都不用繳錢，我是問銀行為了你們總共花費多少培訓費用。因為剛剛我又查了一下銀行僱用契約第十三條，規定『於結訓後起需服務滿三年，不得任意離職，若有違反者，同意繳還相當於六個月薪資之訓練費用作為懲罰性違約金』，既然違約金的計算基礎是以『訓練費用』為準，那麼我們就來算算看『訓練費用』到底是多少？以銀行通知你賠償的金額是二十四萬元，你們這一期儲備幹部共有三十名，二十四乘以三十等於七二〇萬元，公司有花這麼多錢培訓你們嗎？」

「當然沒有！上課一個月，講師都是銀行內部主管，都沒找外聘的老師，場地也是在銀行的會議室，也不用花場地租金，如果講師用內部薪資鐘點費來算，二十人次的講師，一天上六個小時，一小時一千元好了，六千乘以二十等於十二萬元，場租、講義、茶水、設備合計八萬元的話，總共一個月下來也才二十萬元，其他十個多月都在上班，沒有培訓課程，所謂的三個月實習都已經正式上班，也不算培訓。」他開始抓到訣竅，快速轉出幾個數字。

我接下來精算：「二十萬元除以三十名儲備幹部，一個人只須分擔八千五百元，銀行怎麼可以要求你一個人就要負擔二十四萬元，沒有根據呀！」當事人愈聽愈覺得有希望，問道：「請問律師您說最好是主動出擊，而且要重重打擊，給公司壓力，那要怎麼做呢？」

我提出具體做法：「我建議寫一份律師函，先指出銀行訂的僱用契約第十三條服務年限及懲罰性違約金違反民法第二四七條之一的規定，在法律上是無效條款，銀行不可以引用這個條文要求你賠償違約金，而且這一次你並不是『任意離職』，是因為銀行未履行培訓一年的承諾，銀行違約在先，所以並不符合第十三條的處罰規定，縱使退一步言之，要付違約金，銀行也只能對你索賠八千五百元，相當於你一個人次的訓練費用；而且可以反過來請求銀行依法支付你的業績獎金十二萬元。在這些訴求與壓力下，我想銀行收到正式的律師函，會願意出面跟我們談判的，到時候我陪同你去談，把賠償金額壓到兩萬以下，就答應和解，好嗎？」

當事人點點頭，眼睛出現了光彩，安心地離去。當天下午我把律師函草稿擬妥寄給他看過，他立刻回覆沒問題，以限時雙掛號寄出後，我們就等著銀行的回應了。

一週後很快就收到對方公司回覆的律師函，措詞激昂、立場強硬，除了一一反駁我提出的法律上理由之外，還指摘員工違約的惡行，文末不忘帶上一句「近日將透過法律途徑訴請賠償違約金」。當事人讀畢又氣又驚，問我如何回應？我氣定神閒地說：「銀行的反應早在意料之中，站在公司的立場必須強硬地回應，才能對內樹立紀律與威信，避免在職員工群起效尤；對外警告離職員工，以收懲治效果，不過他們律師函寫的這些理由，以後進了法院，法官也不一定會接受。你先不用擔憂！其實我們當初寄發律師函只是先敲個門，打聲招呼，開啟談判對話的可能性，順便先傳遞我方法律上的立場，讓銀行不至於一廂情願地認為員工必賠無疑，這樣會有助於我方日後的和解談判！」

當事人沉默半晌又問：「律師您的意思是接下來要直接跟他們談和解嗎？」

我說：「是啊！我先打電話詢問他們的律師是否願意談和解，倘使沒意願就只好進入訴訟了。你的想法呢？想跟對方談和解嗎？如果開始談和解，你的條件如何？先讓我知道，才能理出個方案跟對方談。」

「當然就是叫他們不要告我，我不希望帶著官司到新公司，一定會影響上班心情，而且新公司的同事知道了，也不曉得會怎麼看待我。還有我是不可能賠到二十多萬元，這個金額太高了，我無法接受，也負擔不了，頂多我只能賠一個月的薪水。」年輕人急切地回答。

「一個月的薪水？那是多少錢？可以告訴我嗎？」我雖然下意識覺得銀行應該不會接受這種條件，不過還是問清楚金額。

「差不多四萬塊錢。」年輕人答道。二十四萬元對四萬元，和解金額要砍到六分之一，困難度還挺高的，不過我沒作聲，在掛斷電話之前說：「我來聯絡看看，有消息再回報。」

翌日撥電話給銀行的律師，表明和解的意願，沒想到對方律師居然沒被授權談判和解事宜，他說：「銀行只委託我們事務所寄發律師函，沒告訴我們後續怎麼處理，到底是要直接提告或是談和解，我們還沒接到指示，不過，我可以幫您的當事人轉達和解的訊息給銀行。」

咦！有點詫異，銀行到底有什麼盤算呢？為什麼沒有委託律師進行下一階段的工作呢？是不告了嗎？銀行應該不可能就此罷休，聽說之前幾位提前離職的員工都已接到法院開庭通知，銀行的政策很明確——和解談不成就訴訟；那麼這一件為什麼沒請律師處理和解事宜呢？

連續幾天納悶著銀行葫蘆裡究竟賣什麼藥？傍晚六點多正準備下班要關電腦之際，銀行人力資源部門的主管潘經理來電，申明銀行願意洽商和解的意旨，而且特別強調如果在起訴提告前談妥和解，銀行可以退讓以二十萬元和解。

「潘經理，很感謝您的來電，我明瞭銀行在面對這種提前離職的員工，有制度面及管理面的因素要考量，我的當事人也不是不願意賠，可是二十萬元的賠償金實在太高了，不要說我的當事人賠不起，因為剛上班一年多，台北消費水準這麼高，他根本無法存下什麼積蓄，現在到新公司也還領不到薪水，拿什麼來付這二十萬元的違約金？更何況楊先生在你們銀行服務時，很認真積極地去推廣業務，有好幾個月績效不錯，只是銀行規定他們儲備幹部不能直接列計業務獎金，必須掛在負責帶他們的理專身上，這種規定很不合理，這也造成這一批儲備幹部的反彈，覺得銀行壓榨新進員工。」我點出問題核心，說明當事人的心態與立場。

「『掛在理專身上』？怎麼可能，我可以查查看業務部門的資料，通常儲備幹部在初期業績表現都不好，應該不會有業務獎金。請問楊先生的和解條件是多少錢？」人資主管直接問數字。

「他說他只能負擔一個月薪水的賠償金，超過了，他付不起也不合理。」給銀行一個簡單明瞭的答案。

「這種金額我的老闆一定不會接受的。」人資主管聲音突然冷淡了下來。

「沒關係，和解談得成最好，談不成也無法強求。因為我的當事人有心理準備要上法院，雖然我極力勸阻，告訴他為了這種案子上法院很不值得，訴訟標的金額低，可是舉證過程很複雜，他卻說他不怕，一旦走到那個地步，也得去面對。」我淡然地回答，和解談判最忌諱「使命必達、非成不可」，放慢節奏，急事緩辦，一收一放之間，才能談出好價格。

對方聽了這段話更不以為然，說道：「這些年輕人不曉得在想什麼，公司已經讓步了，他還不接受，難道他沒想過如果上法院，新的公司一定覺得他很難搞，對他名聲不好，而且常常要請假出庭，影響上班情緒，他真的要以身試法？」

「一旦訴訟，這些可能面臨的狀況，上星期見面時，我都分析給他聽過了。您也知道初生之犢不畏虎，他們幾個離職員工聚在一起商量同樣的處境，一來是同儕的義氣，不能背叛同伴先投降講和，二來是一時的意氣，嚥不下這口氣嘛！有時候，我們律師講多了和解的建議，當事人也會懷疑我們的立場，究竟是站在哪一邊？所以我也不好一逕兒勸和，雖然我覺得這個案子和解是最好的結局。不論如何，請您向老闆轉達我們的和解意願與條件，我也勸勸當事人，看可否調高一點賠償金，下週再彼此聯絡回報進度，好嗎？」暗示對方我的當事人無懼訴訟的壓力，不會輕易讓步的。

掛斷電話後，把這一番折衝樽俎的談判過程轉述給當事人聽之後，他反彈很大，認為公司都沒考慮他的業績獎金，如果和解金額是二十萬元，必然無法接受，和解破裂只好進法院讓法官判了。

「進法院?!你有沒有考量到進入訴訟階段要付出的代價？倘若委任律師代理出庭，要準備一筆律師費，每一審金額在六萬到十萬之間都有可能；如若不請律師，你自己出庭，很多法律用語與訴訟程序，在法庭上你可能連聽都聽不懂，例如：訴之聲明、證據方法、待證事項、舉證責任、一造辯論判決等等，好一點的法官會解釋給你聽，可是你也不見得知道怎麼回答；爛一點的法官不耐煩一一解釋，也許直接速審速結，你根本沒有答辯的機會，就結案了。」我開始為當事人的固執與天真感到憂心，他也聽出我的擔憂，居然反過來安慰我說：「律師，謝謝妳分析各種可能的狀況，不用擔心，我會想出好方法的。」

「我想你還是回去查查看到底業績獎金應該要扣除多少才合理，我們同時等等看銀行的人資下週如何回應，再思索後續的決定好嗎？不要這麼快就切斷和解的管道吧！」我試圖力勸當事人勿衝動下決定。他沉默半晌後，答應再與家人商量，也向舊同事打聽公司核發獎金的計算方式與資訊。

一週後，銀行人資主管來電表示其他離職員工的和解案幾乎完全談妥，只剩下這一件，公司同意讓步至十二萬元，但業務獎金無法扣抵，因為儲備幹部領取業績獎金的前提之一是必須在職，一旦離職等於放棄紅利的權利，所以這一件和解金無法抵銷獎金。

我說：「很感謝您為我的當事人爭取到這個金額，不過楊先生很堅持和解金不能超過一個月的薪水，也就是上限頂多是五萬元。我跟他溝通很久，他也去查到離職前業績獎金至少有將近三個月的薪資額度，如果完全扣抵，公司還得付給他五萬元呢！我們當然不會提出這種訴求，我的當事人表明他是願意賠償的，讓公司可以維護制度，便於管理，可是就只能賠五萬元。」

人資主管依然和悅地勸道：「律師，感覺得出來妳與我都很希望這個案子可以和解結案，可是我們公司也不能盡失立場，畢竟類似案件有好幾樁，如果在這個案子減下太多金額，其他已經和解的案件我們也無法交代，公司總要照顧到案子公平性的問題，更何況我有特別向老闆報告楊先生的財務狀況，老闆有格外通融了……，不然，這樣好了，我主動加一個條件十二萬元可以分期付款，就分兩期，這樣楊先生壓力不會那麼大。」

看來再僵持下去就會破局了，何況對方不只降價，還加碼同意分期，誠意十足，我答應徵詢當事人意見後再回覆。

沒想到當事人仍覺不甘，認為十二萬元的賠償金超過預期的金額，寧可進法院解決。我只好耐心分析：「如果這個案子起訴了，你想法官會怎麼判呢？不可能判你全部勝訴，你也明知道嘛！上次我們看過那些往年類似案例的判決，全部都是離職員工敗訴，只是違約金額多寡稍有不同，因為公司都握有合約，合約條文寫得清清楚楚，服務年限未滿提前離職就得賠償。而你這一件不一樣的地方，只是違約金的計算要依培訓費用，你說培訓期間公司都是用自己的場地、內部的講師，沒有對外支付的費用，可是縱然使用的都是公司內部資源，還是有成本費用的問題，內部的主管來上課，不用付薪水嗎？公司會議室不用付租金嗎？到時候上了法庭，銀行把支付費用的憑證一一提出，法官當然會採信啊！縱使他們是事後補做，只要數據合理，例如講師費一小時二千元，場地費一坪月租三千元，都符合市場行情，累加下來，銀行要湊到一個儲備幹部攤分費用三十萬元，有什麼困難？人證、物證都握在他們手裡，而你這一邊呢？誰來幫你作證？沒離職的員工不敢出庭為你講話，跟你一樣提前離職的同事都是其他案件的被告，法官會相信他們的證詞嗎？至於已經和解的同事簽了保密條款，被銀行下了封口令，也不能出庭，那麼你要用什麼證據來說服法官呢？」

他聽了臉色漸漸從倔強堅持轉變為迷惘不平，頹然問道：「律師，難道法律只保護大公司，不保護我們小員工？」

「當然不是，法律的規定是一視同仁，一律平等，關鍵在於上了法庭要靠證據來支持你的主張，如果提不出證據，法官即使非常同情你，也愛莫能助啊！所以司法界才流傳一句俗諺：『舉證之所在，敗訴之所在』，法律實際上只能保護懂法律，又掌握證據的人。」面對證據，不論法官、律師都得低頭，我無奈地說出法庭中的「關鍵老大」。

「律師，如果你是我，會怎麼決定？」當事人提出每一個走投無路的當事人都會問的問題。

「這是你的案子、你的人生，你必須自己作決定，我不能幫你決定，只能盡量分析訴訟、和解的利弊得失，讓你獲得完整的資訊，下對決策。」這是我一貫的答案，律師只能提供法律諮詢，不能為當事人決定人生的方向，畢竟和解或訴訟的結果，是當事人自己要承擔所有責任，律師哪能為當事人度過後續的歲月呢！

當事人聽不到他要的答案，索性逃避拖延，他問道：「別的同事都是案子進法院才開始在調解庭談條件，我可不可以等到銀行告了，收到法院函文再作決定？」

「最好不要拖到法院開庭再決定要不要和解，因為等到對方告進法院，他們一定又增加法務成本費用，和解金額必然隨之增加，就不見得維持目前十二萬分兩期支付的原來條件。」對於毫無訴訟經驗的當事人，我只得一樣一樣仔細說明。

當事人允諾再與家人商量，我心裡也暗自決定再幫他向公司爭取更優惠的條件，翌日我主動聯繫銀行人資主管，再度解釋當事人的財務困難，希望能降到十萬以下。聽得出來人資主管很為難，不過她依然應允再與老闆溝通看看。當事人獲悉我的努力後，甚表感激，我說：「和解，總是要你心甘情願；所以我就盡量嘗試提出更有利的條件，希望能圓滿。」

不過，事與願違，過了三天人資主管回覆違約金十二萬元無法再讓步，設若和解無法談成，下週銀行只好提告了。如實將消息轉達給當事人，他難掩失望之情，在電話中沉默幾秒後，他說再讓他思考幾天，下週一會告訴我最後決定。

到了星期一下班之際沒接到當事人任何回覆，離開辦公室之前，思索著是否主動聯繫？最後還是放下話筒，決定繼續等候。

處理和解事件多年以來，在關鍵時刻我總是讓出空間與時間給當事人，因為當事人作成最後抉擇之前，律師已然提出各種和解方案的利弊得失分析後，選擇保持沉默與不作為，會帶給當事人最少的心理負擔與最大的支持，才能讓他獨立思考，決定要接受哪一個人生選項。

一直延至週三下午銀行的人資主管來電催促了，我才發 LINE 的訊息轉達銀行的詢問，當事人立刻回應說：「律師，很抱歉！拖到現在才回覆，我跟家人商量過了，還是接受和解這條路吧，條件就如同上週您告訴我的分期付款方式，我只有一個請求，簽和解書的地點我希望在您的事務所，不想再回到公司簽。」

我允諾如他所願地安排，於是快速通知對方人資主管這個決定，她鬆了一口氣，趕忙請公司法務擬妥和解書，第二天就寄電郵過來，我檢查協議書每一項條文認為沒有問題後，轉寄給當事人，請他確認，並且同步聯絡銀行人資主管，表明希望和解書名稱改為「協議書」的意旨，她很驚訝地問：「這兩種名稱有差別嗎？」

我解釋道：「在法律效力上沒什麼差別，只是當事人感受會不同，因為這個和解案跟你們公司其他和解案不一樣的是，這件離職違約金案還沒進法院我們雙方就和解了，基本上它是沒經過訴訟的，如果用『協議書』的名稱對當事人而言，會較為平和，比較不算是跟公司對立訴訟後達成的結果。不曉得我們這樣的提議，公司是否會接受？」

人資主管答道：「我是可以體會啦，不過我還是問一下法務看看在 legal 部分能否接受，如果可以，我就會把草稿改過來。」

和解過程中，如果雙方談得順暢，就會如同這個案子一般，少了刁難，多了體恤，聽了她的回答，心裡只有謝意，不禁慶幸在之前洽談的過程中不斷釋放的善意與理性，在最後的書面作業細節中順利了許多。

翌日銀行人資主管以電郵回覆「協議書」的名稱公司可以接受，在此同時，當事人也表示對協議書沒有意見，我立刻敲定雙方時間，確定後天下午在我的事務所會面簽署協議書。

原本簽署協議書時間上只需要幾分鐘即可完成，不過，我感受到當事人依然有些不平，於是在雙方會面之際，我刻意開啟話題，簡略地向銀行人資主管說明當事人由全然無法接受和解這件事，轉變為接納和解方案的心路歷程。讓當事人理解在銀行主管面前，我忠實地反映他的立場與心態，尤其強調銀行培訓儲備幹部過程中，由於制度設計不良及運作方式的失調，造成員工的反彈與不滿，才會釀成離職潮，話鋒一轉，我刻意將話題轉到當事人身上，請他敘述離職員工的心聲。

他遲疑一下，娓娓道來：「是啊！在培訓過程中，我們儲備幹部常常覺得很孤單，工作上有問題不曉得能找誰幫忙，公司雖有分派 mentor 指導我們，可是他也有業績要忙，而且一個人要負責好幾個儲備幹部，我們也不好意思常常麻煩他，加上公司培訓課程實際上只上一個多月，就把我們分發到各分行，我們馬上要直接面對客戶，心裡很惶恐，又沒有專人帶領，客戶的提問及反映不知道如何處理，常常有挫折感，覺得是在孤軍奮戰，很辛苦……。」

人資主管瞪大眼睛，不可置信地問：「為什麼不來跟我們HR講呢？我們都不知道有這些問題！」我看當事人面帶猶豫之色，似乎不便明講，就代為補充：「儲備幹部如果剛進公司就跨越資深理專，來跟人資部門報告，別人會如何看待？他們屬於新進員工，當然不敢這麼做，比較理想的方式應該是你們人資部門要設計配套措施，定期去了解培訓制度的成果或衍生的問題，在第一時間儘速解決，才不至於淪為公司事後處理離職違約糾紛的窗口嘛！我想人資部門最大的功能應該是在幫公司設計員工培訓制度，而不是在善後吧。」

人資主管點點頭回道：「律師說得對，不瞞您說，上一季我們發現這一批儲備幹部已有將近一半有離職狀況，覺察到制度有問題，我已經研擬新辦法請公司檢討改善方案了。」

我接著說：「譬如儲備幹部的服務年限規定三年顯然過長，對他們很不公平，因為這些儲備幹部多數大學剛畢業，不明白自己是否真的適合銀行理專的工作，你們在培訓過程中，又沒規畫針對新進人員進行性向能力的評估考核，也沒有讓員工有回饋受訓心得或申訴的內部管理機制，才會造成儲備幹部的壓抑與不滿，間接也刺激了離職潮，其實這些問題如果好好改善，我相信應該可以避免類似這種違約金的爭議。」看到當事人臉色愈來愈平和，我順勢結束話題，銀行人資主管在點頭稱謝後離去。

當事人滿臉感激的神色說：「律師，這次真的是因為您出面協調，有智慧又耐心地談判，這個案子才有可能圓滿落幕，很感謝您把和解談判的時間拉長，我才能有機會慢慢消化心情，接納現實狀況，而且到了新公司之後，業務愈來愈忙，我也才體會到上次您提到的，上班族真的沒時間上法院打官司，而您居中緩衝，讓我不用直接面對銀行，減少很多情緒問題，才能順利走到今天這一步。第一份工作就讓我得到這麼寶貴的經驗，對您這次的幫忙，我真的有說不出的感恩！」

含笑送當事人出門，望著他輕快的腳步與背影，心想原本一樁社會新鮮人可能的跌跤，在善意的和談下轉變為迎頭向前，誰說人生不是處處充滿轉折與變化呢！

「承諾」是否要誠信堅守？如果後來發現裡頭含有欺騙、虛假、單方面獲利時，可否重新檢視「承諾」的價值，與伴隨而來的道德考量？

輯六

塵世裡的紛擾

——詐騙及背叛

土地交易與金剛經

正在上佛經課，老師解釋《金剛經》：「凡所有相，皆是虛妄，如見諸相非相，則見如來」，手機震動，是一位特立獨行的視覺設計師好友來電，下課後走到教室外回覆電話。

話筒的另一端，朋友激動地訴說委屈：「沈律師，仲介打來說對方要解約，他們怎麼可以說解約就解約，我的土地又沒有問題，為什麼他們就這樣不買了，我們什麼資料都給他了呀！那現在我該怎麼辦？」下課時間有限，邊留意教室的動態邊安撫朋友，引導他將事情原委敘述清楚，建議他以靜制動，既然我方未違約，願不願意解決主控權在他，他目前不想解約，可是對方不願意再繼續照著合約走下去，短期內顯難有共識解決問題，明天就是週末了，勸他勿煩惱，下週一看看事情發展，再做決定。

我再進教室，繼續聽聽為何《金剛經》可以修行到「見諸相非相」？在當事人經過折衝樽俎，收了斡旋金、商議價格、簽訂三千多萬元的買賣土地契約後，努力地蒐集資料向買方解說這筆苗栗山上的土地如何配合建築法規，順利搭蓋農舍，甚至在豔陽下多次詢訪市政府相關單位，轉交法規資料，未料多次溝通後，買方仍缺乏信心，提出解約的要求，當事人面臨的是鉅額收入無著、海外求學子女教育生活費落空，更大的打擊是心愛的資產遭人否定，此刻，如何將因緣聚合下的不順遂，皆視為「虛妄」、「非相」坦然面對？

果真悠閒的週末，當事人無法安心，來電詢問爾後可能的演變，及因應的方案，解惑許久，當事人仍因擔憂不欲掛上電話，只好告訴他要為孩子準備午餐了，才結束通話。

週一夫妻親自來訪，拿著買賣契約書，想到對方寄來的存證信函，悲憤交集，因為買方明指他們違約，而違約之源頭是上次警示他們買賣契約重要條文中當事人寫錯的部分，朋友之妻趕緊解釋：「簽約當天回家我就發現寫錯了，可是我先生說沒關係，大家口頭上已經說清楚，有一份誠信在，不會有問題的，不用再麻煩對方改了，這份心意顯然買方未心領，反而利用這一約款指摘我們違約！」

朋友說：「沈律師，為了這件事，昨天接到存證信函，已經被家人罵到臭頭了，怎麼辦，現在還有挽救的方法嗎？」建議他回家後把存證信函傳真過來再商量，沒一會兒功夫就傳過來了，果真對方緊抓那條對他們有利的條款，攻擊賣方違約，仲介的失職與買方的狡猾暴露無遺。朋友聽完我的分析，更確定他對人性抱持的信任與始終堅持的人文情懷，在對方凌厲的攻勢下，毫無招架的可能性，對於整個情勢的發展，已經束手無策，我自然不能容忍朋友遭人設計在前，又被污名化在後，於是撰擬一份措詞嚴厲且法律立場堅定的存證信函即時回覆，順帶數落仲介人員的失職偏袒，對方收到後，立即聯繫要求見面商議和平解約的方案。

將和解的訊息轉達予朋友之妻，她居然不領情，拒絕無條件解約，反而親自擬就一份切結書，載明賣方完全符合買賣契約履行義務，而指出對方設計違約、要求賠償；又讓其兄長去電斥罵買方之法務……，如此一來對方益加惱羞成怒，原期待快速和平解決勢必淪為空想，我看到和解無望，加上暑假家人出國在即，索性讓雙方當事者在這段期間好好消化情緒，發洩吵鬧後，等回國再來收拾善後，否則強要和解，賣方的委屈無處宣洩，亦無法成局。

對方法務獲悉我要延後解約日期頗為不安，但也無法勉強，賣方還在氣頭上呢！我出國期間，雙方動作頻頻，仲介寄發存證信函，撇清一切責任，順勢指摘賣方之違約，這種一面倒的態勢著實讓賣方感受被污名化的傷痛，除了央請我事務所同事即時回函澄清外，三方開始電話聯繫，我回國後也不想細問雙方傳遞的訊息與化解的恩怨，只接獲消息確認近日見面。

此際也合該三方坐下來談了，自己出國期間，就是讓出時間，給予當事人消化情緒的空間，體會到事件發展中自我處理的方式引發的後果，以及善後的必要性，否則一個合約擱置，解約或不解約，會造成一筆價值數千萬的土地閒置，甚至影響既有的生活方式！

事後這位視覺藝術家傾心坦言：「我原來對於植物、土地是沒有多大感覺的，也缺乏感應的機緣，在買了這塊土地後，時隔數年，正逢事業的轉變期，索性工作室停歇，天天開車上山，親近這塊土地，鋤草整地種樹，在汗水狂落下，讓自己貼近自然，喘了一口氣，漸漸習慣這樣的生活，持續一年多，過著山林農夫的日子，才知道自然的氣息與感覺。」

原來長達一年的時間，他的工作室呈現半歇業狀態，是因為這塊土地又讓他看到另一個世界，甚至願意捨棄凡塵俗世的名聞利養，推卻知名企業的工作邀約，讓自己好好面對三十年來事業的潮來潮往，人生起伏，再思考下一階段的創作方向。這塊土地帶給他多方思索的機會，誠實地面對自我……，然而貸款無以為繼，只得放棄它，另覓買主。

沒想到心愛的土地，好不容易找到買主了，居然轉眼間，買主棄之如敝屣，叫人情何以堪？

朋友的妻子同意解約，但附加幾個條件，尤其要求對方承認合約上的賣方義務他們都完成了。

顯然他們很在意背負違約的罪名，依然期待對方在鬧翻了之後承認他們買方沒有錯，相應地凸顯買方的悔約背棄承諾！

買方會願意簽署這樣的切結書嗎？更何況最後一行加上「支付違約金」的字眼，恐怕會讓主張無條件解約的買方裹足不前。

果真會議桌上第一個阻力是仲介公司的排拒，他認為只是仲介買賣交易，為何被迫簽署切結書，何況還得支付違約金，更是不可思議！反彈激烈，於是我站出來指責仲介在整個過程的輕忽失職，不專業又不敬業，包括地質勘察單位未加細究，買賣雙方義務之錯置，及協調期間的偏袒……，疾言厲色，仲介人員惱羞成怒，只開口說：「妳是律師，我講不過妳！……」

朋友聞之大怒，斥責仲介：「今天我們來只求把事實說清楚，你不此之圖，反而批評我的律師只是口才好，而不把是非釐清，那我們就不用談了！」作勢離去，仲介立刻將他擋了下來，買方代表急忙打圓場，解釋他雖未參與之前的交易過程，但他完全了解賣方的立場與心情，他的老闆事先叮嚀，一切平和處理，為賣方著想，勿影響日後這筆土地再度出售的機會，在此原則下，盡量配合賣方，所以切結書的內容雖然文字有些強烈，但是買方可以接受，不過這次解約並非買方違約所造成，違約金的字眼希望能從切結書刪除。

我順勢再教訓仲介，強調買方對於切結書對於賣方的重要性都可以理解接受了，為何仲介仍拒簽？至於違約金的字眼雖可拿掉，但賣方這段時間奔走於政府機關詢問各項搭建農舍的規定與實務做法，甚至委託建築師測量提供坡度圖表，花費不貲，人情事理上應予補償，而具體金額須尊重當事人，於是請教賣方提出補償金額，原本在車上兩夫妻商量以十萬元為定，他們在會議桌上目睹我與仲介之激烈戰況，一時意會不過來，遲疑沉默之際，我直接將金額提高到五十萬元，言明買方與仲介皆應負擔責任，買方三分之二、仲介三分之一，請他們各自向公司及老闆報告，有了定案再互相聯絡，雙方約明下週三之前回報。

回程車上，朋友肯定會議上談判方式與節奏，及敵我交戰的重點掌握，尤其結束之前補償費適時提出的神來之筆。我也感謝他們的信任與全然的託付，所以能放手訓斥仲介及提出解約條件。

而令人感動的是，在仲介失職及買方失信的情況下，朋友依然保有對人性的高度信任，與人文情懷的堅持，所以他屢屢跟我解釋，仲介的人心地不壞，只是沒把事情處理好。天啊！他完全無視於買賣契約簽訂時由於仲介的偏私而加重賣方責任的設局欺陷，甚至和解談判過程中，在我炮火猛攻仲介的過錯時，他於心不忍，突然走到仲介身旁，拍肩安慰！

那天會議暫告一個段落時，他覺得如果解約補償金拿得到的話，他們夫妻一本初衷，願意全數捐給慈善機關，而毋庸彌補這段時間他們的有形、無形損失。這真是我談過最特別的和解！

到了週一，買方迅速回覆他們願意簽切結書，但無法支付任何補償金，這個回應並不意外，但仲介的結論就令人生氣了，他說公司認為解約與仲介無關，拒絕簽署任何文件，遑論支付違約金！好個白目的回答，簽署與否的利害關係分析後，請仲介好好思量，同時暗示他，這樁和解我可能無法處理了，他聽了也覺事態嚴重，在買方來電詢問知悉此結果後，知道解約將因仲介作梗而遭阻，也對仲介施加壓力，仲介承受不了雙方當事人夾擊的煎熬，請求再度會面商議，我說沒必要，於是他直接聯繫賣方，沒想到賣方作了一個承諾，差點讓我無法收拾善後。

仲介抓住朋友容易心軟的特質，打悲情牌訴說為了此案他可能慘遭公司解僱，可是他仍覺得應該為賣方負責任，解決此項交易糾紛，所以他願意自行承擔，在賣方以捐獻慈善機關的前提下，支出三萬三千元的金額，並說服買方也捐出同額善款，了成此事。朋友一聽大樂，立即答應捐出相同款項湊成十萬元，捐到慈善基金會。

朋友來電滿心喜悅地說明好結果，我心頭一驚反問他，如果此事傳出後，被誤會為三方皆有過錯，故三方皆賠償，豈不扭曲解約之實情？畢竟日後你們還要賣土地，不容許有任何對此土地的曲解與污名。

朋友聽懂我的憂心後，懊惱不已，對於自己的輕易相信人性與涉世未深不諳他人算計，感到無可救藥的懊悔，當晚坐在路邊攤悶頭喝酒，凌晨始歸。

翌日來電敘說悔恨的心情，為了沖淡他沉重的鬱結，打趣說：「你昨晚借酒澆愁，心性沉淪；而我恰好相反，我到禪修中心打坐，提升自我！」他苦笑央求此事仍由我處理主導，他才不會再誤事！

身為律師，有時難免煎熬，需要將人性模擬想像得如此卑劣醜陋嗎？當朋友將解約補償金轉化為捐獻的善款，三方共襄盛舉時，自己需要潑冷水，警示當事人嗎？可是在歷經仲介設局簽下不利條款，買方無故悔約時，真的也會擔憂可能的後遺症，而不得不保護警示當事人啊！

在一番協調折衝下，終於三方同意無條件解約，由買方、仲介共同簽署切結書，表明此次交易賣方業已盡力配合履約，土地並無任何瑕疵，而補償款由買方及仲介提供交付賣方捐贈慈善機關。簽完字，一筆三千多萬元土地交易糾紛圓滿落幕，讓朋友好好寬心過個平靜的中秋節。

猜想朋友日子回歸平靜，刻意不去打擾他們，免得他們如此客氣謙遜的夫妻有著人情上的負擔，結果朋友沉不住氣來電抒發心情，果真數月以來第一次如此安定地過日子，所有的感謝，請他沉入心底，只是他依然不解，事過境遷，妻子無意中提及解約前一晚痛苦煎熬，深夜收到律師的一封信，整顆心都坦然放下，他很好奇，那封信有何神奇內容，讓他憂愁數月輾轉失眠的妻子能接納所有的後果？

我笑著說，你太太喜歡花藝，剛巧在網路上收到幾幅盆花附註佛門偈語，寄給她，並且將這幾年我從《易經》及佛法習得的體會與她分享，她很快地回覆，可是還是有心結解不開，說道：「的確……自己明明可以不在乎，為什麼無法順服對方無理。謝謝妳的提醒！」

我再寫一段話語輕勸著：

時間會告訴我們一切的答案……

有時放過別人，才能放過自己，放下一切恩怨情仇！
何苦背著別人的業障煩擾過一輩子呢？
當他們不要時，何需強求？強摘的瓜不甜；
當我們想要時，何需怨嘆？命運會作最好的安排！
相信自己，也相信冥冥中，因緣和合，
妳的土地會找到最適合的主人；妳的心會得到最安定的方向！

佛法總是教人放下，可是在紅塵俗世中，人心險惡，世間法流轉折騰，貪瞋癡慢疑侵擾，資糧財產慘遭掠奪，如何照見五蘊皆空？

被騙的母親

——宗教詐欺

一日，晚餐桌上兒妹又打打鬧鬧、說說笑笑，突然女兒臉色轉為嚴肅，問道：「班上有個同學，知道媽媽是律師，他說想問一些法律問題，可以嗎？」面對子女的同學，向來不拒絕，那一年兒子邀高三死黨晚上及週末到我辦公室K書衝刺，準備學測，長達數月，我每晚送點心、飲料打氣，第二年母親節居然收到這些同學一起送的卡片，真是窩心！

答應女兒後，第二天同學就帶著母親過來了。女兒的大學同學俊秀挺拔，溫文有禮，而其母與我年齡相仿，卻蒼老抑鬱，看得出苦惱一段時日了。

做兒子的迫不及待，提出一堆疑問，二十歲出頭，才念大三，就要承擔家裡的法律問題，也真難為他了，正訝異著為何父親沒有露面，年輕的男孩說：「我爸為了這件事快要氣瘋了，天天跟我媽吵架，之前我爸爸有外遇，兩個人吵得很凶；最近爆發這件事，吵得更激烈，屋頂都快掀開了，我怎麼敢讓他來?!」

母親坐在一旁，幾次想開口，都被兒子打斷，看來這個兒子在這案件中扮演主導性的地位，索性先聽他敘述案情：「阿姨，您聽了不要笑，整件事情非常荒謬！」

執業二十年，什麼荒誕不經、奇特古怪的案例沒處理過，面對前來諮詢的當事人，聽其言、觀其情，總會升起一份不忍人之心的悲憫心情，很多事情因緣聚合、陰錯陽差就發生了。

他見我專注肅穆，安心地開始說故事，原來十年前父親經營事業有成，不知是感謝賢內助的犧牲奉獻，或是彌補外遇的內疚，陸續給了妻子鉅額現金及幾棟房子，沒想到妻子在先生忙於創業、金屋藏嬌之餘，深覺空虛無助，四處求神問卜，希望挽回先生的心，卻慘遭神壇廟祝騙錢，長達六、七年，總共被訛詐了數千萬元。

狡猾惡劣的廟祝原先慫恿這位心碎的婦人投資蓋廟，又持續以化解厄運為由，索取濟解功德金，婦人信以為真，不斷匯款，去年發現始終挽不回丈夫的心，而銀行帳戶已告空，房屋亦過戶給廟祝，催討未果，也不敢向丈夫透露受害經過，只能請長子協助，長子才成年，在大學企管系只修完民法概要，完全無法處理這般複雜的法律糾紛，只好冒著掀起家庭革命的風險，向父親說明緣由。

不出所料，父親差點抓狂，夫妻冷戰不斷、熱戰不停，兒子只好繼續跳出來承擔，四處討救兵，尋求解決方案，後來發覺親戚、長輩都幫不上忙，又怕家醜外揚，才想到請法律專業人士處理。

聽完男孩說完悲慘的故事，仔細核對勾稽他母親的銀行存摺、交易明細表，與廟祝簽署的收據，發現金額與日期相符，再檢視土地建物登記謄本，確認對方是運用詐術，騙取母親的金錢財物，建議這對驚惶悲憤的母子，先寄發律師函，催促對方出面洽商和解，返還一切財物；如果對方拒絕，就提告刑事詐欺案。

一週後對方收到律師函，知悉東窗事發，難掩罪刑，出面協商，允諾分期還款，並過戶房地。協助他們簽妥和解書，這個孝順又憂傷的兒子終於綻開笑容，回復陽光男孩的青春模樣！

後來聽說這個兒子回到學校繼續上課了，而家裡平靜了一段時間後，父母親間仍是冷、熱戰交替上演！當家庭內部真正的問題沒得到徹底解決，夫妻間無法面對婚姻問題溝通處理，那麼外界的煩惱災難勢必會輪番出現，律師只能協助解決財務、婚姻的法律層面問題，其他的還是要靠當事人自己面對了。

有時，家庭共業需要由家庭的成員共同來承擔，雖然沉重，但，那是推卸不了的責任，面對它，處理它，這份業報才會結束……。

靈骨塔與獨居老人

一位熟識多年的醫師有一天突然來電，說要來諮詢法律問題，心裡疑惑著，他之前代表醫師公會委託的幾個案子不都定讞結案嗎？難不成又衍生什麼後續問題？

他聽出我聲音中的疑惑，直接點明來意，將父親的遭遇娓娓道來：「這回不是公會的事了，是我父親的事。他年紀大了，前一陣子被騙，都不敢告訴我，兩百多萬元養老金都付光了之後，對方還繼續騙他，他居然跟我要錢想再付給對方，我一聽就知道是騙局嘛！我是想帶父親來事務所，請教律師是否可告對方詐欺？他們實在太可惡了，也要商量看看怎麼把錢要回來。」

這位醫師年輕有為，前幾年接任醫師公會理事長，交接過程中發現一樁金額高達數百萬元的弊案，由於主導者是在地方上人脈關係極佳，在醫師公會位高權重的前輩，公會中無人敢攖其鋒，後來是這位正義感強又富法律頭腦的後起之秀，在蒐集相關資料，私下與前後七任理事長溝通後，毅然決然揭發弊案，交給司法機關處理，長達三年的民、刑案偵查審判中，歷經驚險蒐證、法庭激辯、庭外角力、證人變節……種種過程，最後戲劇性地落幕，我們在這樁奇特的司法懸案中培養絕佳默契，於是這回家裡出事，他毫不猶豫，又找上了我。

翌日他帶了滿臉愁容的父親來事務所，身體仍硬朗，卻不多言，讓生氣又焦急的兒子先說故事：「我爸爸這幾年來一個人住，去年有家納骨塔公司的業務員不知從哪裡拿到我爸爸的資料，鼓起三吋不爛之舌大力推銷靈骨塔位，慫恿他投資出錢購買，又拿一張幾十萬元的支票當幌子，騙他說如果買多一點靈骨塔位，可以幫忙找到買主，馬上轉投資賺差價，後市看好……」

醫師兒子愈講音量愈高，趁他找出那時業務員的宣傳冊、訂金收據及塔位證明書的文件時，我瞄了父親一眼，他頭低低地彷彿做錯事的小學生，面對老師當眾唸出不及格的考試分數，恨不得有地洞可以鑽進去！忽而抬起頭，看著他的呆滯又抑鬱的眼神，一陣不忍，見他坐了好一會兒，約莫熟悉法律事務所的氣氛了，輕聲地問他：「阿伯！你一定感到很難過喔?!」

他大概沒料到律師第一句話是先安慰他，而不是像法官一樣審訊，他突然臉上有了一絲絲蘇醒的神情，回答說：「律師小姐，妳不知道噢！這幾個月我都快要得憂鬱症了。」

半安慰半鼓勵他講出受騙經過，二十幾年的執業經驗與慘痛的法庭教訓，讓我養成習慣，一定要獲得第一手的訴訟事實，透過他人轉述，總有渲染與誤導。

醫師的父親看到兒子不再指責叨念他了，鼓起勇氣訴說那些業務員如何三番兩次慫恿他買納骨塔位，退休太久也忘了人心險惡，只想再多賺些養老金，於是一個個塔位陸續買了將近一年，花了兩百多萬元，買了二十幾個，可是也沒拿到權狀，怯生生地看了醫師一眼，父親繼續說故事：「對方又說買主是個大家族，嫌我的塔位太少，叫我再買八個，我已經沒錢了，才會問我兒子要不要買？沒想到我兒子一聽，就衝上山看不到那些塔位，才知道被騙了……」

獨居老人缺的是關心，業務員的甜言蜜語，怎麼抵擋得住？可是騙走了全部生活費也太離譜了，分析完桌上一堆靈骨塔公司給的收據、訂單及證明書，與公司負責人的說辭，我下個結論：「只能告民事解約賠償，不能告詐欺！」醫師憤憤不平，難以嚥下這口氣，可是前幾年的法庭訴訟經驗，他也知道證據不足，於是他先告到消保官處請求調解，縣政府承辦科長列席說：「這家業者多年前已違規受罰，被禁止買賣塔位了。」

醫師聽了如獲至寶，加上對方委託代銷公司出席，態度倨傲，拒絕解約退錢，醫師忍耐到調解會結束，立刻跑來辦公室問我：「這下可以告詐欺了吧！他根本就在騙我爸爸，買了一堆不能轉投資的塔位。」

我仔細檢閱過縣政府的違規處分公文，肯定地回答：「是可以告沒錯，不過你們主要目的還是要把錢拿回來，你請消保官再安排一次協調會，通知業者負責人親自出席，要求立即退錢，否則就告刑事詐欺！」

果然業者知道被逮到痛處了，不敢再推託，當場簽署和解書，承諾三天內退錢，事情圓滿落幕！醫師特地再來電致謝，開玩笑說沒讓我賺到訴訟費！唉，七、八十歲的老先生哪裡禁得起官司纏身，幸虧兒子警覺性高，當機立斷，否則為了寂寞付出這麼大的代價，晚景豈不淒涼！

人家說保險公司賣的是「恐懼」，人們對於意外的恐懼！

納骨塔公司賣的是什麼呢？是「寂寞」嗎？

往生前老年的寂寞，還是往生後黃泉路上踽踽而行的「寂寞」？法律上我們律師可以幫忙揭開騙局、解約善後，可是解決法律問題之後，阿伯的寂寞與受創的心如何撫平呢？

當獨居老人購買了二十個靈骨塔位的時候，他買的是安心，還是為了滿足實際的需求？

法師的紅塵事

正在法院開庭，雙方激辯之際，手機震動了，一看是事務所打來的，想必有急事，否則助理不會輕易來電，趁法官宣布中場休庭五分鐘，回電詢問何事？助理在電話中著急地說：「何代書說一群當事人跑到他辦公室，在談土地糾紛，問律師是否有空過去參加討論，當事人想要委託案件……。」

唉！律師業務是沒有訂單的行業，你永遠不知道何時、何地當事人會出事，跑來委辦案件？

可是法院這宗貪污案正在進行證人的交互詰問程序，下半場換我提問，幾個關鍵的問題亟待證人揭曉，庭訊中一時也走不了，交代助理委婉地向何代書解釋，等法院退庭再請教他案情。

開完庭走出法院，已是夜幕低垂、華燈初上，急召一部計程車，回到辦公室，等不及調整一天下來刑案交互詰問證人的程序帶來心理上的衝擊，立刻回撥電話給何代書，了解案情，原來是他的客戶——一位出家的師父經過信徒介紹，買了法拍的陽明山上土地後，發生補徵稅捐的問題，必須進行行政訴訟程序。

啊！當事人是法師？案件要在行政法院進行訴訟？心裡起伏不定開始猶豫，雖然研究所期間專攻稅法，碩士論文也以稅捐專題為內容，執行律師業務期間承接幾宗行政法院的訴訟，對於稅務案件並不陌生，可是終究比不上天天接觸的民、刑事案件這般熟悉；而且「法師」究竟與一般當事人不同，對於紅塵俗世的紛爭，尤其是技術性高的稅法規定，是否能順暢溝通，理解律師的解析與主張，著實令人毫無把握。

何代書約莫聽出我的猶豫了，在話筒另一端進一步解釋：

「這位法師我已護持十幾年，弘揚佛法不遺餘力，北部的信眾都希望她能在觀音山這塊法拍土地籌建道場，推動宗教藝術文化教育工作，本來去年拍定土地後，整地規畫各項工作順利展開，佛法課今年也開始開班講授，誰知道今年年初稅捐處突然寄來一紙公文，通知補徵二千多萬的土地增值稅，嚇壞了法師，上週找我看了一大堆往來的公文，才曉得之前幫他們處理的代書，方向搞錯了，課稅處分動不了，後來請市議員、立委協調，都行不通，只能打行政官司。沈律師，這個案子請妳一定要幫忙，這幾年我轉介好幾件土地糾紛到妳手上，都順利解決，我今天下午向師父大力推薦，師父也把委任狀簽好了，明天一上班就可以送到事務所給妳，好嗎？」

邊聽代書解說，邊核對他下午送來的第一批資料，好幾份文書都看得出，確實之前的代書處理手法具爭議性，導致案件更難解決！如果這下承接下來，又得耗費心神，上窮碧落下黃泉，幫當事人找出癥結與解套方案，而且當事人是「法師」，可以收費嗎？莫不是要我布施供養吧？

雖然這幾年開始研修佛法，在法庭中看盡人間悲歡離合，緣起緣滅，公餘之暇也開始禪修靜坐，可是這跟承辦案件是不同的，一個行政訴訟打下來，一年半載曠日費時，仍需成本經費，何況這件費神的疑難雜症，更難處理，如果義務幫忙，恐怕心有餘力不足，得先確定收費與否。

於是鼓起勇氣向何代書確認案件收費之事，他忙不迭地回答：「當然依正常收費，這方面請律師不用擔心，師父理解的。」

看來是拒絕不了的，就嘗試接下來吧！人世間遇到什麼人、經歷什麼事，不都是冥冥中有其寓意，索性且戰且走，看看這回的際遇是要給我什麼啟示。

仔細研究案情，企圖理出頭緒，發現這塊土地在法院拍賣期間還牽涉到另一家投資公司，所有拍賣手續細節都是他們處理，包括申請農地的農用證明、農地移轉自然人申請免徵土地增值稅及法院債權承受、土地點交，甚至後續爆發稅捐處查出土地上有農舍，函請區公所撤銷農用證明，以及追查資金來源後，認定是禪院斥資購買法拍土地，不符免徵土地增值稅的規定，因而補徵二千多萬元的稅金……。

看來這家投資公司扮演吃重的角色，那麼他們得到什麼好處呢？他們公司與這位師父毫無交集，為何願意深入幫忙？

原來是投資公司向銀行買下不良債權，對於抵押擔保品的土地進行拍賣，沒想到碰上金融風暴，各財團、建設公司銀根緊縮，法院拍賣一再流標，投資公司不堪虧損，透過朋友，找到法師承受債權。

可是為什麼會有這麼大的轉折，稅金的核課由零轉變為二千多萬元？倘使要課稅，也應該是土地出售人即投資公司或債務人負擔，怎麼會落在法拍土地買受人——法師身上？

深夜加班，一個個疑點冒出來，反覆推敲，兩大冊文件交互勾稽核對，發現關鍵的一紙公文，原來稅捐處撤銷免稅、開立課稅通知時，第一時間寄到法院執行處，要求土地出售者繳交二千萬元土地增值稅，法院執行處以拍賣案早已終結，卷宗歸檔為由，拒絕處理，退回課稅通知，稅捐處追討無著，轉向土地承受人——法師課稅，信徒熱心幫忙、代書使力錯誤，弄巧成拙，因而衍生一連串複查、訴願的程序。

顯然稅捐處、執行法院在課稅流程上都有疏失，反而達到投資公司設定的目標——拿錢走人，全身而退；倒楣的是法師，承接了一個不定時炸彈，在土地過戶後立即引爆，傷亡慘重！

常常案情理出頭緒後，不是欣喜異常，而是心情沉重，因為總能發現人性陰暗面，才導致法律糾紛的發生。在這一件關鍵點就是倒楣的法師去接了資產管理公司燙手的山芋！那麼法師知道嗎？是否因而減少支付的代價？資產管理公司事先有全盤說明清楚購買這筆土地的風險嗎？

一連串的問題得親自問當事人了。

透過何代書安排，法師在一位年輕師父的陪同下來到我辦公室，慈眉善目、和顏悅色。多年的訴訟經驗告訴自己，要忘卻當事人的身分、地位，否則問不出案情的癥結，於是將法師當作一般當事人，配合資料，一一詢問這幾天整理出來的疑問，沒想到法師一問三不知，甚至覺得很驚訝，我怎麼找出這麼多重要的疑點？看著我臉上布滿問號，法師婉言解釋：

「當初是一位熱心的信眾介紹這塊土地，因為他看我每星期要從桃園搭車北上講授佛法，舟車勞頓、非常辛苦；就告訴我說朋友在處理這塊觀音山的法拍土地，問我有沒有興趣去看看，我答應了，沒多久他就載我去現場看過，我覺得地點適中，山間充滿靈氣，很適合作為弘法的道場。就透過這位居士的安排，跟投資公司負責人見面，他說很願意幫我們處理一切流程，我們也沒經驗，就交給他，還多付了五十萬元給他們公司，作為處理的手續費。」

師父緩了緩口氣，喝了茶再繼續回憶：「沒想到過了一年就爆發補稅的糾紛，我趕緊請另一位師父聯絡投資公司的負責人，才知道他已經離職了，不過他走之前有交代公司合作的代書協助我們撰寫說明書，向稅捐處說明資金來源，可是說明方式可能有問題，反而讓稅捐處抓住機會課稅，收到繳稅通知後，我們焦急得不得了，再請教代書，他說那你們就去打行政官司，告訴法官之前我幫你們寫的資金流程說明書都是亂寫的，這樣法官就不會受到那些說明書的影響了⋯⋯」

一旁的年輕師父接著述說往事：「聽到代書這麼說，我們就知道不能再找他幫忙了，才開始翻每月捐獻的信徒名冊，看看有沒有專業人士能夠提供協助，後來找到何代書，他持續護持師父十幾年，上禮拜與他見面，經過他詳細分析，我們才明白事情這麼嚴重，幸好他立刻介紹沈律師，幫我們整理出頭緒，您剛剛提出的問題，我們當初也都不懂，都信任資產管理公司，交給他們辦。接下來律師您看是不是我來聯絡那位負責人，我們一起跟他見個面問他比較清楚？」

解鈴還須繫鈴人，當然要找到關鍵的承辦人，才能得到關鍵的答案，於是三天後，我們在一家茶道館見面了。

投資公司的負責人當年結束這樁法拍案，就高陞跳槽到另一家國際性的創投顧問公司擔任執行長，經常飛往不同公司處理大宗資產的轉讓交易，這回剛巧他從印尼出差回來，年輕師父趁他要趕到北京的前夕，安排會面。

精明外露、長袖善舞是執行長給人的第一印象，大家寒暄聊過近況後，我就單刀直入，問起當年投資公司游說法師承受債權時，是否一併說明土地課稅的風險及購買資金的安排？

他一聽到這些關鍵議題，一逕兒實問虛答，法師聽了點頭稱是、不疑有他，我卻持續追問：「當初法師一直認為土地是農業用地，不用繳稅；你們原來的規畫就是如此嗎？有沒有分析過可能事後補稅？這些稅捐風險有無列入承受債權的價格評估中？為什麼稅捐處事後會追查資金流程？」

執行長依然閃爍其詞、轉移話題：「稅捐機關最會亂搞了，土地都已經過戶了，吃飽飯沒事幹，一直發公文追查，他們只會拍蒼蠅，不敢打老虎，老是找這些小老百姓的麻煩……」

「曾執行長！我是說你們公司兩年前承接這宗債權時有沒有評估過抵押的土地可能的稅金？」我依然抓住重點，打破沙鍋問到底。

他看躲不過了，只好說出實情：「有啊！我們當初請會計師及土地鑑價公司算出來稅金大約是二千多萬元，不過這可以日後政府徵收其中一部分的道路用地的補償費來抵充呀！」

話語一出，法師錯愕不已，停了半晌，法師緩緩地回應：「可是曾先生您在跟我們談債權買賣時，都沒提到這一筆稅金的事呀！怎麼會到二千多萬元這麼高的稅金呢，即使是二百多萬元我們也付不起，就不會跟你再繼續談了啊！」

曾執行長的臉色在桌上燭光搖曳中，仍看得出侷促不安的神情，他試著緩和漸趨凝重的氛圍：「那時候只是評估而已，不是真的會課稅，而且後來透過我們公司的努力不是都申請到免稅了嗎？」

我再提出要求：「曾執行長下禮拜這個案子要開庭，您願意出庭向法官解釋，當時這筆土地申請免稅的立場及稅捐處的認定錯誤嗎？」

沒料到他開始惱羞成怒，而且直接將怒氣移轉到我身上：「哎喲！我生平最不喜歡跟律師打交道，因為律師問問題往往充滿對人的不信任，在公司我也常跟我們法律顧問吵架。律師妳也知道我現在這家公司是國際型的創投顧問公司，我擔任執行長，實在不方便出庭，到法院作證可能會影響我的職位，再加上事情這麼久了，很多事情我也忘了。」
簡直是瞎扯，什麼時代了，連總統都得出庭作證了，一個公司專業經理人到法院作證怎麼會影響職務，除非他作偽證?!
推卸責任到這種程度?!當初他自己設定停損點，把公司的難題丟給法師，達到目標全身而退，不用負擔任何法律責任，事到如今，害得法師無端受累，他也該承擔道義責任，出面幫忙釐清案情吧！交易之初隱瞞重要事項，土地買賣完成事件爆發，他卻避之惟恐不及，今晚剛見面時還口口聲聲說，這是共業，他願意全力協助解決，一提到出庭作證，立即撇清責任，人性貪嗔癡慢疑，一夜俱現。
法師通透明白，起身合十送客。
送走了這位執行長後，和著月色，我們坐在庭院再聊後續話題，最後法師說：「律師，謝謝妳，讓我看清楚事件的重點，也認清楚人性的真實層面。」

有些事情，如果沒有好好處理，表面上看來是結束了；
可是多年後，它會再回來找你，
而且是挾著雷霆萬鈞之勢，讓你面對宇宙之間的業力回報！

死刑犯槍決之後

雖然執業期間接辦不少刑事案件，其中不乏殺人犯的辯護，但對於是否廢除死刑的議題，身為律師的我，平素極少討論或發表個人意見，因為這項重大議題涉及法律、哲學、社會學、犯罪心理學及獄政管理、感化教育各層面的探討，在國內司法制度欠缺整體配套措施，社會各界尚未養成深度思考理性溝通的習慣之前，貿然提出廢死與否的觀點，容易流於淺度溝通或意識型態之爭，因此我盡量避免此類言論之表達，可是面對當事人挑戰這個議題而衍生法律風暴時，我就無法置身事外了。

她是公益基金會的執行長，在學校我們曾經一起上研究所的課，畢業後偶爾聯絡，近年來推動社會企業不遺餘力，平日毫不隱瞞支持廢除死刑的立場，昨日法務部執行死刑，槍決一年前在路邊隨機殺死幼童，遭三審定讞判處死刑的殺人犯，由於最高法院宣判駁回被告的上訴，全案臻於確定，到法務部長下令執行才不到三個禮拜的期間，廢死聯盟不斷抨擊，爭取輿論關注，死刑犯的辯護律師也儘快擬妥非常上訴的書狀，正要遞送法院之際，沒想到昨天傍晚時分，台北看守所傳來兩次槍擊，宣布受刑人已經伏法。網路新聞即時報導，她看了網友留言之後，立刻在臉書 Po 文表示無法認同多數人對於死刑犯被槍決一片叫好之聲，提醒社會大眾在死刑犯殺幼童及政府執行死刑之間，省思生命的價值與廢除死刑的必要性。

噬血媒體搜尋到她的臉書短文後，加上聳動標題：「死刑犯伏法××執行長：殺得痛快」，以即時新聞放上電子報，不到半小時，已有五家電子報以類似標題跟進報導，網友紛紛到她臉書留言譴責，她才驚覺事態嚴重，緊急關閉臉書的同時，她撥電話給我，問道：「學妹，妳知道昨天死刑犯槍決的事嗎？我的臉書惹出風波了，被好幾家電子報亂寫！我寄電子報的網址給妳看，真沒料到被拿來作文章，可不可以請妳出面跟這幾家報社的法務交涉，要求他們立刻刪除那一則報導。」

我的天！她居然捅了馬蜂窩，在社會大眾一面倒，傾向處死的法律情緒中，她挑起社會最敏感的神經，難怪媒體借題發揮、窮追猛打，這下才來討救兵，臨危授命，真是大考驗啊！

「學姊，根據我這幾年與媒體打交道的經驗，如果剛開始律師就出面，可能會升高為法律案件，報社的法務部門必然更嚴謹地處理，勢必會拖延時間，我知道妳急著滅火，以免引發媒體的連鎖效應，造成明天實體報紙跟隨引述報導。如果要爭取時效，最好先不要動用律師，由你們自己出面較適當，妳若不方便親自交涉，就請基金會公關經理幫妳去跟那幾家電子報線上記者溝通，要求立即移除那則報導，這樣才會快。」面對壓力沉重的當事人，我趕緊提出危機處理的最適方案。

「好，我先交代我們基金會的公關去交涉看看，他有認識幾個電子報的記者，看能不能透過記者移除這則新聞，如果行不通，再請妳寄律師函。我在想報社的標題亂下，明明是死刑犯講的話，他們標題簡化到變成是我講的，可以告他們誹謗嗎？」當事人不放心地又提問。

「電子報完全沒向妳查證，或是詢問妳的臉書短文的文意，直接下標題，斷章取義，寫法又與事實不符，且會影響妳的名譽，這是有可能構成誹謗罪的，可是目前當務之急是先滅火吧。」我分析法律觀點，也提醒她切勿提油救火。

過了一個小時，公關經理利用出面協調的空檔，以電子郵件回報協調進度：「律師，有兩家電子報已經同意移除關於執行長的報導，另外三家還在考慮中，總編輯說可能換標題，或刪除部分內容或移除，他們還要跟文字編輯討論，其中有一家有提到他們會同時諮詢法律顧問到底有沒有成立違法，以上報告。」看完電郵，執行長用那封電郵再回覆給我，明確表示要我先擬妥律師函，讓報社明白那則新聞涉及的法律責任，一旦談不妥，立刻寄發律師函，否則可能喪失時效性。不到三分鐘，她又不放心，來電強調需要律師函支持她的立場。

顯然我也得加入危機處理的行列了！匆匆吃完午餐，趕忙回到辦公室，先請助理打電話聯絡另一位當事人取消下午的會議，再仔細研讀助理印出的五則電子報新聞，開始草擬律師函，內容寫明電子報未經查證，擅作不實標題及內文，造成媒體及網友以訛傳訛，嚴重損害執行長名譽，加上網路新聞無遠弗屆，造成傷害既深且鉅。草稿寄給當事人後，她立即回覆幾處修改意見，我在十分鐘內一度修改，再經當事人確認定稿，我隨即用印掃描寄給公關經理，他正與某電子報總編輯溝通，這位總編輯堅持那篇報導沒問題，還說：「雖然執行長的臉書關閉了，可是不能否認她臉書曾有此段 Po 文，而執行長是公眾人物，她的臉書內容應該受到公評，尤其廢除死刑的主張屬於公共議題，更應接受公眾的檢視。」

公關經理眼見說服不了這位執拗的總編輯，只好用筆記型電腦展示我用印的律師函電子檔給總編輯當場瀏覽，總編輯看了臉色沉下來，立刻電詢報社律師後，允諾兩個小時內會移除網路新聞。公關經理傳回消息後，我與當事人只能靜待報社的處理。

到了下班時，我一一上網檢查這五則報導，其中三則已查不到網頁，另外兩則標題完全修改，而且內文也隨之變更。一場可能一觸即發的媒體風暴終於在四小時內平息，我把最後檢查的網頁內容截圖寄給當事人，表示危機落幕了，公關經理也回報測試電子報結果相同，並且表示：「感謝律師的及時協助，律師的判斷是沒錯的，應該先由我們基金會去交涉，比較不會造成對方壓力，等到行不通再以律師函警告，這樣比較有效率。」震撼教育中，當事人很容易長智慧、增見識，加上願意及時與律師配合得當，策略正確，才能快速脫困。

深夜執行長傳來簡訊說：「感恩妳的幫忙，讓這次危機造成的傷害降到最低。日後如接觸公共議題，我會分外小心，不會再惹出風波。學妹，欠妳一個人情，日後必當回報，晚安！」

社會議題如果不能精準掌控，千萬不要隨意碰觸，否則不但無法引領社會大眾省思，反而會被媒體反噬，跌入深淵，百口莫辯！

預售屋廣告侵權案

出版社總編輯來找我的時候，這張建商預售屋廣告已經刊登一個多月了，在樣品屋基地現場、代銷公司官網，甚至公車車廂上都可以看到這幅廣告，出版社全無察覺。直到書籍視覺設計師電詢總編輯怎麼把書籍封面拿去當建案廣告時，出版社才猛然發現封面設計遭到侵權了，於是社長指派總編輯來我事務所諮詢法律意見。

總編輯是日本人，旅居台北多年，仍保有日本婦女優雅多禮的氣質，身著三宅一生的長洋裝，未語先含笑，一開口操著一口流利的國語，她翻開書本第一頁解釋書名的意義，雖然昨晚已熬夜讀完她快遞來的這本書，不過聽她細細道來，仍覺「侘寂」的大和美學韻味十足，她說：「作者在這一本書中闡述，日本受到中國道家思想及禪宗精神的影響，形成『侘寂』的美學，到了十五世紀茶聖千利休在茶道中體現了這種內涵，述說著一份殘缺、不完美、粗糙質樸之美，我們當初獲得國外作者授權翻譯這本書後，依循這樣的意象與意涵，委託國內知名的視覺設計師製作書籍的封面及整體風格，這本書上市後，出乎意料地受到讀者的歡迎，很多茶藝教室、獨立書店、山中民宿都放我們的書，我們今年研發為系列書籍，又出版了同一作者第二本書，也賣得不錯，沒想到居然書的插圖會被抄襲！」

「妳如何認為是『抄襲』？」雖然我心中已有定見，還是希望聽聽當事人的想法。總編輯毫不猶豫地答道：「建商廣告底圖顏色完全一模一樣，上面有個枯山水的圖案，他們也照樣描摹，只是線條有修飾得較圓潤，至於第二個假山原本擺在插圖的左下方，建商刻意把它移到右下方，可能是想避免被指為抄襲，也有可能左邊是要放公司 Logo，所以調整位置，而這個移到右下方的枯山水是讓我們視覺設計師最生氣的地方，因為『侘寂』是象徵殘缺粗樸之美，建商卻曲解它的精神，只是一味抄襲，附庸風雅，不去探討日文真正的含意，居然放了一朵盛開的茶花在上面，完全不符原意……。」

「也許他們想用不同的圖案，強調自身的創意吧！」我試著從訴訟攻防的角度猜測建商預留日後的辯解空間。總編輯似乎沒接受這種猜測，繼續提到：「還有這家建設公司很奇怪，通常售屋廣告的官網網址會用建案名稱或公司名稱，他們居然直接用我們的書名作為網址名稱，而不是用他們推出建案的名稱『思易軒』，一點閱就看到首頁顯示的這張廣告，可見得他們就是故意抄襲。」總編輯愈講愈氣，她看我沒答腔，焦急地提出關鍵的疑問：「律師，這樣在法律上是不是就算是抄襲？建商的這張廣告有沒有侵權？」

我點點頭說：「妳剛剛提到的三個重點就可以證實建商的侵權，包括廣告整體的構圖、顏色及網址，至於圖案小地方的差異並不能卸免建商侵權的責任。」總編輯似乎安心了不少，接著問：「律師會建議我們怎麼做？以前出版社從來沒碰過這種事，沒有前例可循，社長希望以律師建議為處理這件抄襲案的方向。」

「我建議先寄發律師函，警告建商構成侵權，要求廣告下架、公開道歉且賠償損害，一般侵權案都會提出這三項訴求。等建商收到律師函，如果有主動聯絡，我可以安排雙方洽商和解；如果他們不予理會，可能出版社就要考慮提出訴訟。」我快速地解釋侵權求償的流程。

「那麼就請律師準備警告函，通知建商。在等他們回應之前，我們有什麼需要注意的地方嗎？或是要做什麼準備工作嗎？」總編輯明快地下決定。

「好的，我今天下午就開始草擬律師函，預定明天寄給你們確認內容，如果沒問題，約莫後天以雙掛號寄給廠商，對了！我剛剛進到他們建商官網看到有網頁上標示代銷公司，這張廣告應該是代銷公司製作的，我認為律師函可以同時寄給代銷公司，免得到時候建商把侵權責任推到代銷公司，而且侵權行為成立的話，建商與代銷公司都要負連帶賠償責任。」看到總編輯點頭，我再補充蒐證的叮嚀：「這兩天在律師函還沒寄出去之前，請你們把建商廣告相關的資料，包括官網網址連結的網頁及廣告內容，還有預售屋DM都盡量收集存證，免得他們一收到律師函就移除這些資料，湮滅證據，這麼一來倘使和解談判破裂，如果出版社要提告，也有這些侵權資料可以作為證據。」注意事項一併交代完畢，目送總編輯離開後，我就開始研究案情，思索對方日後可能提出的辯解及反駁之道，律師函的撰寫從這個角度著眼下筆，建商才無法掩飾侵權犯行。

第二天律師函草擬後，經過出版社確認無誤，我就以限時雙掛號寄出，預料對方應該很快會有回應，因為這家建商是上市公司，絕對不會允許董事長挨告，更何況是淪為刑事侵權案的被告！

果然不出所料，週五早上一進辦公室就接到代銷公司業務經理的電話，他說：「沈律師，我是大興房屋仲介公司業務部的經理，敝姓劉，昨天下午收到您發的律師函，總經理指示我第一時間與您聯絡，我們公司內部正在查證這件事情，想要了解是不是誤會？您律師函中要求我們下架所有廣告，內部討論後會儘快處理，請給我們幾天的時間，好嗎？」話語雖誠懇，卻盡是官腔，我不客氣地回答：「『給你們幾天的時間』來湮滅侵權的證據，是嗎？怎麼可能，如果下週一你們公司沒釋放誠意，表明出面協商的意願，出版社可能就要直接提告了。」聯想到《孫子兵法．始計篇》的精義——兵者，詭道也，……強而避之，怒而撓之，攻其無備，出其不意，此兵家之勝也。

「請律師向出版社轉達，我們有相當的誠意要解決，只是在向建設公司解釋之前，我們公司內部要先了解設計部門當初為何推出這份廣告，只要釐清後，我們就會出面協商，請放心！」劉經理維持一貫業務誠懇多禮的口氣，可是任誰也聽得出話裡沒有多少的真實。

「我會轉達，我不過也希望劉經理下週一下班前，給我們確定的協商訊息。」我挑明時間，沒給他客氣！

「一定，一定！謝謝大律師。」從電話中都可以想像劉經理在話筒另一端堆滿笑容的表情及掛斷電話瞬間笑意全消，露出犀利眼神的場景。顯然這場文化人槓上商業人的衝突戲要上演了，我得提醒出版社好生思索和解條件，千萬別讓這種狡猾的代銷公司給唬弄住了，總編輯收到我的電郵後，應允會與社長商量出版社的要求。

結果劉經理遲了兩日才回覆，歉聲連連中解釋公司忙於回收所有廣告看板，稍稍延誤時間，詢問週五安排雙方見面溝通是否合適？雖然有點遲，不過還是得當面協商，於是我先答應下來，再與總編輯敲時間，我請她週五提早半小時來事務所，我們先討論和解條件，及沙盤推演對方可能的反應。

週五總編輯與企畫經理一起過來，她表示賠償金額很難計算，依我提供著作權法的規定不論是出版社因為建商侵權導致的損害，或建商由於這幅廣告獲得的銷售利益，他們都無法精算出來，只好勉強根據這本書出版及設計的成本抓出一個金額——八十萬元。我說：「好的！待會兒我們就用這個金額來談，萬一今天談不攏，和解破裂，出版社要考慮告建商嗎？」我得先了解當事人的底線及退路，才能理出談判主軸。

總編輯搖搖頭表示：「我出門前請示過社長，他說下半年我們有好幾個專案要推，不想把時間與資源耗在官司上，如果最低限度能夠拿回二十萬元，跟設計師有個交代就好了。」

沒一會兒代銷公司由副總經理領軍，一行七、八人浩浩蕩蕩走進我事務所小小的會議室，雙方循例交換名片後，我抬頭環顧代銷公司大票人馬後，問道：「劉經理沒來嗎？今天這個時間是他約的，竟然他本人沒來？」

金副總陪著笑臉說：「對不起，對不起！中午公司剛好工地那邊有點緊急狀況，總經理指派劉經理趕過去處理了，我來談也是一樣，因為當初這個廣告是我帶設計部同仁向建設公司提案的。」

我接腔說道：「請問金副總今天來打算怎麼解決這樁侵權案？」

副總依然堆起笑容說：「大律師不要一見面就把我們定罪嘛！大家以和為貴，我們是很有誠意的，上星期接到律師函公司內部就連續開了很多次會，深入討論，公司非常重視這件事，討論出幾項重點後，今天才來貴事務所，希望能圓滿解決。」說著轉過頭問他的屬下：「陳副理！妳早上有沒有把我們下架前後的相片E過來給律師看？我們要讓律師知道這幾天公司確實很盡力地把這則廣告移除，除了公車車廂廣告要到下週月底才能下架之外，其他像廣告背板、官網、DM……，我們都拿掉了。」

我疑惑地答道：「沒寄給我看啊！只有劉經理說官網的網頁已經移除，我有上網站點閱，確實進不去了，其他我都沒看到。」

金副總略帶責備的口吻說：「陳副理，怎麼做事這麼沒效率，來！現在就把資料秀給總編輯與律師看，證實我們確實有下架了。」陳副理立刻把相片對照表舉高給我們檢視，我說：「現在馬上寄到我的信箱吧，這樣我才能對出版社的社長做交代。」副總示意陳副理照名片上的電子信箱寄送。

接著副總又笑容可掬地解釋：「這個廣告文案根據我們設計部門向我報告，說是他們依據京都的幾本大和美學的書發想的，並沒有抄襲你們書的封面，我想這可能是個巧合，或者可以說是美麗的誤會，讓我們的設計師來說明，好嗎？」

這個老狐狸，時到如今非但不認錯，還強調是他們自行研發的創意，真是鬼話連篇，看著總編輯微慍的臉，我倒想聽聽設計師能掰出什麼理由，於是我答道：「可以呀！請說吧！」同時轉過頭向總編輯示意先忍耐些許時候。

沒想到設計師一開口就觸怒我們，他說：「同樣是從事設計的工作，我很能體諒你們的心情！」

我聞言立刻反擊：「什麼是『體諒』，為什麼是你來『體諒』？今天是你們做錯事欸，照理說是要看出版社願不願意『體諒』你們，而不是由你們來『體諒』我們吧！」

副總知道設計師弄巧成拙，趕忙致歉，說道：「林設計師你就直接說明文案設計的過程，其他不要再多說了。」

設計師悻悻然地打開桌上他帶來的木盒，娓娓道來：「這是我三年前到京都旅行時，在嵐山渡月橋的小店買到的，因為醉心於日本繪畫，常到日本找這些圖冊，去年年底建設公司計畫推出這個日式莊園建築，跟我們簽約後，我就以日式枯山水為發想，找出這個屏風，請同事拍攝加工後，我照著這張相片白描，描出枯山水的線條，並且以日本茶道大師千利休『侘寂』的精神製作整個廣告的構圖，我們製作部門另一位同事上網查抹茶的顏色，網路出來就是這種綠色，所以我們用抹茶綠作底色，放上我描出的枯山水圖案，再放一張茶花的相片去背後，擺在右下角，今年年初我們去向客戶提案，有作兩種文案，客戶比較喜歡這個抹茶綠的圖案，我們就用了，沒想到會跟你們的書本封面有點相似。」

「什麼有點相似，是百分之九十以上雷同！你說是抹茶綠，相信你這麼喜歡日本茶道，一定有到京都的宇治縣，那裡是日本抹茶最有名的地方，它有一條路兩邊商店都在賣抹茶，那邊抹茶的綠跟你們廣告底圖的綠根本不同，宇治抹茶的綠更亮、更淺一些，我們出版社的視覺設計師要表達『侘寂美學』的精神，才特別調出這種介於深綠與你說抹茶綠之間的綠色，而你們廣告底圖的綠跟我們書本封面的綠一模一樣，你居然推給網路上抹茶的顏色，真是沒有說服力啊！」我立刻反駁他的創作靈感。

孰料設計師毫不受影響，繼續述說他的理念，甚至大言不慚地說道：「『侘寂』是日本美學的一種，大家都可以使用，你們用在書名是你們的選擇，我們採用它的意象，甚至用來作網址，也是我們的自由啊！哪有違法？」

這時總編輯聽不下去了，問道：「設計師您口口聲聲說『侘寂』是您創作這則廣告的發想，您真的理解『侘寂』的含意嗎？為什麼您會放上一個完美無瑕、光潤盛開的茶花在廣告上呢？它完全不符合『侘寂』的精神啊！」

設計師一時語塞，無言以對，副總立刻跳出來打圓場：「沒關係啦！大家交流一下設計理念就好，我們今天是來解決問題的，坦白說我是俗人啦，你們說的那些什麼『插集』的概念，我一點都聽不懂，其實今天的會，說穿了出版社目的就是要錢而已嘛！而我們公司不同層級的主管有不同的決定權限，像我副總層級跳出來談就是五萬塊的金額，總經理就是十萬塊錢，看看你們的意思能不能接受？」

真是粗俗到極點，一個名列國內三大的房屋代銷公司副總的權限才五萬元？睜眼說瞎話！財大氣粗下的傲慢特別令人無法接受，談判至此，對方原形畢露，我身為出版社的談判代表，已無庸顧及融洽和諧的氣氛，於是火力全開，當場怒斥：「金副總，出版社是文化事業，我們認同『侘寂』的美學，為作者出版一系列的書，孜孜懇懇努力在台灣建立『侘寂美學』的品牌，累積很長一段時間，終於獲得讀者的認同與支持，而你們未經授權，直接抄襲出版社書籍的封面，還來這裡大放厥詞，侈言創作理念，等到你們設計師解釋不了了，才想用區區五萬元打發我們？你當出版社都如此沒品味、沒格調、沒尊嚴嗎？我們文化人在意的是設計的價值與建立的品牌風格，這豈是區區五萬元可以換取？你們攫取出版社辛苦建立的品牌，侵權使用，不知認錯，不願道歉，只想用最低的代價掩飾過錯，我們當然拒絕接受，只要看看建設公司給你們代銷的合約上約定的廣告價格，就知道金副總提出來的金額是多麼離譜。我代表出版社要求一百萬元的賠償額，如果談不攏，下週就提告。」

金副總這下懶得裝笑臉了，直接起身說：「那麼很抱歉！差距太大，我們告辭。」一行人氣沖沖離去。

總編輯看這一幕嘆口氣，文化人碰到財團土豪，有理講不清，真是無奈！我告訴她接下來可能的做法，說道：「我會再跟他們律師聯絡，剛剛副總已經表明五萬元，旁邊坐的施律師也不好表示什麼，不過剛剛離開前他有說下週會再電話跟我討論，我們就等候後續發展吧！」

送走了錯愕失望的總編輯，回想方才的場景，不禁感嘆大公司使用別人的智慧財產是如此輕蔑隨興嗎？國內建商向出版界掠奪創意成果時是這種心態嗎？念頭思此，倒希望雙方的談判破局，促使建商面對司法訴訟，進入法院接受著作權法的震撼教育，讓財團明曉如何尊重文化人的智慧結晶！

過了一週，房屋代銷公司的法務——施律師來電表示，公司副總在市面上詢價，獲悉一般書籍封面的美術設計頂多五至十萬的設計費，因此公司願意以十萬元和解金及提出致歉函的方式作為和解的條件。我聽了雖然略微生氣，但對於這種代銷公司的思維模式並不意外，他們逕將書本的封面設計當作商品，在出版業的市場上詢價、比價，而忽略了封面視覺設計本身的文化意涵，及它背後出版社經年累月建立「侘寂美學」系列書籍品牌與視覺概念的商業價值。

這種房產公司膚淺表面化的思維恐難打破，於是我平和地回覆：「施律師，謝謝你打這通電話來繼續溝通和解條件，關於以『致歉函』代替公開道歉，我可以試著說服當事人接受，畢竟你們的業主是上市公司，公開道歉承認侵權可能會引發主管機關的矚目，而造成公司困擾，我想出版社也可以理解；至於賠償金額十萬與我們要求的一百萬元和解金之間差距實在太大了，總編輯曾授權我調降到八十萬元，我想貴公司的和解金額還是太低了，是否請你再與公司轉達，賠償金額的計算不能單就一張封面設計來計價，必須包括到我方受到的損害，以及貴公司因而得到的利益，例如售屋數目……等，著作權法關於侵權行為的賠償方式也是這樣規定的。請你盡量向公司主管解釋，讓我們彼此再努力看看，盡力促成和解，不要讓這個案子進法院，否則你們對業主——建設公司也不好交代，甚至到時候對簿公堂，引起媒體注意，報導這樁侵權案件，恐怕你們代銷公司不只要承擔侵權責任，還得對業主負擔違約賠償責任了。」

我的談判策略，講求軟中帶硬，讓對方感受到我們推動和解的誠意；但如一旦談判破裂，也不惜一戰！屆時司法戰加上媒體戰，他們賠上的不僅是公司形象信譽，還連帶地會損失一個大客戶。談判時超脫法律之外的訴求，會促使對方警覺商業損失的風險將伴隨法律訴訟的壓力而來，在雙重壓力之下，和解的可能性才會提高！

施律師允諾會儘速促請公司高層考量和解金額及訴訟之風險，三日後回覆。我也立刻轉告出版社今日的和解協商進度，並且詢問總編輯和解金額的底線為何？掌握底線才能確定我在第一線談判時進退有據。

總編輯答：「那天開完和解會議回來，我向老闆轉述代銷公司副總、設計師的說辭及態度，老闆很生氣，曾有一度考慮直接提告，不過我提醒他今年下半年我們出版社有好幾個專案要完成，實在犯不著為了這個小案子耽擱進度，而且考慮到上次律師有幫我們分析訴訟的利弊得失，我覺得雖然我們法律立場上站得住腳，可是打官司畢竟曠日費時，整個案子最要緊的是，要調查究竟有沒有抄襲，法官如果欠缺這種美學概念，無法認知我們這本書的品牌價值及『侘寂』在大和美學的內涵，或甚至訴訟中法官送交鑑定，國內有沒有這一類視覺、美學的專業鑑定機構，同時具備公信力，不受財團的影響，我們也沒把握，所以我建議老闆還是盡可能走和解的路，老闆後來也認同我的想法，目前這個建案廣告並沒有造成我們出版社直接的損害，我有轉告老闆上次律師提到我們以計算書籍製作出版成本的方式，來作為和解賠償的基礎，在談判桌上可能說服力不足，因此老闆指示和解的底線降為四十五萬元，如果對方肯賠到這個金額，我們就同意和解。」

看來當事人完全接納我的分析與建議，願意將和解金額降下來，而且設定底線，讓我更能拿捏談判的分寸。現在就看對方可否考量訴訟的壓力，再提高賠償金額了。

過了三天，施律師果然準時回覆，這次有帶來好消息，同意和解金額從十萬提高到二十五萬元，不過，我依然嘆口氣說：「差距還是太大，我的當事人沒辦法接受的。」施律師急忙解釋公司的立場：「我們公司考慮到這個建案廣告上架才不到兩個月，適逢總統大選後，政黨輪替，北區不動產景氣持續低迷，在那段期間我們沒有賣出一棟房子，因此公司沒有任何的獲利，而在我們收到妳的律師函之後，馬上把所有廣告下架，光光下架的動作，公司就花了十七、八萬元，這個損失也得我們吸收，所以說妳上次提的八十萬元，公司根本無法答應！」

「施律師，請你們不要搞錯，十八萬的下架費用是你們內部的事，不應該跟我方提出的侵權賠償金額混為一談吧！如果你們不抄襲我們的封面，就不會有這筆開銷了，怎麼可以把這筆損失算到我們頭上?!」我有點情緒了。

「妳不要誤會，我們沒有這個意思，只是請你們當事人可以體恤代銷公司的損失，可否再把求償金額降下來？或者妳可以直接把出版社的底線告訴我，我向公司報告，看能不能配合？」施律師努力折衝。

「施律師，再怎麼說您也是資深的律師，應該清楚談判桌上我怎能透露當事人的底線？我只能告訴你，出版社回應你們的誠意，願意再降到六十萬元，請你再推動看看，我覺得雙方金額已經一步步拉近，相信透過我們雙方律師的努力，和解是有希望的。」我盡量符合當事人的期待，勿使和解破局。施律師感受到我的決心與誠意，應允再嘗試勸服公司。

這回沉寂了一個多禮拜，代銷公司都沒有回應，我有點擔心和解生變，思索著是否需要主動聯繫，又怕對方看出我們心急，打壓和解金額，正在舉棋不定之際，出版社總編輯也來電催促，我提出建議：「再等等吧！欲速則不達，我們不急，對方才會著急。」總編輯詢問如果我方直接答應二十五萬元和解，是不是可以快速解決此案？我不解地問：「為什麼突然決定遷就對方的條件，你上次不是告訴我底線是四十五萬，特別叮嚀我如果低於四十五萬元，就拒絕和解？」

總編輯語帶無奈地說明心境：「律師，妳有所不知，這陣子我們出版社真的忙到不可開交，一想到這件事編輯部就很生氣，和解進度緩慢也會影響我們的心情，所以想早早結束。」

司法爭訟有時打的是心理戰，看哪一方沉得住氣，可以堅持立場到最後，才可能得到好的結果；如果無法撐到關鍵的時刻，臨時棄守或焦躁喊停，就爭取不到滿意的成果。身為律師，我不能勉強當事人一定得走完和解的最後一哩路，畢竟每一個人造化、境遇不同，因果輪迴，我無法代替他們創造不一樣的命運，這是他們的案子、他們的人生，必須由當事人自己作決定。

於是我告訴總編輯：「再等三天好了，如果這三天等不到對方的消息，我就聯絡施律師以二十五萬元和解，好嗎？」總編輯答應了。

在總編輯給我的最後期限——星期五的下午四點半，施律師終於來電了，他說：「很抱歉，這次拖得有點久，因為我們公司另一個工地有些緊急狀況，工地預售屋跟消費者有糾紛，公司臨時把我調到南部那個工地支援法務工作，前天我才回台北，昨天我趕緊跟副總及廣告設計部門開會，把和解進度作成報告，並且分析利弊得失，副總最後指示以四十五萬元和解，如果這個金額你們再無法接受，就不打算再往下談了，出版社要提告的話，也只好依法處理了。」

賓果！剛好是當事人給我的底線——四十五萬元，這個等待果然是值得的，我按捺下自己欣喜的心情，告訴施律師我會儘快轉達，請他等候我們最後的決定。一掛斷電話，我就告知總編輯這個新的金額，總編輯樂不可支，大聲地說：「那還等什麼呢，就告訴他們同意和解了！」總編輯還不忘補上一句：「律師，還好妳建議再等幾天，沒想到他們居然肯提高到我們設定的底線金額，這樣我對老闆也好交代了。」

事不宜遲，我立即通知施律師我方接受和解條件，經過短暫商議後，為掌握時間及效率，我們決定分頭撰擬和解協議書及致歉函，約定下週二雙方指派代表來我辦公室，簽署和解書，同時交付四十五萬元銀行支票。

和解當天，雙方快速簽約用印，一樁可能衍生為長達三年的著作侵權訴訟，在短短三個月內和解結案了，和解書簽署手續完成後，總編輯收起桌上文件及支票，臨走前緊緊地握住我的手說：「謝謝律師的堅持，與一路的分析與陪伴，才能讓我們得到最好的結果。」

當人們欲以謊言掩飾錯誤、用金錢卸免侵權責任時，被害人藉由法律途徑，直接提告，可否找到事實真相，實踐公平正義？或是選擇透過和解談判，宣示法律立場，弭平損失？是和是戰，端賴當事人智慧的判斷，與律師明智精準的分析。

夢幻泡影的房地產

冬日的陽光灑在辦公桌上，帶來一絲暖意，我望向窗台上的杜鵑花苞，尋思開花的時節，案頭手機傳出聲響，來電顯示是一位佛法老師的號碼，正詫異著他怎麼會來電，莫非道場出了什麼問題？

「不是道場的事，上次妳幫忙處理的稅務訴訟已經都解決了，現在是道場的師姊遇上房產糾紛，想要請教妳法律問題，他們雖然學歷很高，有些是博士，但是一遇到這種法律疑點，還是一籌莫展。如果得便，我請他們明天去拜訪妳，商討解決之道。」長輩的請託立即答應，約好明日見面。

原來不只是一位受害者，師姊帶著有相同煩惱的師兄一起來訪，坐定後，桌上攤開一張張土地登記謄本，師姊開始敘述持續多日的苦惱：「最初我們是跟著悟生法師學佛打禪，信眾日益增加，法師萌生建立道場的構想，募集十方捐款後，很快地他就找了五處房屋，囑託我們把名字借給他去登記，貸款買賣全部由他負責，房子放了兩、三年增值後再賣出，差額累積起來就可以買一大塊土地蓋道場。」

師兄接著說故事：「我們非常欽佩師父的計畫，於是配合他找的代書，把印鑑證明、身分證影本交給代書去辦過戶，房子登記在我們名下，還跟著去銀行對保辦貸款，一切都進展順利，這麼多年來師父也都有按期繳貸款，我們只是出個名，卻能幫師父完成大事，覺得功德一件。」我看完資料納悶著：「看來很單純，土地借名登記的事在台灣民間也很常見，問題出在哪裡？為什麼你們開始擔心？」

「去年十月突然銀行持續打電話來催繳貸款，我們都很緊張，因為我們在學校上班，公家機關不允許上班期間有金錢糾紛占用公務電話，問清楚銀行行員才知道繳款不正常，貸款已經遲延兩個月了，我立刻聯絡師父，師父說沒事，他會去銀行處理。可是到了下個月又歷史重演，我們猜測師父可能財務周轉不來，又不敢明著問他，這種情況拖了半年多後，上個月突然師父完全失聯，道場信徒傳言紛紛，好像有人告他詐財，法院通緝後，他躲起來了，銀行就直接找我們，我們說只是人頭，不能叫我們繳錢，銀行根本不理會，電話一直打來，真是不堪其擾，而且學校已經開始懷疑我在外面有金錢糾紛……。」師姊滿臉愁容。

「我的情形也一樣，有人教我們趕快寄存證信函，看師父會不會出面，我們請教代書寫了一封存證信函，寄到師父家中，律師妳看，就是這一份。」師兄遞來三張存證信函。

「師父有跟你們聯絡嗎？」我迅速讀畢，想知道結果，三個人都搖頭。

「我們後來就轉到慈明老師這邊研修佛法，他獲悉我們的遭遇，囑咐我們趕緊找專業律師諮詢，否則會後患無窮。」故事敘述完畢，師姊依然愁眉不展。

師兄先提問：「如果我們自己去繳貸款，可不可以拿到不動產的權利？銀行法務有教我們這麼做，可是頭期款是悟生師父繳的，後來的貸款他也繳了幾乎三分之一了，法務這種說法是對的嗎？我覺得好像哪裡怪怪的，可是不懂法律，也不曉得這樣做會不會違法？」

看來銀行法務只考慮自身的業績，完全沒為這些房產人頭戶設想，有必要仔細分析法律關係，免得他們一步錯，步步錯。

「銀行法務的講法在法律上是站不住腳的，因為你們只是這幾棟房屋的『借名登記人』，就是俗稱的『人頭』，對於房屋土地並沒有所有權，不會因為繳了貸款，就取得房產權利，如果你們真的繳了貸款，也只能依民法『無因管理』或『不當得利』向悟生師父要求返還，縱使剩餘的貸款全部繳清，在法律上你們也不會轉變成所有權人，除非真正的所有權人——悟牛師父同意轉讓權利給你們。可是你們連最初的委任契約都沒訂，到底這些房地產後續如何處理也都沒約定，例如貸款付清，你們必須立刻過戶給悟生師父，或是你們代繳貸款可以取得所有權等等，雙方都沒談妥，銀行法務就遽下指導棋，實在很冒險！他的講法有什麼法律或契約的根據呢？」先作初步法律觀念的釐清，看看當事人理解的程度。

師兄、師姊們面面相覷，「法務沒告訴我們有什麼依據，我們也沒想到要問他這一點。那麼現在要怎麼辦？如果師父一直不出面，就任由銀行去拍賣了嗎？我們難道不能繳貸款阻止拍賣嗎？因為房子拍賣後就很麻煩，其實我們有準備一筆錢處理貸款……」師兄說出計畫，師姊再補上一句：「反正師父也不會再出面了，說不定跑到國外了，這幾年一直都是我們在處理出租房屋、繳地價稅的事，如果我們能解決貸款的問題，房子早就登記我們的名字，為什麼不能拿到產權？」

我愈聽愈覺得事有蹊蹺，莫非他們意欲將房屋據為己有？他們不是學佛修法多年，戒除貪瞋癡慢疑，為何面對世間房產仍是執著？或是對法律的無知？

「如果你們繳清貸款，就主張有所有權，師父出面可以控訴你們『侵占』，這是刑事責任，『侵占』是指『易持有為所有』，就是把你們占有的物品財產轉變為所有權人，在民法上也構成侵權，師父可以主張侵權賠償，你們願意承受這樣的風險與法律責任嗎？除非你們抹消前面那一段『借名登記』的經過，直接對外主張你們是權利人？」面對他們原先接收的錯誤資訊與一廂情願的想法，必須撂重話了。

「當然不希望發生這樣的結果，我們也不會直接以權利人自居，這樣違背良知，時到如今律師建議我們怎麼做？才能合法、合理。」他們一起看著我……。

我提出兩種方案，「最徹底的解決方式，是找到師父出面，徵得他的同意，把房地產的所有權轉讓給你們，你們把前面他已經支付的頭期款及貸款還給他，後續的貸款由你們承接負擔。由於房地所有權已經登記你們的名字，而且銀行貸款契約當初是你們本人出面簽署，因此都不用再作任何變更的手續，只需要簽一份轉讓書，作為你們取得房地產形式及實質權利的依據。」

「可是，如果找不到師父呢？像現在他被通緝，根本不敢出面，我們也聯絡不上……」師姊焦急地問。

「噢！我接著就要分析這種情形。師父本人如果無法出面，你們只好採取消極等待的策略，當然不是一直等下去，而是等待房產拍賣的時機，因為師父無力繼續付貸款本息，銀行催收組已經多次催告你們，你們若消極不理會，銀行明知你們只是人頭，除了依法催告付款，也無法對你們有任何進一步的訴求，過不了三個月，案子就會從催收組轉到法務單位，進行法律動作，這是一般銀行對於貸款呆帳的SOP，法務單位最快求償的方式，就是『實行抵押權』，把擔保單品——房屋土地資料送進法院執行處聲請強制執行，進入拍賣程序，到時候法院會通知你們，因為你們是抵押擔保品的權利人，收到法院的鑑價通知及拍賣公告後，可以評估拍賣價格，如果覺得價格可以接受，就參加投標設法買到擔保品；倘使認為訂價太貴，就等它流標，第二次降價二十%後再投標，不過在這段期間被別人標走的風險也要考量。」詳細解說法院的執行流程。

師兄提出關鍵的疑問：「如果我們要標，法院會接受嗎？法官會不會覺得奇怪，為什麼屋主自己來買？」

「沒錯，你問到重點了！強制執行法第七十條有規定『債務人不得應買』，當初立法的考慮是如果債務人有錢來投標買擔保品，為何不直接還錢給債權人？所以規定債務人不可以來買拍賣品。你們是銀行借貸契約上的債務人，當然不能自己出面投標了。」我引用法條解說後，他們若有所悟，提議回去跟家人商量再作定奪。

過了幾天，我向介紹人提到處理此案的大致經過，長輩說：「他們有告訴我了，他們很感謝妳的詳細指點，讓他們安心了許多！過往他們也曾請教幾位律師，講法都不若妳的清楚合理，昨天那位師姊還打電話來說為了感恩妳的幫忙，還主動幫妳清除『冤親債主』。」我聽了驚異地問：「我的『冤親債主』嗎？」長輩說：「是啊！聽說還不只這一世的呢，前幾世的冤親債主都幫妳清除盡淨。」

真是無言以對，當事人居然用這種方式表達謝意；同時又覺得不可思議，人世間無形的力量，令人敬畏！

一個月後當事人還沒作成最後決定，案情竟然有了戲劇性變化，當事人臨時來了一通電話催得我必須重新思考解決方案，師兄來電告知：「律師，悟生師父過世了，他的女兒昨天在臉書貼出訊息，我們才知道的。」

「真是突然！悟生師父不是法師嗎？怎麼會有女兒？是親生女兒還是義女？如果是親生的，那麼就會有繼承的問題，要看他女兒如何處理繼承事宜。」案情愈趨複雜，當事人恐怕更難應付了。

「律師，我們可能忘了告訴妳，悟生師父其實是在家居士，妻子早逝，有兩個女兒都已成年，我們以前去師父的道場都曾看過她們。如果他女兒出面辦繼承，會影響這個案子嗎？

律師上次分析的方案選項會有改變嗎？」師兄提出他們最擔心的事。

「兩個方案的方向不變，不過，繼承人的處理方式可能會影響後果。假設他女兒有資力，向銀行清償貸款本息，而且終止與你們之間的『借名登記』委託關係，在法律上你們就得把房屋過戶給他女兒；或者她不同意把房屋財產權轉讓給你們，也不願處理貸款的問題，那麼等她們辦好繼承，事情還是回到原點，到時候要看銀行的態度，是不是依然選擇拍賣這條路，如果是，你們還是有機會透過拍賣程序，以第三人名義標售這些房產；倘使銀行與繼承人談妥貸款支付的方案，事情就會有新的變化。」主、客觀環境不明朗時，只能假設各種可能狀況讓當事人理解未來的發展。

「律師的意思是叫我們等？」師兄聲音透著失望，我誠實地回應：「目前只能這樣了。」

過了幾個小時，師姊也來電，又問起同樣的問題：「我們可以直接跟銀行協調，還清貸款後取得產權嗎？因為悟生師父的兩個女兒都沒參與過這些房子買賣與設定抵押貸款的事，其實這件事情跟她們都無關呀！」

這下換我疑惑為什麼上次解釋的法律觀點，他們完全沒聽入心呢？是我解說不夠清楚，抑或當事人陷入「無明」，以至於始終無法接受法律的分析？我只好再次解釋：「只要發生繼承，在法律上跟他兩個女兒就會有關係，縱使她們過去沒參與房屋買賣的過程，她們既然是繼承人，就有權利處置這些房屋，倘若你們代為清償貸款，只會產生繼承人必須把代償的貸款金額還給你們的法律關係，你們還是不能因此取得房屋產權。」師姊不置可否地掛斷電話。

我在話筒這一端無法確定她能否理解這番說明，但我卻漸漸感受到當事人對於這些房產企求之心，除了提供法律上的意見外，不免疑惑當事人不是學佛修法多年嗎？為何還沒參透《金剛經》的偈語：「一切有為法，皆如夢幻泡影」？凡俗世間的貪瞋癡慢疑真箇兒難以解脫超越啊！

考慮了數日後，親自登門拜訪當初介紹此案的長輩，稟明處理的大致過程，委婉地表示接下來自己要投入數件重大刑案，無暇再處理此案，而且此案土地坐落花蓮，我在當地法院並未登錄，日後訴訟也無法代理出庭，不如儘早請當事人另覓律師，以免日後提告，耽誤訴訟程序。

慈眉善目的長輩在談話過程，早已了然我的心意，沒再勸我繼續接辦，只說他會轉告當事人，一切就此打住，因果業報各自承擔。

紅塵中修行，最能修煉心性，倘使拋不下貪瞋癡慢疑，執意企求他人資產，不僅可能觸犯世間法，天道良知恐亦難容，《易經》〈蹇〉卦叮嚀世人在遭逢困阨、寸步難行時，須反身修德，真是適切的警語啊！

MAGIC 22

INK PUBLISHING

如何面對合約——解約有理告別無罪

作　　者　蘭天律師
總 編 輯　初安民
責任編輯　宋敏菁
美術編輯　黃昶憲
校　　對　吳美滿　蘭天律師　宋敏菁

發 行 人　張書銘
出　　版　INK印刻文學生活雜誌出版股份有限公司
新北市中和區建一路249號8樓
電話：02-22281626
傳真：02-22281598
e-mail：ink.book@msa.hinet.net
網　　址　舒讀網http://www.sudu.cc

法律顧問　巨鼎博達法律事務所
施竣中律師
總 經 銷　成陽出版股份有限公司
電　　話　03-3589000（代表號）
傳　　真　03-3556521
郵政劃撥　19785090　印刻文學生活雜誌出版股份有限公司
印　　刷　海王印刷事業股份有限公司

港澳總經銷　泛華發行代理有限公司
地　　址　香港新界將軍澳工業邨駿昌街7號2樓
電　　話　852-27982220
傳　　真　852-31813973
網　　址　www.gccd.com.hk

出版日期　2019年3月　初版
ISBN　978-986-387-284-9
定　價　520元

國家圖書館出版品預行編目資料

如何面對合約
——解約有理告別無罪／蘭天律師著
--初版, --新北市中和區：INK印刻文學,
2019.03 面；14.8×21公分. --（Magic；22）
ISBN 978-986-387-284-9（平裝）
1.契約 2.法律諮詢
584.31　108002749